权威·前沿·原创

皮书系列为
"十二五""十三五"国家重点图书出版规划项目

BLUE BOOK

智 库 成 果 出 版 与 传 播 平 台

智库成果蓝皮书
BLUE BOOK OF THINK TANK OUTPUT

中国皮书发展报告（2021）

PISHU DEVELOPMENT REPORT OF CHINA (2021)

主　编 / 谢曙光
副主编 / 蔡继辉　吴　丹

社会科学文献出版社
SOCIAL SCIENCES ACADEMIC PRESS（CHINA）

图书在版编目（CIP）数据

中国皮书发展报告. 2021 / 谢曙光主编. -- 北京：
社会科学文献出版社，2021.9
　（智库成果蓝皮书）
　ISBN 978 - 7 - 5201 - 8937 - 8

　Ⅰ. ①中…　Ⅱ. ①谢…　Ⅲ. ①中国特色社会主义 - 社
会主义建设模式 - 研究报告 - 中国 - 2021　Ⅳ. ①D616

　中国版本图书馆 CIP 数据核字（2021）第 179110 号

智库成果蓝皮书
中国皮书发展报告（2021）

主　　编／谢曙光
副 主 编／蔡继辉　吴　丹

出 版 人／王利民
责任编辑／刘同辉　陈　荣
文稿编辑／孙慧娟
责任印制／王京美

出　　版／社会科学文献出版社·皮书研究院（010）59367092
　　　　　地址：北京市北三环中路甲 29 号院华龙大厦　邮编：100029
　　　　　网址：www. ssap. com. cn
发　　行／市场营销中心（010）59367081　59367083
印　　装／天津千鹤文化传播有限公司

规　　格／开　本：787mm × 1092mm　1/16
　　　　　印　张：24.25　字　数：361 千字
版　　次／2021 年 9 月第 1 版　2021 年 9 月第 1 次印刷
书　　号／ISBN 978 - 7 - 5201 - 8937 - 8
定　　价／158.00 元

本书如有印装质量问题，请与读者服务中心（010 - 59367028）联系

▲▲ 版权所有 翻印必究

《中国皮书发展报告（2021）》
编委会

主　　任　谢曙光

副 主 任　蔡继辉

委　　员　（以姓氏笔画排列）

丁启明　丁阿丽　刘　姝　孙慧娟　吴　丹

沈雁南　宋　静　张　琛　张艳丽　张晓莉

张铭晏　张雯鑫　胡　涛　姚冬梅

数据统筹　张铭晏

本书作者

（按文序排列）

谢曙光　吴　丹　宋　静　丁启明　张艳丽
姚冬梅　俞孟令　张　琛　丁阿丽　孙慧娟
梁荣琳　张铭晏　江　山　张雯鑫

主要编撰者简介

谢曙光　（笔名，本名谢寿光）1956 年生，福建武平人，毕业于厦门大学哲学系。现任中国社会学会秘书长，中国管理科学学会副会长，编审，二级研究员。

1993 年起享受国务院政府特殊津贴；2009 年荣获"韬奋出版奖"；2013 年起，受聘担任国家社会科学基金学科规划评审组专家；2017 年荣获"第四届中国出版政府奖优秀出版人物奖"。主持多项国家社科基金项目，领衔国家学术出版规范研制。

开创知名学术品牌——"皮书系列"图书，被誉为"中国皮书出版第一人"。主要学术成果包括《皮书研创与智库建设》（主编，2014）、《皮书与中国话语体系建设》（主编，2016）、《皮书手册——写作、编辑出版与评价指南》（主编，2015）、《皮书专业化二十年（1997~2017）》（主编，2017）、《皮书研创与当代中国研究》（主编，2018）、《学术出版研究——中国学术图书质量与学术出版能力评价》（合著，2018）、《中国皮书发展报告（2019）》（智库成果蓝皮书，主编，2019）、《新时代的皮书：未来与趋势》（主编，2019）、《SSAP 手册系列 1：作者手册》（主编，2020）、《中国学术出版：现状、问题与机遇》（论文，2013）、《学术出版与中国国际话语体系的构建》（论文，2014）、《皮书与当代中国研究》（论文，2016）、《大数据时代的学术出版》（论文，2017）等。

摘　要

2020 年，作为持续发布的重要的智库成果代表，皮书进入高质量发展阶段。2020 年版皮书出版总量保持稳定、皮书研创机构持续增加、皮书报告研究实力进一步提升。截至 2021 年 4 月，皮书数据库累计机构用户超过 1500 家，遍及 13 个国家，皮书对专业领域、政府决策、社会公众都产生了重要的影响。

本年度"智库成果蓝皮书"从皮书类别、评价、专题三个方面，描绘出 2020 年版皮书发展的基本状况。通过对经济类、政法类、康养类、地方发展类、国别区域与全球治理类、文化传媒类皮书热词及研究主题的考察，发现不同类型智库关注的热点、研究的重心呈现差异化特征，这表明智库专业化的属性进一步彰显；从内容质量、学术规范性、媒体影响力、内容重复率四个方面来评价皮书的研究质量、传播效果；从皮书数字化和皮书传播力两个维度呈现在数字化浪潮的机遇与挑战下，皮书研创团队和出版机构携手共进为拓展皮书品牌社会影响力深度与广度所做的努力。

皮书高质量发展中仍然面临"不确定性"成为常态、智库及其成果成为"刚需"等挑战与机遇。未来，要在国家治理体系中确立鼓励智库参与决策的刚性、规范机制，理顺政府购买智库思想产品、咨询服务的流程；智库要发挥专业优势，构建完善的数据体系和成果推广平台；要坚持智库报告高质量发展的要求，加强皮书报告的规范性建设；要建立融媒体平台，着力提升皮书报告的国际传播力和影响力。

关键词： 皮书　高质量发展　智库

目　录 ⌐↘▨▨▨▨

Ⅰ　总报告

Ⅱ　分类报告

Ⅲ　规范与评价报告

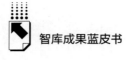
Ⅳ　专题报告

Ⅴ　附录

皮书数据库阅读**使用指南**

总 报 告

General Report

B.1

中国皮书高质量发展报告（2021）

谢曙光　吴　丹*

摘　要：　皮书是每年持续发布的重要的智库成果代表。2020年，皮书、皮书主编、皮书作者通过不断发布报告和智库成果，为充满"不确定性"的世界持续提供"可确定"的理性分析与判断。截至2021年4月，皮书数据库累计机构用户超过1500家，遍及13个国家。皮书报告在皮书数据库中的阅读量、访问量、下载量持续上升。皮书发布的形式更加多元，网络发布、视频发布、直播间发布等多种创新形式影响深远。皮书高质量发展中仍然面临"不确定性"成为常态、智库及其成果成为"刚需"等挑战与机遇。未来，在宏观层

* 谢曙光，本名谢寿光，二级研究员、编审，中国皮书品牌创始人，中国社会学会秘书长、中国管理科学学会副会长，研究方向为学术出版、智库研究；吴丹，副编审，社会科学文献出版社皮书研究院执行院长，研究方向为智库成果评价、学术出版。社会科学文献出版社皮书研究院助理研究员张铭晏担任本报告数据统筹，做了大量数据采集及制表工作，特此致谢！

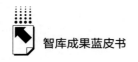

面，要在国家治理体系中确立鼓励智库参与决策的刚性、规范机制，理顺政府购买智库思想产品、咨询服务的流程；在智库层面，要发挥专业优势，构建完善的数据体系和成果推广平台；就智库报告本身而言，要坚持高质量发展要求，加强规范性建设，着力提升皮书报告的国际传播力和影响力，使之真正成为中国影响世界和世界了解中国的最真实、可信的平台。

关键词：　皮书　　高质量发展　　智库

刚刚过去的"十三五"时期，中国取得了全面建成小康社会、历史性地解决了绝对贫困问题等一系列伟大成就，实现了第一个百年奋斗目标。2020年以来，百年未有之大变局叠加新冠肺炎疫情，正在深刻地改变着世界政治、经济、社会。新冠肺炎疫情防控常态化下的中国智库发挥了积极的建言献策功能，针对经济社会发展宏观规律、重大公共安全卫生事件，在回应"时代之问"，寻求"破解之道"中努力探索，形成了大量的智库成果，对专业领域、政府决策、社会公众都产生了重要的社会影响。

从2020年以来皮书出版的数据来看，2020年版皮书数量稳定，新增皮书研创机构、报告作者数量保持持续增长。从重点研究领域来看，皮书既高度关注"高质量发展""工业化进程""一带一路"等有关中国经济发展战略和国际化倡议的议题，也对"互联网""区块链""大数据""人工智能"等前沿领域进行了趋势性研究。不同类型智库机构的皮书成果关注领域呈现明显的差异化特征，智库的专业属性进一步彰显。

截至2021年4月，皮书数据库共收录图书1.2万部、报告21.5万篇，内容规模已接近50亿字；涉及41个一级学科、100多个行业，覆盖80余个国家和地区以及中国的34个省级行政区；内含皮书报告的研创机构近千家，报告作者数万人。皮书数据库累计机构用户超过 1500 家，遍及 13 个国家。累计 PV① 量达 2934 万次。②

一 2020年版中国皮书数据特征分析

皮书是每年持续发布的重要的智库成果代表。通过皮书出版数据呈现皮书发展特征，乃至寻求智库发展路径是本报告的研创初衷。2020 年年初，新冠肺炎疫情突袭而至，给全球的经济社会发展带来了前所未有的冲击。伴随着疫情防控的常态化，这场疫情改变了人类的生活方式、工作方式和研究方式。从皮书出版数据我们可以看到，在疫情防控常态化期间，皮书、皮书主编、皮书作者通过不断发布报告和智库成果，为充满"不确定性"的世界持续提供"可确定"的理性分析与判断。

1. 2020年版皮书总量保持稳定

从皮书品种数量来看，虽然由于疫情影响，皮书研创机构的线下调研活动难以开展，研究进度受到居家办公等因素影响，2020 年版皮书延迟出版的品种增多，但仍然出版了 416 部，仅比上一年减少 11 部（见表 1）。各研究机构通过积极开展线上调研、远程会议等方式完成了皮书研创，社会科学文献出版社采取各种积极措施，顺利完成了出版。1997～2020 年皮书出版数量变化趋势见图 1。

从皮书报告数量来看，总的发展趋势与皮书数量的变化趋势保持一致，2020 年版报告数量比上一年减少 329 篇（见表 2、图 2）。

从单部皮书的平均报告数量来看，2016 年以来，每部皮书报告数量基本稳定在 20 篇左右（见表 3）。

---

① PV 即页面浏览量，是评价网站流量最常用的指标之一，页面被刷新一次计算一次，多次打开同一页面则浏览量累计。
② 详细数据参见本书《皮书数字化发展报告（2021）》。

表1 1997~2020年每年皮书出版数量

单位：部

序号	版本年份	出版数量	序号	版本年份	出版数量
1	1997	1	14	2010	138
2	1998	5	15	2011	185
3	1999	9	16	2012	227
4	2000	9	17	2013	256
5	2001	16	18	2014	297
6	2002	19	19	2015	329
7	2003	22	20	2016	362
8	2004	28	21	2017	393
9	2005	38	22	2018	441
10	2006	69	23	2019	427
11	2007	87	24	2020	416
12	2008	88	合计		3975
13	2009	113			

数据来源：皮书研究院。

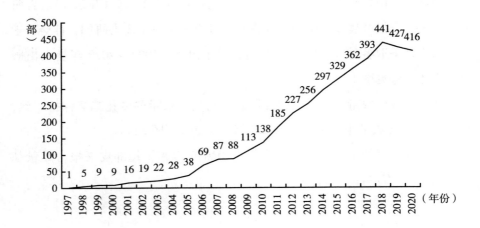

图1 1997~2020年皮书出版数量变化趋势

数据来源：皮书研究院。

表2 1997～2020年皮书报告数量

单位：篇

年份	报告数量	年份	报告数量
1997	41	2010	3531
1998	131	2011	4679
1999	219	2012	5389
2000	217	2013	5856
2001	321	2014	6577
2002	432	2015	7130
2003	559	2016	7557
2004	667	2017	7938
2005	952	2018	8832
2006	1897	2019	8264
2007	2330	2020	7935
2008	2442	合计	86946
2009	3050		

数据来源：皮书数据库。

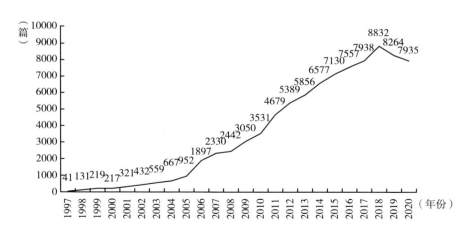

图2 1997～2020年皮书报告数量变化趋势

数据来源：皮书数据库。

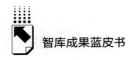

表3 2016～2020年版单部皮书平均报告数量

单位：篇

年份	平均报告数量
2016	21
2017	20
2018	20
2019	19
2020	19

数据来源：皮书研究院。

从皮书总字数来看，2020年版皮书单部皮书字数控制有效。2020年版皮书的平均字数在2019年基础上，继续回落（见表4）。

表4 1997～2020年皮书总字数及单部皮书平均字数的变化

单位：千字

序号	年份	总字数	单部皮书平均字数
1	1997	305	305.00
2	1998	1304	260.80
3	1999	2485	276.11
4	2000	2405	267.22
5	2001	4687	292.94
6	2002	5358	282.00
7	2003	7215	327.95
8	2004	—	—
9	2005	—	—
10	2006	25875	375.00
11	2007	38199	439.07
12	2008	39737	451.56
13	2009	51184	452.96
14	2010	61449	445.28
15	2011	72799	393.51
16	2012	87712	386.40
17	2013	94368	368.63
18	2014	107916	363.35
19	2015	113482	344.93
20	2016	122380	338.07

续表

序号	年份	总字数	单部皮书平均字数
21	2017	132230	336.46
22	2018	150294	340.80
23	2019	141567	331.54
24	2020	110829	266.42
合计		1373780	347.54

数据来源：皮书研究院。

从 2020 年版皮书内容分类来看，品种数最多的是地方发展－经济类，共有 66 种；其后依次为社会政法类 64 种，行业及其他类 62 种，地方发展－社会类 58 种，国别与区域类 36 种，等等（见图3）。

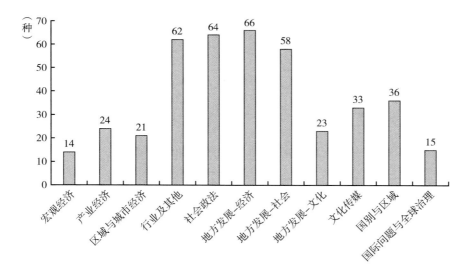

图3 2020 年版皮书按照内容分类的数量

数据来源：皮书研究院。

从新品种皮书增长来看，在 2020 年版皮书中，47 部为首次出版皮书（见表5），占比为 11.3%。从 2020 年首次出版皮书书目的选题方向来看，社会政法领域较多，有 15 部；产业经济和行业类的选题合计共有 13 部，也是近年来增长较快的领域。

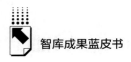

表5　2020年版首次出版皮书书目（47部）

序号	丛书名	书名	内容分类
1	刺梨产业蓝皮书	中国刺梨产业发展报告（2020）	产业经济
2	钧瓷产业蓝皮书	中国钧瓷产业发展报告（2020）	产业经济
3	马拉松蓝皮书	中国马拉松产业发展报告（2019～2020）	产业经济
4	汽车工业蓝皮书	中国商用汽车产业发展报告（2020）	产业经济
5	生态林业蓝皮书	中国特色生态文明建设与林业发展报告（2019～2020）	产业经济
6	自动驾驶蓝皮书	中国自动驾驶产业发展报告（2020）	产业经济
7	集体经济蓝皮书	中国农村集体经济发展报告（2020）	宏观经济
8	城市休闲和旅游竞争力绿皮书	中国城市休闲和旅游竞争力报告（2020）	区域与城市经济
9	粤港澳大湾区蓝皮书	中国粤港澳大湾区改革创新报告（2020）	区域与城市经济
10	粤港澳大湾区蓝皮书	粤港澳大湾区协同发展报告（2020）	区域与城市经济
11	珠江－西江经济带蓝皮书	珠江－西江经济带发展报告（2019）	区域与城市经济
12	法治现代化蓝皮书	中国法治社会发展报告（2020）	社会政法
13	黄河流域蓝皮书	黄河流域生态保护和高质量发展报告（2020）	社会政法
14	健康法治蓝皮书	中国健康法治发展报告2020	社会政法
15	美好生活蓝皮书	中国民众美好生活研究报告（2020）	社会政法
16	少数民族发展蓝皮书	中国少数民族事业发展报告（2019～2020）	社会政法
17	事业单位蓝皮书	中国事业单位发展报告（2020）	社会政法
18	数字城市蓝皮书	中国城市互联网发展报告（2020）	社会政法
19	医改蓝皮书	中国医改发展报告（2020）	社会政法
20	医疗保障蓝皮书	中国医疗保障发展报告（2020）	社会政法
21	语文教育蓝皮书	中国语文教育发展报告（2020）	社会政法
22	粤港澳大湾区蓝皮书	粤港澳大湾区会展旅游酒店发展报告（2020）	社会政法
23	粤港澳大湾区蓝皮书	粤港澳大湾区旅游业发展报告（2020）	社会政法
24	政信蓝皮书	中国政信发展报告（2019～2020）	社会政法
25	中国关心下一代蓝皮书	中国关心下一代研究报告（2020）	社会政法
26	中国涉案财物制度改革蓝皮书	中国刑事涉案财物制度改革发展报告No.1（2020）	社会政法
27	传媒蓝皮书	中国音频传媒发展研究报告（2020）	文化传媒
28	文化蓝皮书	中国普洱茶产业发展报告（2019～2020）	文化传媒
29	冰球运动蓝皮书	中国冰球运动发展报告（2019～2020）	行业及其他
30	品牌蓝皮书	中国旅游住宿品牌发展报告（2019～2020）	行业及其他

续表

序号	丛书名	书名	内容分类
31	汽车蓝皮书	中国汽车经销服务业发展报告（2020）	行业及其他
32	体育场馆蓝皮书	中国体育场馆发展报告（2019～2020）	行业及其他
33	体育旅游绿皮书	中国体育旅游发展报告（2019～2020）	行业及其他
34	行业及其他	粤港澳大湾区水资源研究报告（2020）	行业及其他
35	中医药传承创新蓝皮书	中国中医药传承创新发展报告（2020）	行业及其他
36	太平洋岛国蓝皮书	太平洋岛国发展报告（2020）	国别与区域
37	意大利蓝皮书	意大利发展报告（2019～2020）	国别与区域
38	中东欧文化蓝皮书	中东欧国家文化发展报告（2020）	国别与区域
39	北京产业蓝皮书	北京产业发展报告（2020）	地方发展－经济
40	北京交通蓝皮书	北京交通发展报告（2020）	地方发展－社会
41	北京教师发展蓝皮书	北京教师发展报告（2020）	地方发展－社会
42	成都志愿服务蓝皮书	成都志愿服务发展报告（2020）	地方发展－社会
43	河北青年蓝皮书	河北青年发展报告2020	地方发展－社会
44	湖南创新发展蓝皮书	2020年湖南科技创新发展报告	地方发展－社会
45	深圳志愿服务蓝皮书	深圳志愿服务发展报告（2020）	地方发展－社会
46	湖南传统工艺蓝皮书	湖南传统工艺振兴发展报告（2020）	地方发展－文化
47	文化科技蓝皮书	北京文化科技融合发展报告（2019～2020）	地方发展－文化

数据来源：皮书研究院。

2. 2020年版皮书研创机构持续增加

从2020年版皮书新增研创机构和新增作者来看，与2019年相比，新增皮书研创机构98家，新增皮书报告作者1792名（见表6）。

表6　2020年版皮书新增作者数量和研创机构数量

单位：名，家

年份	新增作者数量	新增研创机构数量	年份	新增作者数量	新增研创机构数量
2010	917	26	2016	1616	69
2011	1318	55	2017	1755	85
2012	1440	64	2018	1827	104
2013	1267	54	2019	1776	90
2014	1501	60	2020	1792	98
2015	1659	72			

数据来源：皮书数据库。

本报告继续沿用 2019 年的分类原则,将研创机构分为 9 大类。从研创皮书数量来看,中国社会科学院,研创皮书 67 部;高校及高校智库,研创皮书 134 部;地方社会科学院,研创皮书 103 部;党政部门智库,研创皮书 97 部;行业协会,研创皮书 27 部;社会智库,研创皮书 25 部;企业和企业智库,研创皮书 35 部;媒体和媒体智库,研创皮书 3 部;其他智库(课题组),研创皮书 1 部(见表 7)。

表 7　2020 年版皮书研创机构研创皮书数量

单位:部

序号	智库机构分类	研创皮书数量
1	中国社会科学院	67
2	高校及高校智库	134
3	地方社会科学院	103
4	党政部门智库	97
5	行业协会	27
6	社会智库	25
7	企业和企业智库	35
8	媒体和媒体智库	3
9	其他	1

注:地方社会科学院包括省级地方社科院(含社科联);部分皮书研创单位有两家以上,故研创机构总数超过皮书品种数。

数据来源:皮书研究院。

3. 2020 年版皮书报告研究实力进一步提升

皮书报告作者是报告研究实力的保障。近年来,皮书报告作者数量、具有高级职称及高学历作者数量均进一步增加。皮书报告作者数量从 1997 年的 60 名增长到了 2020 年的 11967 名,其中,副高级及以上作者数量从 12 名(1997 年)增长到 7246 名(2020 年),博士研究生学历作者数量从 8 名(1997 年)增长到 3910 名(2020 年)(见表 8)。

表8　1997～2020年皮书作者数量及其职称、学历分布

单位：名

序号	年份	作者数量	副高级及以上职称作者数量	博士研究生学历作者数量
1	1997	60	12	8
2	1998	153	58	26
3	1999	224	79	27
4	2000	180	47	24
5	2001	299	115	59
6	2002	420	198	98
7	2003	537	261	153
8	2004	629	339	182
9	2005	897	478	251
10	2006	1917	995	520
11	2007	2333	1231	695
12	2008	2720	1626	848
13	2009	3337	2051	1123
14	2010	3766	2505	1467
15	2011	4544	2784	1682
16	2012	5571	3594	2111
17	2013	6099	4089	2526
18	2014	7161	4676	2965
19	2015	7903	5162	3193
20	2016	8769	5676	3742
21	2017	9845	7535	4082
22	2018	11422	7335	4659
23	2019	11048	6676	3441
24	2020	11967	7246	3910

数据来源：皮书数据库，数据采集时间为2021年7月5日。

二　2020年版皮书研创热点分析

1. 2020年版皮书热词分析

本报告对2020年版皮书单篇报告的篇名、摘要、关键词进行词频分析。

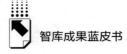
为更准确地提炼出核心词频，在分析过程中对内容相似的词语进行了人工处理，如"农村"与"乡村"相关，统一合并为"农村"；"房地产"与"房地产市场"相关，统一合并为"房地产"。同时，对一般性高频词进行了删除，如"问题""发展""建设""研究"等。

从2020年版皮书报告的热词分析来看，2020年版皮书的研究主题体现了中国当下经济社会发展的热点领域。在2020年版皮书热词排名前20位中，"工业化进程""一带一路""高质量发展""十四五"居热词的前四位，体现了2020年版皮书对国家战略的关注；"互联网""区块链""大数据""人工智能"等热词排名均在前20位，体现了2020年版皮书对数字社会问题的探讨；同时，在疫情防控常态化背景下，2020年版皮书对疫情的影响也进行了多维度的关注，"新冠肺炎疫情及防控"位于热词榜单的第10位；"乡村振兴""社会治理""脱贫攻坚""营商环境""文旅融合""科技创新"等领域也是2020年版皮书研创中关注的热点（见图4、表9）。

图4　2020年版皮书热词云图

数据来源：本图使用微词云软件制作，数据来自皮书研究院。

表9　2020年版皮书热词TOP20

序号	热词	序号	热词
1	工业化进程	11	社会治理
2	一带一路	12	大数据
3	高质量发展	13	走出去
4	十四五	14	人工智能
5	文化及文化产业	15	脱贫攻坚
6	互联网	16	三农
7	区块链	17	营商环境
8	乡村振兴	18	文旅融合
9	经济	19	同比增长
10	新冠肺炎疫情及防控	20	科技创新

数据来源：皮书研究院。

2. 按照研创机构智库类别分类的热词分析

为呈现不同研创单位、不同智库的关注热点，本报告将2020年版皮书报告的研创单位分为8类①，分别为中国社会科学院、高校及高校智库、地方社会科学院、党政部门智库、行业协会、社会智库、企业和企业智库、媒体和媒体智库。本报告使用微词云在线热词分析工具计算热词频数并生成各类研创机构的皮书报告词云图，分析了8类研创单位的研究热点（见表10）。

从热词分布结果来看，不同类型智库关注的热点、研究的重心呈现差异化特征，智库专业化的属性进一步彰显。

中国社会科学院研创的皮书报告热词集中于"工业化进程""一带一路"等国家宏观战略与倡议；同时，对营商环境、社会治理较为关注；对新冠肺炎疫情的分析也较多，相关主题词位于中国社会科学院热词排名的第4位。高校及高校智库关注的领域有高质量发展、"一带一路"、互联网、经济、文化产业、"走出去"、外交等。地方社会科学院关注的热点领域有乡村振兴、文化产业、脱贫攻坚、"十四五"、"十三五"、社会治理等；同时，

_____

① 因前文所述9类中的"其他"仅包括1家智库，故此处未作分析。

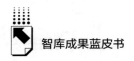
表10　2020年版皮书各类研创单位热词排名TOP10

研创单位类别	1	2	3	4	5	6	7	8	9	10
中国社会科学院	工业化进程	"一带一路"	营商环境	新冠肺炎疫情	社会治理	国有企业	未成年人	高质量发展	经济发展	乡村振兴
高校及高校智库	高质量发展	"一带一路"	中国	互联网	经济	广州	北京	文化产业	"走出去"	外交
地方社会科学院	乡村振兴	文化产业	脱贫攻坚	"十四五"	"十三五"	广州	陕西	河北	河南	社会治理
党政部门智库	政务服务	"放管服"	服务体系	接诉即办	互联网	大数据	"三农"	社会治理	乡村振兴	人工智能
行业协会	区块链	建筑业	自动驾驶	文化产业	旅游住宿业	媒体融合	大数据	文化金融	可持续发展	供应链
社会智库	民办教育	流动儿童	中国企业	"走出去"	旅游	志愿服务	生态治理	社会	互联网运用	医疗保障
企业和企业智库	新能源汽车	监管科技	动力电池	金融科技	大数据	上市公司	可持续发展	汽车安全	医院	煤改电
媒体和媒体智库	移动互联网	健康城市	人工智能	新基建	健康中国	直播带货	网络安全	数字经济	小程序	短视频

数据来源：皮书研究院。

"广州""陕西""河北""河南"等区域热词出现频次较多。党政部门智库关注的主要领域有政务服务、"放管服"、服务体系、接诉即办、互联网、大数据、"三农"、社会治理、乡村振兴、人工智能等，明显对党政行政实践的重点工作较为关注。行业协会重点关注区块链、建筑业、自动驾驶、文化产业、旅游住宿业、媒体融合、大数据、文化金融、可持续发展、供应链等行业发展热点。社会智库重点关注民办教育、流动儿童、中国企业、"走出去"、旅游、志愿服务、生态治理、社会、互联网运用、医疗保障等社会领域的热点。企业和企业智库主要关注新能源汽车、监管科技、动力电池、金融科技、大数据、上市公司、可持续发展、汽车安全、医院、煤改电等相对较为具体的企业、机构热点问题。媒体和媒体智库主要关注领域是移动互联网、健康城市、人工智能、新基建、健康中国、直播带货、网络安全、数字经济、小程序、短视频，充分体现了对媒体行业发展热点的关注（见图5～图12）。

图5　研创机构为"中国社会科学院"的2020年版皮书报告热词云图

数据来源：本图使用微词云软件制作，数据来自皮书研究院。

图6　研创机构为"高校及高校智库"的2020年版皮书报告热词云图

数据来源：本图使用微词云软件制作，数据来自皮书研究院。

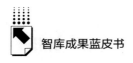

图7　研创机构为"地方社会科学院"的2020年版皮书报告热词云图

数据来源：本图使用微词云软件制作，数据来自皮书研究院。

图8　研创机构为"党政部门智库"的2020年版皮书报告热词云图

数据来源：本图使用微词云软件制作，数据来自皮书研究院。

图9 研创机构为"行业协会"的2020年版皮书报告热词云图

数据来源：本图使用微词云软件制作，数据来自皮书研究院。

图10 研创机构为"社会智库"的2020年版皮书报告热词云图

数据来源：本图使用微词云软件制作，数据来自皮书研究院。

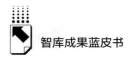

图 11　研创机构为"企业和企业智库"的 2020 年版皮书报告热词云图

数据来源：本图使用微词云软件制作，数据来自皮书研究院。

图 12　研创机构为"媒体和媒体智库"的 2020 年版皮书报告热词云图

数据来源：本图使用微词云软件制作，数据来自皮书研究院。

三　2020年皮书影响力分析

1. 2020年皮书及报告的数据库影响力分析

从本年度皮书数据库相关使用数据来看，2020年版皮书报告在皮书数据库中的总访问量为293434次，总阅读量为256124次，总下载量为150489次，与上一年度同期数据相比，这三个指标均有较大的提升（见图13）。从下载量区间来看，下载在200～499次的皮书数量最多，达到149部；之后是下载频次在100～199次区间的皮书，共有104部；下载频次在100次以上的，合计328部，占全部皮书品种的78.8%（见图14）。

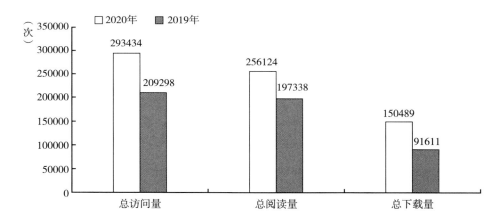

图13　2019年版皮书、2020年版皮书在皮书数据库中使用情况对比

注：2019年版皮书数据采集时间为2020年5月23日，2020年版皮书数据采集时间为2021年7月5日。

数据来源：皮书数据库。

从单品种皮书来看，总下载量在500次以上的皮书共有75部，其中，既有中国经济、社会、文化领域的热点报告，如中国经济、社会、教育、就业、社会组织等相关发展报告，也有区域国别类皮书，如叙利亚、美国、欧洲相关国别发展报告；既有文化产业和文化热点主题，如传媒、新媒体、媒体融合，又涵盖了新能源汽车、旅游、移动互联网、大数据等行业热点（见表11）。

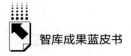

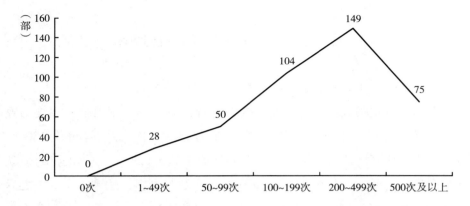

图 14　2020 年版皮书数据库下载量频次分析

数据来源：皮书数据库，数据采集时间为 2021 年 7 月 5 日。

表 11　2020 年版总下载量排名前 75 位的皮书（下载频次在 500 次以上）

单位：次

排名	书名	浏览量	阅读量	下载量
1	叙利亚发展报告（2020）	12732	9757	9047
2	中国传媒产业发展报告（2020）	6466	4589	3653
3	中国新能源汽车产业发展报告（2020）	5078	3785	3518
4	中国新媒体发展报告 No. 11（2020）	6470	5490	3181
5	2020 年中国经济形势分析与预测	6003	4154	2641
6	2020 年中国社会形势分析与预测	5629	4889	2536
7	中国教育发展报告（2020）	3976	2955	1964
8	2020 年中国本科生就业报告	7498	7114	1956
9	2020 年世界经济形势分析与预测	3999	2848	1874
10	中国社会组织报告（2020）	2397	1366	1551
11	2019～2020 年中国旅游发展分析与预测	3604	2684	1517
12	中国未成年人互联网运用报告（2020）	3498	3656	1371
13	全球政治与安全报告（2020）	3417	2979	1313
14	中国移动互联网发展报告（2020）	2073	1409	1199
15	全球数字经济竞争力发展报告（2020）	2052	1719	1195
16	中国产业竞争力报告 No. 9（2020）	1873	1054	1175
17	中国健康管理与健康产业发展报告 No. 3（2020）	1920	2020	1150
18	中国区块链发展报告（2020）	1423	608	1109

续表

排名	书名	浏览量	阅读量	下载量
19	中国粤港澳大湾区改革创新报告（2020）	1678	1143	1069
20	中国医改发展报告（2020）	1473	975	1034
21	中国流动儿童教育发展报告（2019～2020）	1858	1615	1010
22	中国跨境电商发展报告（2020）	2252	2585	1002
23	黄河流域生态保护和高质量发展报告（2020）	1981	1933	1001
24	中国慈善发展报告（2020）	2272	2554	977
25	中国国民心理健康发展报告（2019～2020）	4498	8012	942
26	中国养老金融发展报告（2020）	1820	1975	916
27	中国社会保障发展报告 No.11（2020）	2088	1833	907
28	河北农业农村经济发展报告（2020）	663	213	894
29	中国医疗保障发展报告（2020）	1442	901	865
30	中国媒体融合发展报告（2020）	1745	1702	861
31	中国人力资源发展报告（2020）	1673	1748	856
32	中国企业社会责任研究报告（2020）	2950	2771	855
33	中亚国家发展报告（2020）	1740	1626	851
34	中国农村经济形势分析与预测（2019～2020）	1899	1518	838
35	中国区域经济发展报告（2019～2020）	1386	1099	832
36	中国法院信息化发展报告 No.4（2020）	1779	1076	831
37	中国儿童发展报告（2020）	1723	2449	810
38	中国国际文化贸易发展报告（2020）	2459	3309	782
39	国际城市发展报告（2020）	1197	546	777
40	中国法治发展报告 No.18（2020）	1670	1061	774
41	中国文化发展研究报告（2017～2020）	1366	983	772
42	广州创新型城市发展报告（2020）	1099	567	769
43	中国大数据发展报告 No.4	1146	619	757
44	中国汽车工业发展报告（2020）	1656	1659	741
45	2020 年中国经济前景分析	1189	1205	715
46	中国房地产发展报告 No.17（2020）	1633	935	701
47	广州数字经济发展报告（2020）	1138	760	692
48	中国邮轮产业发展报告（2020）	1740	1542	685
49	中国制药工业发展报告（2020）	1053	476	672
50	中国自动驾驶产业发展报告（2020）	1162	806	668
51	中国就业发展报告（2020）	1410	1412	663
52	应对气候变化报告（2020）	1117	549	663
53	中国医院竞争力报告（2019～2020）	1113	531	621
54	中国海洋经济发展报告（2019～2020）	825	694	615

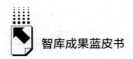

续表

排名	书名	浏览量	阅读量	下载量
55	中国人口与劳动问题报告 No. 21	1028	924	613
56	中国金融发展报告（2020）	1005	452	608
57	中国企业全球化报告（2020）	1212	752	602
58	广州经济发展报告（2020）	785	300	601
59	中国医疗人工智能发展报告（2020）	991	926	601
60	世界能源发展报告（2020）	985	1021	594
61	中国新能源汽车动力电池产业发展报告（2020）	905	805	587
62	中国智能网联汽车产业发展报告（2020）	965	830	587
63	美国研究报告（2020）	1270	688	586
64	2020 年中国高职生就业报告	1404	766	580
65	中国健康城市建设研究报告（2020）	881	581	577
66	中国电子政务发展报告（2019～2020）	1275	1114	569
67	欧洲发展报告（2019～2020）	879	474	568
68	国家中心城市建设报告（2020）	933	602	564
69	中国生态治理发展报告（2019～2020）	1155	1293	548
70	中国监管科技发展报告（2020）	1203	1285	546
71	全球电影产业发展报告（2020）	1092	884	543
72	"一带一路"建设发展报告（2020）	999	750	531
73	中国金融科技发展报告（2020）	1060	957	511
74	中国文旅产业发展报告（2020）	909	817	508
75	中国省域经济综合竞争力发展报告（2018～2019）	1133	1099	501

数据来源：皮书数据库，数据采集时间为 2021 年 7 月 5 日。

2. 2020年版皮书报告同行影响力分析

皮书报告在已发表学术成果中的被引频次体现了皮书在学术同行中的影响力。伴随皮书持续发布的时间越来越长，皮书同行影响力的积累越来越深厚。根据中国知网"中国图书引证统计分析数据库"①，如图 15 所示，截至 2020 年 7 月 19 日，可查询到的被引皮书共 1662 部，总计被引频次为 52216 次。其中，

---

① "中国图书引证统计分析数据库"发布了 1949 年至今中国（不含港澳台数据）出版的图书的被引频次。图书收录范围为中国版本图书馆收录的所有图书（截至 2021 年 7 月为 539 万余种），统计源为中国知网收录的"中国学术期刊（网络版）"（截至 2021 年 7 月为 5610 万余篇期刊论文）、"中国优秀硕士学位论文全文数据库""中国博士学位论文全文数据库"（截至目前为 440 万余篇学位论文）和"中国重要会议论文全文数据库"（截至目前为 240 万余篇会议论文）。

被引频次在 0～9 次的，有 1025 部；被引频次在 10～39 次的，有 356 部；被引频次在 40～99 次的，有 157 部；被引频次在 100 次及以上的，有 124 部。

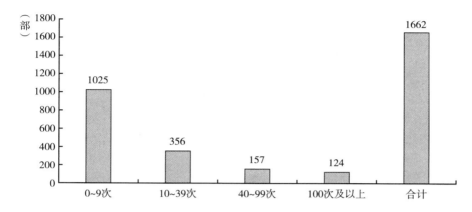

图15 不同被引频次区间的皮书数量

注：数据采集时间为 2021 年 7 月 19 日。

资料来源：皮书研究院根据"中国图书引证统计分析数据库"统计。

与 2019 年同期数据相比，被引皮书数量增加了 239 部，皮书的总被引频次增加了 6181 次（见图 16）。

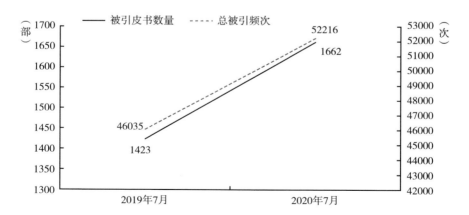

图16 皮书被引数据 2019 年与 2020 年同期对比

注：数据采集时间为 2021 年 7 月 19 日。

资料来源：皮书研究院根据"中国图书引证统计分析数据库"统计。

从单品种皮书被引情况（见表 12）来看，被引频次达到 100 次以上，排名前十位的皮书均持续出版 10 年或以上。其中，连续发布 30 年的"社会蓝皮书"总被引频次超过了 3000 次。可见，持续性的研究有助于皮书积累在学术界的影响力。

表 12　截至 2021 年 7 月总被引频次排名前 20 位的单品种皮书目录

序号	丛书名	书名	连续出版（年）	总被引频次（次）
1	社会蓝皮书	中国社会形势分析与预测	30	3024
2	新媒体蓝皮书	中国新媒体发展报告	12	1876
3	传媒蓝皮书	中国传媒产业发展报告	16	1512
4	能源蓝皮书	中国能源发展报告	11	1445
5	就业蓝皮书	中国大学生就业报告	13	1437
6	房地产蓝皮书	中国房地产发展报告	17	1362
7	人才蓝皮书	中国人才发展报告	10	1122
8	民营经济蓝皮书	中国民营经济发展报告	11	1086
9	慈善蓝皮书	中国慈善发展报告	12	1062
10	社会组织蓝皮书	中国社会组织报告	10	1038
11	文化蓝皮书	中国文化发展研究报告	14	787
12	城市蓝皮书	中国城市发展报告	13	732
13	区域蓝皮书	中国区域经济发展报告	18	724
14	文化蓝皮书	中国公共文化服务发展报告	4	711
15	社会心态蓝皮书	中国社会心态研究报告	9	641
16	金融蓝皮书	中国金融发展报告	16	631
17	西部蓝皮书	中国西部经济发展报告	16	600
18	金融科技蓝皮书	中国金融科技发展报告	8	510
19	企业社会责任蓝皮书	中国企业社会责任研究报告	12	478
20	越南蓝皮书	越南国情报告	14	463

注：数据采集时间为 2021 年 7 月 19 日。

数据来源：皮书研究院根据"中国图书引证统计分析数据库"统计。

从单部皮书的被引情况来看，如表 13 所示，被引频次最高的依然是《能源蓝皮书：2006 中国能源发展报告》，达到 1437 次；被引频次超过 1000 次的，共有 6 部皮书。

表13 截至 2021 年 7 月总被引频次排名前 20 位的单部皮书目录

序号	丛书名	书名	被引频次（次）
1	能源蓝皮书	2006 中国能源发展报告	1437
2	房地产蓝皮书	中国房地产发展报告 No.1	1362
3	人才蓝皮书	中国人才发展报告 No.1	1122
4	新媒体蓝皮书	中国新媒体发展报告 No.4（2013）	1100
5	慈善蓝皮书	中国慈善发展报告（2009）	1062
6	民营经济蓝皮书	中国民营经济发展报告（2003）	1041
7	民间组织蓝皮书	中国民间组织报告（2008）	910
8	新媒体蓝皮书	中国新媒体发展报告（2010）	776
9	城市蓝皮书	中国城市发展报告 No.1	732
10	金融蓝皮书	2004 年:中国金融发展报告	614
11	传媒蓝皮书	2004~2005 年:中国传媒产业发展报告	610
12	中国区域发展蓝皮书	中国区域经济发展报告（2003~2004）	557
13	文化蓝皮书	中国公共文化服务发展报告（2007）	540
14	传媒蓝皮书	中国传媒产业发展报告（2014）	477
15	互联网金融蓝皮书	中国互联网金融发展报告（2013）	469
16	社会心态蓝皮书	中国社会心态研究报告（2012~2013）	442
17	民营企业蓝皮书	中国民营企业竞争力报告 No.1	413
18	舆情蓝皮书	中国社会舆情与危机管理报告（2012）	410
19	宗教蓝皮书	中国宗教报告（2008）	409
20	汽车蓝皮书	中国汽车产业发展报告（2008）	392

注：数据采集时间为 2021 年 7 月 19 日。

数据来源：皮书研究院根据"中国图书引证统计分析数据库"统计。

3.2020年皮书发挥社会影响力路径的新探索

皮书发布会是在皮书出版后，向媒体及公众发布主要观点、发挥社会影响力的有效途径。多年来，社会科学文献出版社深耕媒体资源，联合皮书主编机构共同推动智库成果发布，取得了显著成效。从表14可以看出，近五年来，除 2016 年和 2020 年外，皮书发布会的召开比例均在 60% 以上，自 2017 年起，每年召开发布会均在 200 场以上，基本每个工作日都有皮书发布。受疫情影响，2020 年召开发布会品种占比略有下降，但也超过了 50%。

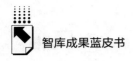

表14 2016～2020年皮书出版与召开发布会情况统计

项目	2016年	2017年	2018年	2019年	2020年
出版总量（部）	332	374	426	419	416
开发布会的皮书数量（部）	197	239	263	253	214
开发布会占比（%）	59.34	63.90	61.74	60.38	51.44

数据来源：皮书研究院。

　　值得一提的是，2020年召开皮书发布会的品种数量虽然下降，但是皮书发布的形式更加多元化，很多皮书的发布不再拘泥于线下会议，而是探索了网络发布、视频发布、直播间发布等多种新形式（见图17）。2020年3月28日，"邮轮绿皮书"主编针对新冠肺炎疫情对邮轮业的影响进行了一场直播发布活动，当天有8.7万人线上观看了直播，加上回放量，总观看量达到了9.4万人次。

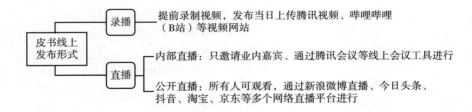

图17　皮书线上发布会形式

数据来源：社会科学文献出版社学术传播中心。

四　皮书高质量发展中的机遇与挑战

　　2021年是中国共产党建党百年，习近平总书记在庆祝中国共产党成立100周年大会上发表重要讲话，向全国人民发起了迈向新时代中国特色社会主义新征程的总动员。"十四五"时期是乘势而上开启全面建设社会主义现代化国家新征程、向第二个百年奋斗目标进军的第一个五年，同时也是我国积极应对国内社会主要矛盾变化和国际经济政治格局深刻变化的战略机遇期和加快推进生态文明建设和经济高质量发展的攻坚期。

中国踏上了新的征程，中国智库也站在了新的起点上。作为新型智库建设重要抓手和内容的皮书研创出版，与当下中国所有建设、发展领域一样，面临新趋势、新挑战和新任务。

1.　"不确定性"成为常态，智库及其成果成为"刚需"

当今世界正处于百年未有之大变局，持续数百年的传统全球化进程正处于转型、转折中，民粹主义、极端主义盛行，新冠肺炎疫情在全球肆虐，严重影响人类经济和社会生活……所有这一切，都说明世界的复杂性和风险正在积聚、叠加，以"黑天鹅"和"灰犀牛"为标引的"不确定"成为高频词，对各领域的"不确定"，急需智库专家和专业人士展开全方位的专业研究，提供专业指导和服务。因此，以消除"不确定性"为特征的皮书研创和出版将成为"刚需"。

当代中国正处于中华民族实现伟大复兴战略全局的关键时期，十三届全国人大四次会议通过的《中华人民共和国国民经济和社会发展第十四个五年规划和2035年远景目标纲要》，特别是习近平总书记在庆祝中国共产党成立100周年大会上的讲话，为广大皮书研创者和出版者提供了新的研究课题和巨大的研究空间，政府、社会和企业对皮书这一智库产品的需求必将进一步放大，同时对皮书的质量要求也将进一步提高。这对皮书人来说，既是一种机遇和荣誉，更是一份沉重的使命和责任！

面对皮书研创出版的新趋势、新挑战、新任务，广大皮书人应自觉提升皮书意识，明确自身的责任，发挥自己的专业优势，主动承担为世界减少乃至消除不确定性的责任，为担负起"十四五"规划和2035远景目标的重任，持续不断地研创出版高质量的皮书和皮书报告。

2.　数字化浪潮下，皮书研创面临机遇，也迎来挑战

在新的时代背景下，智库面临着前所未有的数字机遇与数字挑战。从机遇来看，第一，对人类社会各种微观活动的数字化记录和统计，以及智库研究的内容、行业交流的过程及方式、科研成果等各式各样的"数字足迹"分散于各类数据平台，这一切都为智库提供了宝贵的数据资源，开辟了智库

研究的新领域。第二，快速发展的信息技术，为智库研究提供了更加高效的工具。第三，无所不在的新媒体、融媒体，为智库影响力的发挥提供了更加多元的平台。

从挑战来看，数据越来越多，效率却并不是始终能够提高，有时反而还会降低，有效信息隐藏在大量的数据之中；同时，面对浩瀚的信息与数据，智库也面临着研究方法的革新，组织架构的变化，数字资源建设的技术鸿沟，数据使用的伦理风险，深刻、严谨的研究成果较难获得关注等挑战。

人类社会已经进入数字社会，数据成为重要资产和基本生产资料，充分利用大数据、云计算、人工智能展开智库研究也成为必然趋势。作为以数据表述为基本特征的皮书，是否有效使用专业数据，成为该皮书能否持续研创、发布的必备条件。

五 2022年皮书高质量发展路径及建议

1. 宏观层面：国家引领与制度支持

党的十八大以来，中国特色社会主义进入新时代，党的十八大报告明确强调："坚持科学决策、民主决策、依法决策，健全决策机制和程序，发挥思想库作用，建立健全决策问责和纠错制度。"[1] 2013 年 4 月，习近平总书记作出批示，首次提出建设"中国特色新型智库"的目标[2]，并将其提高到国家战略的高度。中国共产党第十八届中央委员会第三次会议通过《中共中央关于全面深化改革若干重大问题的决定》，明确要"加强中国特色新型智库建设，建立健全决策咨询制度。"2015 年 1 月中共中央办公厅、国务院办公厅印发《关于加强中国特色新型智库建设的意见》（以下简称《意见》），成为我国改革开放以来第一份筹划智库未来发展的纲领性文件。《意见》明确把中国特色新型智库作为"党和政府科学民主依法决策的重要支

---

① 《胡锦涛文选》第 3 卷，人民出版社，2016，第 636 页。
② 《习近平为何特别强调"新型智库建设"？》，人民网，http://theory.people.com.cn/n/2014/1029/c148980 - 25928251.html，最后检索时间：2021 年 8 月 19 日。

撑""国家治理体系和治理能力现代化的重要内容""国家软实力的重要组成部分"。①

中国特色社会主义新型智库在习近平总书记的全局谋划和宏观部署下，发展、壮大、兴盛，各类智库纷纷涌现，热度不减，为建设中国特色社会主义事业提供思想产品和决策咨询服务。皮书是重要的智库成果，伴随智库建设的热潮，皮书出版的数量、质量都得到了进一步提升。未来，在智库成果的高质量产出上，政府应如何引导《意见》这一顶层设计有效落地？本报告提出以下建议。

第一，进一步完善智库及成果参与政策制定的制度，在国家治理体系中确立鼓励智库参与决策的刚性、规范机制。进一步开放政府决策过程，尤其是明确对于决策过程中科学性、专业性、技术性较强的论证性工作交由具备相应资质的智库来完成。② 政府及相关决策方向智库提出更为广泛的需求，将从需求端有效推动智库高质量成果的产出。

第二，进一步规范智库思想产品市场，理顺政府购买智库思想产品、咨询服务的流程。智库作为受托方依法通过项目委托与政府建立基于项目合同的合作关系。建设并完善不同智库的专业智库成果进入决策体系的渠道，并使之规范化、多元化、常态化。当智库的思想产品市场发展逐步成熟后，智库成果将面临一个多元的、竞争的态势，这也会使真正有价值的智库成果脱颖而出。

2. 中观层面：智库机构的专业化发展

对智库机构而言，要产出高质量的智库成果，就必须推动自身的专业化发展。

第一，精准定位，发挥专业优势，提升智库成果的有效性。智库机构要以问题为导向，紧紧围绕本专业全领域的重大问题、热点问题，确定本年度

---

① 《中共中央办公厅、国务院办公厅印发〈关于加强中国特色新型智库建设的意见〉》，中国政府网，http://www.gov.cn/zhengce/2015−01/20/content_2807126.htm，最后检索时间：2021年8月19日。

② 张伟：《新型智库基本问题研究》，中共中央党校出版社，2017，第165页。

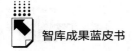

皮书的选题，深入研究问题，作出相关预测并提出相应的对策建议。要坚持皮书研创出版的主题化、专业化方向，坚决杜绝皮书论文集化、年鉴化、年度工作报告化趋向。

第二，注重实证，以事实为依据，构建完善的数据体系。围绕皮书研创开发构建专题或主题数据库，为皮书和皮书报告的写作提供强大的数据支撑。各皮书研创课题组均应根据自身的研创需求建构专题数据库。采取自采、合作或购买方式获取数据，评价评估和指标指数型皮书，必须要有相对应的数据库做支撑，在这方面，学术出版机构的数字学术平台（如社会科学文献出版社皮书数据库）应当发挥好集成平台的功能。

第三，各皮书研创单位（智库）与出版单位通力合作，利用多媒体方式推广发布每一部皮书和每一篇皮书报告。通过皮书数字化平台的推送，着力提升智库成果流量（阅读量、浏览量和下载量），扩大智库成果的同行影响力，鼓励并组织皮书人开展直播和短视频推送，最大限度发挥智库成果的社会影响力。

3. 微观层面：智库报告的时代使命

就皮书报告的质量提升而言，近年来，皮书出版机构、皮书主编、皮书作者、皮书读者共同努力，探索了很多行之有效的方法。

第一，坚持皮书研创出版高质量发展的方针，统筹运用皮书目录管理、皮书编辑前端管理和皮书评价等工具手段，完善准入退出机制，努力实现"控数量、提质量、补短板"的皮书高质量发展目标，积极引导原有地方、部门类皮书向新领域、新业态转型，加强对国别、区域和全球治理类皮书研创的支持力度，鼓励第三方参与评价评估和指标指数型皮书和皮书报告的研创。

第二，不断完善并严格执行皮书研创出版规范，通过书稿内容重复率检测、文稿预处理，以及皮书评价等专业流程进一步提升皮书报告的规范水平；通过皮书高级研修班、皮书年会等皮书相关平台加大皮书规范的推广力度，使之成为所有智库报告写作、发表的普遍性规范。

第三，着力提升皮书报告的国际传播力和影响力，使之真正成为中国影响世界和世界了解当下中国的最真实、可信的平台，从而为中国的国际传播能力建设作出皮书人独特的贡献。一是要最大限度地利用好学术出版机构（社会科学文献出版社）在国际出版和传播方面与施普林格、泰勒·弗朗西斯等世界著名学术出版公司已经建立的良好合作关系，出版更多的专题化外文版皮书；二是进一步加大皮书数据库的海外推广力度，进一步提升数据库的用户数量和浏览下载率；三是与智能翻译技术公司合作研发皮书数据库多语种阅读浏览器，全面提升皮书数据库的全球覆盖率。

参考文献

谢曙光主编《皮书手册：写作、编辑出版与评价指南》（第四版），社会科学文献出版社，2020。

谢曙光主编《中国皮书发展报告（2020）》，社会科学文献出版社，2020。

李凤亮：《中国特色新型智库建设研究》，中国经济出版社，2016。

李国强：《创新中国智库建设》，中国财政经济出版社，2020。

〔美〕詹姆斯·G. 麦甘（James G. McGann）：《美国智库与政策建议：学者、咨询顾问与倡导者》，肖宏宇、李楠译，北京大学出版社，2018。

分类报告

Sub-category Reports

B.2
经济类皮书发展报告（2021）[*]

宋　静^{**}

摘　要：　2020年，社会科学文献出版社共出版皮书416部，其中经济类皮书59部；与2019年相比，皮书总量减少11部，经济类皮书减少5部。受新冠肺炎疫情影响，经济类皮书出版时间集中在下半年，共出版43部。经济类皮书继续对中国经济、产业、城市等进行追踪、监测、研究，同时热词中出现了疫情、高质量、粤港澳等反映当下热点的关键词，凸显了皮书的前沿性特征。未来经济类皮书需要继续紧跟形势，不断追踪热点，在提升皮书质量的同时，协调好出版时间，充分发挥皮书作为智库成果的指导作用。

关键词：　皮书　宏观经济　产业经济　城市经济

＊　本报告研究对象经济类皮书仅包括按内容分类的六大类皮书中的经济类皮书，不包括地方经济类皮书。本报告所使用的数据来自社会科学文献出版社皮书研究院提供的数据，特此感谢。

＊＊　宋静，管理学博士，副编审，社会科学文献出版社编辑，研究方向为企业管理、产业经济、编辑出版。

2020 年是中国"十三五"规划的收官之年。在新冠肺炎疫情影响下，中国图书出版行业也面临巨大的挑战和考验，社会科学文献出版社（以下简称"社科文献"）在疫情初期，积极采取措施，利用线上办公软件，为员工居家办公提供条件。皮书出版也受到影响，尤其是 2020 年上半年，大部分皮书未能按时出版，出版时间被迫延迟，但是经过全社的努力，仍有 416 部 2020 年版皮书顺利出版，较 2019 年仅减少 11 部，实属不易，这也得益于皮书研创单位对皮书品牌的认可和对皮书出版的执着。

一 2020年经济类皮书出版统计分析

按内容分类，皮书可以分为经济类、社会政法类、文化传媒类、地方发展类、行业报告类、国际问题类等六大类型，其中地方发展类又分为地方经济、地方社会、地方文化三类。根据经济类皮书的含义，经济类皮书是对经济社会发展状况和热点问题进行年度监测，涵盖国内外经济运行态势分析、经济发展现状评估以及未来经济形势预测展望的公开连续出版物的统称。按该定义，经济类皮书包含大类中的经济类和地方发展类中的地方经济类皮书。2020 年共出版经济类皮书 125 部，占 2020 年皮书出版总量的 30.05%。由于本书有专题报告研究地方发展类皮书，因此本报告中的经济类皮书不包括地方经济类皮书。经济类皮书按研究对象又分为以经济蓝皮书为代表的宏观经济类、以新能源汽车蓝皮书为代表的产业经济类和以京津冀蓝皮书为代表的区域与城市经济类三种，2020 年出版情况如下。

（一）经济类皮书出版总量分析

2020 年，社会科学文献出版社共出版皮书 416 部，其中经济类皮书共 59 部，占比为 14.18%。经济类皮书按内容分类，包括：宏观经济类 14 部、产业经济类 24 部、区域与城市经济类 21 部。

2018 年出版皮书 441 部，2019 年共出版皮书 427 部。社会科学文献出版社为了进一步提高皮书质量，促进皮书高质量发展，自 2019 年开始试行皮书目录管理制度，从皮书出版的前端开始介入，更高效、有针对性地对皮书进行管理，以减缓皮书出版种类增长速度。

（二）经济类皮书品种变化情况分析

1. 2018～2020年三年经济类皮书品种变化情况

2018 年共出版皮书 441 部，其中经济类皮书共 58 部，占比为 13.15%，按皮书内容分类，包括：宏观经济类 14 部、产业经济类 26 部、区域与城市经济类 18 部。

2019 年共出版皮书 427 部，其中经济类皮书共 64 部，占比为 14.99%，按皮书内容分类，包括：宏观经济类 10 部、产业经济类 32 部、区域与城市经济类 22 部。

从 2018～2020 年经济类皮书出版情况来看，经济类皮书总量维持在 60 部左右，占比维持在 14% 左右。（见图 1）

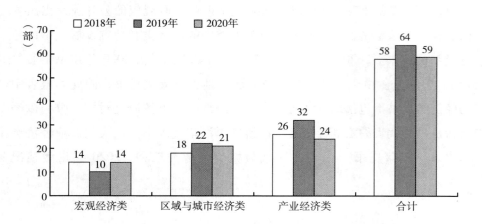

图 1 2018～2020 年按皮书内容分类的经济类皮书出版数量

数据来源：皮书研究院。

2. 2018～2020年三年宏观经济类皮书具体出版情况

皮书出版每年略有变动，既有少量皮书由于各种情况退出，也有新准入的皮书。本报告以宏观经济类皮书为例展示三年来该类皮书的变动情况：
2018～2020 年共出版宏观经济类皮书丛书 18 种，其中连续三年均出版的为
9 种；出版两年的为 2 种，其中高质量发展蓝皮书为 2019 年首次出版；出
版一年的有 7 种，其中 2 种为 2020 年首次出版，包括生态治理蓝皮书、集
体经济蓝皮书。从 2018～2020 年出版情况来看，2/3 的皮书能够连续出版，
如表 1 所示。

表 1　2018～2020 年宏观经济类皮书具体出版情况

序号	丛书名	出版数量（部）	出版年份	备注
1	财政蓝皮书	3	2018、2019、2020	
2	金融蓝皮书	3	2018、2019、2020	
3	经济蓝皮书	3	2018、2019、2020	
4	经济蓝皮书春季号	3	2018、2019、2020	
5	可持续发展蓝皮书	3	2018、2019、2020	
6	农村绿皮书	3	2018、2019、2020	
7	人口与劳动绿皮书	3	2018、2019、2020	
8	中国省域竞争力蓝皮书	3	2018、2019、2020	
9	经济蓝皮书夏季号	3	2018、2019、2020	2020 年更名为宏观经济蓝皮书
10	高质量发展蓝皮书	2	2019、2020	
11	海洋经济蓝皮书	2	2018、2020	2019 年未出版
12	低碳发展蓝皮书	1	2018	
13	对外贸易蓝皮书	1	2018	
14	发展和改革蓝皮书	1	2018	
15	工业化蓝皮书	1	2020	
16	国家创新蓝皮书	1	2018	
17	集体经济蓝皮书	1	2020	2020 年首次出版
18	生态治理蓝皮书	1	2020	2020 年首次出版

数据来源：皮书研究院。

3. 皮书淘汰情况

为加强皮书质量管理，社会科学文献出版社建立了皮书淘汰机制，2014年公布了首批淘汰皮书名单。根据皮书管理的相关规定，皮书准入后超过一年未出版的选题，列入警示名单；超过一年半未出版的，列入淘汰名单，若想继续以皮书形式出版，须重新进行准入论证。

2014~2021年5月，共淘汰皮书434部，其中经济类为45部，占比为10.36%。其中2014年淘汰6部，2016年为7部，2019年为8部，2020年为6部，2021年（截至5月）为18部（见图2）。每年淘汰的数据基本平稳，2021年截至5月淘汰的数量比较多，淘汰的18部皮书中只出版过1年的为8部。为了加强对皮书品牌的管理、进一步提高皮书质量、促进皮书高质量发展，对皮书进行规范指导、评价，执行皮书淘汰机制很有必要。

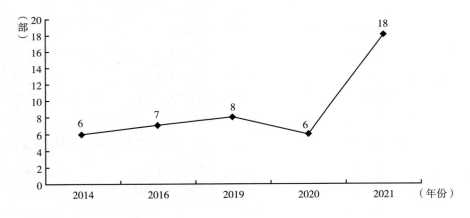

图2　2014~2021年5月经济类皮书淘汰情况

数据来源：皮书研究院。

（三）经济类皮书报告数量分析

2020年版的59部经济类皮书共有1127篇报告，平均每部皮书的单篇报告数量为19.10篇，规模比较合理。对皮书的单篇报告分布情况进行统计分析，发现以11~20篇的皮书最多，有35部，占比接近60%。

10篇及以下和30篇以上的皮书较少，均为3部，各占5.08%。（见图3、表2）

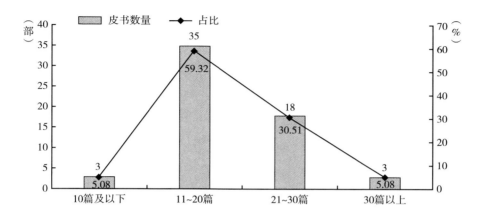

图3 根据报告数量进行的2020年经济类皮书分类

数据来源：皮书研究院。

表2 根据报告数量进行的2020年经济类皮书分类

单本皮书含报告数量	皮书数量（部）	占比（%）
10篇及以下	3	5.08
11~20篇	35	59.32
21~30篇	18	30.51
30篇以上	3	5.08
合　计	59	100.00

数据来源：皮书研究院。

（四）研创机构分析

2020年出版的59部经济类皮书的研创机构共有73家，其中高校和高校智库最多，为20家，占比为27.40%；社会智库最少，只有4家，占比为5.48%，如图4所示。

皮书按报告类型划分为四类：分析预测型、评估评价型、发展报告型、

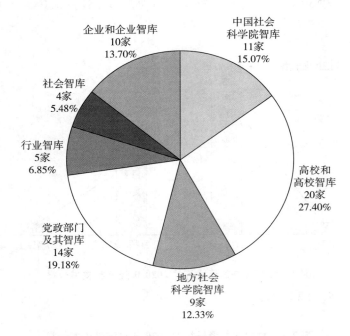

图4 2020年59部经济类皮书研创机构分类

数据来源：皮书研究院。

研究报告型。2020年版59部经济类皮书中，分析预测型有3部，评估评价型有1部，发展报告型有55部，无研究报告型，可见2020版经济类皮书绝大部分为发展报告型，占比为93.22%。

（五）出版时间分析

2020年出版的59部经济类皮书出版月份分布如图5所示，从图中可以清晰地看出，受春节假期和新冠肺炎疫情影响，2020年上半年出版数量较少，甚至2020年1~3月无经济类皮书出版。随着新冠肺炎疫情被逐步控制，各地复工复产，皮书写作及出版工作逐步步入正轨，自2020年4月开始，出版数量呈现波动上升趋势，2020年12月达到出版高峰，为11种。另外，有8部经济类皮书推迟至2021年出版。

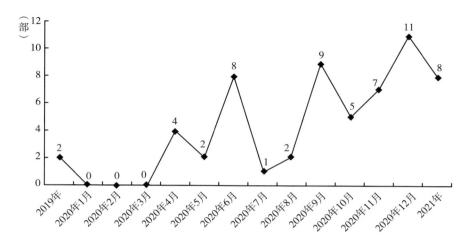

图5　2020年版59部经济类皮书出版按月份分布

数据来源：皮书研究院。

（六）关注热点分析

对2020年版59部经济类皮书进行热词分析，为了更准确及便于对比，本报告分别对59部皮书1127篇报告的标题、摘要、一级标题进行了热词分析。从对报告的标题的热词分析结果（剔除不具有实质含义的热词，如"报告""展望"和重复的词，如对"高质量"和"高质量发展"，只择取"高质量发展"）来看，排名前20位的为产业、中国、经济、城市、竞争力、经济带、高质量发展、创新、工业化、生态、粤港澳大湾区、长江经济带、新能源、邮轮、京津冀、东北三省、刺梨、长三角、服务业、绿色。这些热词呈现了经济类皮书的关注热点，充分突显了皮书的前沿性。

从对报告摘要进行的热词分析结果可以看出，排名前20的为产业、经济、城市、生态、环境、邮轮、疫情、高质量发展、竞争力、经济带、旅游、湾区、绿色、海洋、工业化、金融、电池、长江经济带、粤港澳大湾区、新能源，反映了皮书关注的领域和热点。对报告标题和摘要的热词分析

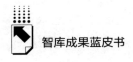

结果反映了经济类皮书所包含的三大细分类别——宏观经济、产业经济、区域与城市经济。

二 2020年经济类皮书出版影响力分析

（一）皮书评价分析

1. 2020年经济类皮书评价总体情况

2020年共有416部皮书参与皮书评价。其中经济类皮书有59部，平均分为75.84分，最高分为95.45分，最低分为54.84分。对评价结果进行分析，高于80分的为23部，60~80分的为2部，60分以下的为4部。从分数分布来看，经济类皮书的得分较高，整体研创水平较高。宏观经济类平均分最高，为77.95分，产业经济类平均分最低，为74.06分，如表3所示。在评价结果综合排名TOP10中，经济类皮书占据三席，分别为《京津冀发展报告（2020）》《中国新能源汽车产业发展报告（2020）》《2020年中国经济形势分析与预测》，分别排名第三、第六、第十。

表3 2020年59部经济类皮书综合评分分布情况

内容细分类型	参评数量（部）	综合评价平均得分（分）	高于80分		60~80分		低于60分	
			数量（部）	占比（%）	数量（部）	占比（%）	数量（部）	占比（%）
宏观经济	14	77.95	6	42.86	8	57.14	0	0.00
产业经济	24	74.06	9	37.50	13	54.17	2	8.33
区域与城市经济	21	76.47	8	38.10	11	52.38	2	9.52
合　计	59	75.84	23	38.98	32	54.24	4	6.78

数据来源：皮书研究院。

2. 2020年版经济类皮书评价TOP10情况分析

2020年召开的第十一届皮书年会，共有51部皮书获得皮书奖，40篇报告获得皮书报告奖。经济类皮书有 3 部获得一等奖，4 部获得二等奖，2 部获得三等奖，如表 4 所示。

表4 2019 年获奖的经济类皮书情况

获奖对象名称	年度/届	奖项名称	获奖等级
京津冀发展报告（2019）	第十一届	优秀皮书奖	一等奖
中国新能源汽车产业发展报告（2019）	第十一届	优秀皮书奖	一等奖
中国城市发展报告 No. 12	第十一届	优秀皮书奖	一等奖
中国人口与劳动问题报告 No. 20	第十一届	优秀皮书奖	二等奖
中国农村经济形势分析与预测（2018～2019）	第十一届	优秀皮书奖	二等奖
中国房地产发展报告 No. 16（2019）	第十一届	优秀皮书奖	二等奖
中国产业竞争力报告（2019）No. 8	第十一届	优秀皮书奖	二等奖
中国汽车工业发展报告（2019）	第十一届	优秀皮书奖	三等奖
中国区域经济发展报告（2018～2019）	第十一届	优秀皮书奖	三等奖

数据来源：皮书研究院。

根据对 2020 版皮书的评价结果，我们按细分类别分别列出宏观经济类、产业经济类和区域与城市经济类三个类别的评分 TOP10（见表 5、表 6、表 7），可以发现 2019 年获奖的《京津冀发展报告》《中国新能源汽车产业发展报告》在 2020 年评价中仍处于细分类别的第一名；《中国人口与劳动问题报告》《中国农村经济形势分析与预测》《中国房地产发展报告》《中国产业竞争力报告》《中国区域经济发展报告》排名比较靠前；《中国城市发展报告》在 2020 年评价排名下降；《中国汽车工业发展报告》排名跌出前五，2020 年《中国汽车产业发展报告》得分靠前，排名细分类别第三。这也在一定程度上反映了获奖皮书的质量比较高，也比较稳定。

表5 2020 年宏观经济类皮书评价排名 TOP10

综合排名	分类排名	丛书名	书名	综合得分
10	1	经济蓝皮书	2020 年中国经济形势分析与预测	92.37
16	2	人口与劳动绿皮书	中国人口与劳动问题报告 No. 21	89.74
30	3	农村绿皮书	中国农村经济形势分析与预测（2019～2020）	87.81
36	4	可持续发展蓝皮书	中国可持续发展评价报告（2020）	86.61
62	5	海洋经济蓝皮书	中国海洋经济发展报告（2019～2020）	83.90

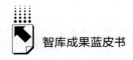

续表

综合排名	分类排名	丛书名	书　　名	综合得分
75	6	宏观经济蓝皮书	中国经济增长报告（2019～2020）	82.90
135	7	财政蓝皮书	中国财政政策报告（2020）	77.74
153	8	集体经济蓝皮书	中国农村集体经济发展报告（2020）	76.50
168	9	高质量发展蓝皮书	中国经济高质量发展报告（2020）	75.47
239	10	生态治理蓝皮书	中国生态治理发展报告（2019～2020）	69.75

数据来源：皮书研究院。

表6　2020年产业经济类皮书评价排名TOP10

综合排名	分类排名	丛书名	书　　名	综合得分
6	1	新能源汽车蓝皮书	中国新能源汽车产业发展报告（2020）	93.14
14	2	产业蓝皮书	中国产业竞争力报告（2020）No.9	90.37
28	3	汽车蓝皮书	中国汽车产业发展报告（2020）	88.00
32	4	房地产蓝皮书	中国房地产发展报告No.17（2020）	87.65
35	5	生态林业蓝皮书	中国特色生态文明建设与林业发展报告（2019～2020）	86.81
90	6	汽车工业蓝皮书	中国汽车工业发展报告（2020）	81.67
92	7	氢能汽车蓝皮书	中国车用氢能产业发展报告（2020）	81.63
94	8	邮轮绿皮书	中国邮轮产业发展报告（2020）	81.38
111	9	智能网联汽车蓝皮书	中国智能网联汽车产业发展报告（2020）	80.06
116	10	动力电池蓝皮书	中国新能源汽车动力电池产业发展报告（2020）	79.74

表7　2020年区域与城市经济皮书评价排名TOP10

综合排名	分类排名	丛书名	书　　名	综合得分
3	1	京津冀蓝皮书	京津冀发展报告（2020）	95.45
15	2	粤港澳大湾区蓝皮书	中国粤港澳大湾区改革创新报告（2020）	89.75
23	3	区域蓝皮书	中国区域经济发展报告（2019～2020）	88.46
31	4	中央商务区蓝皮书	中央商务区产业发展报告（2020）	87.74
39	5	城市休闲和旅游竞争力绿皮书	中国城市休闲和旅游竞争力报告（2020）	85.97
43	6	城市蓝皮书	中国城市发展报告No.13	85.73
68	7	国家中心城市蓝皮书	国家中心城市建设报告（2020）	83.54
99	8	商务中心区蓝皮书	中国商务中心区发展报告No.6（2020）	80.78
121	9	生态安全绿皮书	西部国家生态安全屏障建设发展报告（2019）	79.20
127	10	国际城市蓝皮书	国际城市发展报告（2020）	78.66

数据来源：皮书研究院。

3. 以经济蓝皮书评价为案例的分析

皮书评价是对皮书这种智库成果进行评价的一种探索。自 2009 年社会科学文献出版社探索设置"中国皮书奖"以来，到 2021 年，皮书评价评奖工作已连续开展了 12 年。皮书评价具有专业性和客观性的特点。

本报告以经济蓝皮书为例来重点分析。经济蓝皮书是社会科学文献出版社最早的一部皮书，1997 年出版第一部。社会科学文献出版社之后又相继推出了农村绿皮书、世界经济黄皮书、人口与劳动绿皮书等经济类皮书。从此，社会科学文献出版社开始对皮书进行专业化、系列化、品牌化运作，经过 20 余年的发展，皮书规模不断扩大，涉及的领域不断扩大，从最初的经济类扩展到现在的经济、社会政法、文化传媒、地方发展、行业报告、国际问题等六大类。2018 年出版规模更是达到 441 部，2019 年达到 427 部。在规模扩张的同时，皮书发展也遇到不少问题，其中一个就是书稿质量问题，正如中国社会科学院院长谢伏瞻在 2020 版经济蓝皮书发布会上所言，就像经济会有波动一样，蓝皮书的质量水平也有不断的波动。

2021 年是经济蓝皮书出版的第 30 个年头①，经济蓝皮书强大的研创团队成就了经济蓝皮书的辉煌，经济蓝皮书几乎是每年最早出版的一部皮书，也是历年来的销售冠军。经济蓝皮书不仅体例规范，而且质量很高，为其他皮书的编撰与出版提供了最佳范本。就皮书评价评奖而言，经济蓝皮书几乎每年都获奖，如表 8 所示。但是近两年经济蓝皮书的评价评奖结果很不理想，仅获得了优秀皮书报告奖三等奖，已跌出优秀皮书奖之列，这一方面虽然说明其他皮书的质量不断提升，赶超了经济蓝皮书，但另一方面也说明经济蓝皮书质量水平确实在波动。谢伏瞻院长在 2020 版经济蓝皮书发布会上说道：谢寿光同志 2019 年多次反映，认为蓝皮书还需要进一步提高质量，社科院党组为了能保持一个好的社会信誉，加大了一些力度。2020 年，谢伏瞻院长亲自担任 2020 版经济蓝皮书的主编，充分反映了他和中国社会科

① 1991 年，"经济蓝皮书"作为正式出版物开始公开出版发行，但自 1997 年开始由社会科学文献出版社出版发行。

学院对皮书的重视和支持。在谢伏瞻院长和中国社会科学院各位领导、专家的共同努力下，2020 版经济蓝皮书重新跃居评价分类排名第一名的位置。

表8　经济蓝皮书历年获奖情况

书名	获奖对象名称	年度/届	奖项名称	获奖等级	获奖奖项	颁发时间
2010 年中国经济形势分析与预测	2010 年中国经济形势分析与预测	第二届	优秀皮书奖		第二届优秀皮书奖	2011 年
2011 年中国经济形势分析与预测	中国经济形势分析与预测——2010 年秋季报告	第三届	优秀皮书报告奖	一等奖	第三届优秀皮书报告奖—等奖	2012 年
2012 年中国经济形势分析与预测	2012 年中国经济形势分析与预测	第四届	优秀皮书奖	一等奖	第四届优秀皮书奖一等奖	2013 年
2013 年中国经济形势分析与预测	2013 年中国经济形势分析与预测	第五届	优秀皮书奖	一等奖	第五届优秀皮书奖一等奖	2014 年
2014 年中国经济形势分析与预测	2014 年中国经济形势分析与预测	第六届	优秀皮书奖	二等奖	第六届优秀皮书奖二等奖	2015 年
2015 年中国经济形势分析与预测	2015 年中国经济形势分析与预测	第七届	优秀皮书奖	一等奖	第七届优秀皮书奖一等奖	2016 年
2016 年中国经济形势分析与预测	2016 年中国经济形势分析与预测	第八届	优秀皮书奖	一等奖	第八届优秀皮书奖一等奖	2017 年
2017 年中国经济形势分析与预测	2017 年中国经济形势分析与预测	第九届	优秀皮书奖	三等奖	第九届优秀皮书奖三等奖	2018 年
2018 年中国经济形势分析与预测	中国数字经济发展回顾与展望（2016~2017 年）	第十届	优秀皮书报告奖	三等奖	第十届优秀皮书报告奖三等奖	2019 年
2019 年中国经济形势分析与预测	2018~2019 年经济景气形势分析与预测	第十一届	优秀皮书报告奖	三等奖	第十一届优秀皮书报告奖三等奖	2020 年

数据来源：皮书研究院。

首先是谢伏瞻院长和中国社会科学院院党组对经济蓝皮书的重视。2020 版经济蓝皮书由谢伏瞻院长担任主编并由他撰写总报告，蔡昉副院长首次在经济蓝皮书发表成果，中国社会科学院工业经济研究所党委书记、副所长李雪松做执行主编，中国社会科学院的一些从事宏观研究及相关专业的研究人员也都参与进来。

二是经济蓝皮书重登分类排名第一位也是对谢伏瞻院长在2019年全国皮书年会上所提的"坚持把质量作为皮书的生命线"的要求的很好的回应。他在2020年版经济蓝皮书的发布会上提出，我们国家走高质量发展之路，中国社科院的研究之路也要走高质量发展之路，我们的皮书也要走高质量发展之路。[①] 在2020版经济蓝皮书的带动下，整个皮书系列在2020年都达到了一个新高度。

皮书评价工作是保证皮书内容质量和可持续发展的重要方式，督促着皮书在高质量发展路上砥砺前行。

（二）皮书报告使用量情况分析

2020年，59部皮书共1127篇报告，在皮书数据库中的使用量（包括浏览量、阅读量、下载量）为131917次，平均每部的使用量为2235.88次，包括941.78次浏览量、784.75次阅读量和509.36次下载量。从表9～表11的数据中，也可以看出宏观经济类的浏览量、阅读量和下载量是最高的，产业经济类皮书的使用量排名第二，而区域与城市经济类皮书的使用量下降较多，这与区域与城市经济类皮书的受众面较其他两类窄有关。

表9　2020年版59部经济类皮书皮书数据库使用量统计

单位：次

细分类别	项目	浏览量	阅读量	下载量	合计
宏观经济	总量	17695	14214	8904	40813
（14部）	每部平均量	1263.93	1015.29	636	2915.21
产业经济	总量	25435	22593	13696	61724
（24部）	每部平均量	1059.79	941.38	570.67	2571.83
区域与城市经济	总量	12435	9493	7452	29380
（21部）	每部平均量	592.14	452.05	354.86	1399.05
合计使用量		55565	46300	30052	131917
每部平均量		941.78	784.75	509.36	2235.88

数据来源：皮书研究院。

[①] 2020年《经济蓝皮书》发布会暨中国经济形势报告会文字实录，中国网，2019年12月11日，http://www.china.com.cn/zhibo/content_75460054.htm。

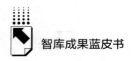

表10　2020年版14部宏观经济类皮书的浏览量、阅读量、下载量

单位：次

丛书名	书　名	浏览量	阅读量	下载量
经济蓝皮书	2020年中国经济形势分析与预测	6003	4154	2641
农村绿皮书	中国农村经济形势分析与预测（2019～2020）	1899	1518	838
经济蓝皮书春季号	2020年中国经济前景分析	1189	1205	715
生态治理蓝皮书	中国生态治理发展报告（2019～2020）	1155	1293	548
中国省域竞争力蓝皮书	中国省域经济综合竞争力发展报告（2018～2019）	1133	1099	501
人口与劳动绿皮书	中国人口与劳动问题报告No. 21	1028	924	613
金融蓝皮书	中国金融发展报告（2020）	1005	452	608
可持续发展蓝皮书	中国可持续发展评价报告（2020）	875	897	460
海洋经济蓝皮书	中国海洋经济发展报告（2019～2020）	825	694	615
集体经济蓝皮书	中国农村集体经济发展报告（2020）	751	526	380
工业化蓝皮书	中国工业化进程报告（1995～2020）	632	495	303
财政蓝皮书	中国财政政策报告（2020）	584	458	308
高质量发展蓝皮书	中国经济高质量发展报告（2020）	486	310	319
宏观经济蓝皮书	中国经济增长报告（2019～2020）	130	189	55
合计		17695	14214	8904

数据来源：皮书研究院。

表11　2020年版24部产业经济类皮书的浏览量、阅读量、下载量

单位：次

丛书名	书　名	浏览量	阅读量	下载量
新能源汽车蓝皮书	中国新能源汽车产业发展报告（2020）	5078	3785	3518
产业蓝皮书	中国产业竞争力报告（2020）No. 9	1873	1054	1175
邮轮绿皮书	中国邮轮产业发展报告（2020）	1740	1542	685
汽车工业蓝皮书	中国汽车工业发展报告（2020）	1656	1659	741
房地产蓝皮书	中国房地产发展报告No. 17（2020）	1633	935	701
体育蓝皮书	中国体育产业发展报告（2020）	1487	1871	494
自动驾驶蓝皮书	中国自动驾驶产业发展报告（2020）	1162	806	668
制药工业蓝皮书	中国制药工业发展报告（2020）	1053	476	672
汽车蓝皮书	中国汽车产业发展报告（2020）	1038	1627	436
智能网联汽车蓝皮书	中国智能网联汽车产业发展报告（2020）	965	830	587
动力电池蓝皮书	中国新能源汽车动力电池产业发展报告（2020）	905	805	587
餐饮产业蓝皮书	中国餐饮产业发展报告（2020）	877	834	375
康养蓝皮书	中国康养产业发展报告（2020）	805	1942	185

续表

丛书名	书　　名	浏览量	阅读量	下载量
汽车工业蓝皮书	中国汽车零部件产业发展报告（2019～2020）	768	632	447
氢能汽车蓝皮书	中国车用氢能产业发展报告（2020）	757	582	461
汽车工业蓝皮书	中国商用汽车产业发展报告（2020）	712	805	345
设计产业蓝皮书	中国设计产业发展报告（2019～2020）	658	544	379
石油蓝皮书	中国石油产业发展报告（2020）	650	419	388
刺梨产业蓝皮书	中国刺梨产业发展报告（2020）	473	628	210
生态林业蓝皮书	中国特色生态文明建设与林业发展报告（2019～2020）	412	251	248
煤炭蓝皮书	中国煤炭工业发展报告（2019）	216	129	125
钧瓷产业蓝皮书	中国钧瓷产业发展报告（2020）	198	161	102
节能汽车蓝皮书	中国节能汽车发展报告（2020）	178	143	93
马拉松蓝皮书	中国马拉松产业发展报告（2019～2020）	141	133	74
合计		25435	22593	13696

数据来源：皮书研究院。

表12　2020年版21部区域与城市经济类皮书的浏览量、阅读量、下载量

单位：次

丛书名	书　　名	浏览量	阅读量	下载量
粤港澳大湾区蓝皮书	中国粤港澳大湾区改革创新报告（2020）	1678	1143	1069
区域蓝皮书	中国区域经济发展报告（2019～2020）	1386	1099	832
国际城市蓝皮书	国际城市发展报告（2020）	1197	546	777
国家中心城市蓝皮书	国家中心城市建设报告（2020）	933	602	564
长江经济带蓝皮书	长江经济带发展报告（2019～2020）	738	688	412
京津冀蓝皮书	京津冀发展报告（2020）	677	631	435
粤港澳大湾区蓝皮书	粤港澳大湾区协同发展报告（2020）	670	555	413
经济特区蓝皮书	中国经济特区发展报告（2019）	615	391	318
西北蓝皮书	中国西北发展报告（2020）	530	375	332
城市蓝皮书	中国城市发展报告 No.13	525	407	324
商务中心区蓝皮书	中国商务中心区发展报告 No.6（2020）	487	449	336
长三角经济蓝皮书	长三角地区经济发展报告（2019～2020）	478	391	230
中央商务区蓝皮书	中央商务区产业发展报告（2020）	456	389	197
长江经济带产业蓝皮书	长江经济带产业发展报告（2020）	420	456	190
产业新城蓝皮书	中国产业新城发展报告（2020）	396	238	284
城市休闲和旅游竞争力绿皮书	中国城市休闲和旅游竞争力报告（2020）	302	535	109

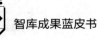
续表

丛书名	书　　名	浏览量	阅读量	下载量
西部蓝皮书	中国西部发展报告（2020）	297	157	211
东北蓝皮书	中国东北地区发展报告（2020）	279	231	158
珠江－西江经济带蓝皮书	珠江—西江经济带发展报告（2019）	210	79	164
中三角蓝皮书	长江中游城市群发展报告（2020）	93	115	40
生态安全绿皮书	西部国家生态安全屏障建设发展报告（2019）	68	16	57
合计		12435	9493	7452

数据来源：皮书研究院。

三　经济类皮书研创建议

经济类皮书已经形成了比较稳定的头部产品，如《经济蓝皮书》《农村绿皮书》《新能源汽车蓝皮书》等，这些蓝皮书已经形成了一定的影响力，具有固定的作者群。同时经济类皮书出版仍然存在一些问题，如个别报告时效性较差、作者署名不规范、个别皮书出版时间不固定等。针对这些问题，本报告提出如下建议。社会科学文献出版社2015年编撰出版了《皮书手册：写作、编辑出版与评价指南》，并不断完善修订，为相关研创单位提供了专业的工具书。

（一）以国家政策为导向，更加凸显皮书的引领作用

经济类皮书是对经济社会发展状况和热点问题进行年度监测，涵盖国内外经济运行态势分析、经济发展现状评估以及未来经济形势预测展望的公开连续出版物的统称。经济类皮书不仅包含经济蓝皮书、产业蓝皮书等类别，近几年也出现了康养蓝皮书、智能汽车蓝皮书、自动驾驶蓝皮书等代表新兴业态的类别，这在一定程度上也表明了皮书的前沿性。个别皮书报告中仍存在时效性差的问题，如有的报告根据过去几年甚至十年前的数据分析得出结论，时代在发展，政策在变化，这样得出的结论不具有参考价值，更谈不上发挥皮书咨政建言、引导舆论的作用。皮书研创单位应尽量注意避免此种情

况，要以国家政策为导向，对经济社会发展的热点进行持续追踪监测，对中国及世界的经济社会发展进行分析预测，更好地发挥皮书引领经济社会发展、指导产业或区域发展的作用。

（二）以高质量发展为宗旨，协调质量与出版时间的关系

在中国，皮书最早发端于1990年，1997年社会科学文献出版社开始对其进行专业化、系列化、品牌化运作。1997~2005年，皮书数量增长缓慢，到2005年仍未超过40部；到2008年，也只有88部；2008~2018年，增速提高，年均增长35部左右，到2018年皮书已达到441部，可以说这十年皮书经历了快速成长期。皮书出版品种不断增加，表明皮书前景广阔，皮书获得了更多高校、科研院所及行业协会等学术机构的认可，越来越多的研创单位愿意将自己的成果作为皮书来出版，将自己的成果纳入皮书系列来进行宣传推广。近几年，社会科学文献出版社皮书出版进入高质量发展期，皮书准入门槛越来越高，皮书规范性要求越来越严，对皮书的质量要求也越来越高。社会科学文献出版社建立了皮书淘汰机制，2014年公布了首批淘汰皮书名单，以后每年动态公布淘汰名单；2015年编撰出版了《皮书手册：写作、编辑出版与评价指南》，并不断完善修订，为相关作者提供了专业的皮书研创的工具书，为编辑提供了审读和编校依据；2019年开始试行皮书目录管理。正如习近平总书记在参加十三届全国人大四次会议青海代表团审议时强调的，高质量发展是"十四五"乃至更长时期我国经济社会发展的主题，关系我国社会主义现代化建设全局。① 高质量发展不只是一个经济要求，而是对经济社会发展方方面面的总要求。社会科学文献出版社多措并举，积极推动皮书的高质量发展。皮书研创单位也应以皮书的高质量为目标，同时注意皮书的时效性和前沿性，在不断提升书稿质量的同时，把握图书出版的时间和节奏。

---

① 《习近平在参加青海代表团审议时强调：坚定不移走高质量发展之路　坚定不移增进民生福祉》，中国政府网，2021年3月8日。

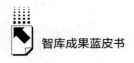

（三）增强宣传效果，充分发挥皮书的价值

"酒好也怕巷子深"，图书的宣传推广很重要。社会科学文献出版社每年与皮书的研创单位合作召开200多场皮书发布会。很多皮书被主流媒体报道，如经济蓝皮书每年的发布会，《新闻联播》节目都会报道。当今社会的信息爆炸、信息碎片化容易造成知识获取上的迷失和焦虑，在这样的背景下对知识的甄别判断、对于阅读的引导更加重要，而社会科学文献出版社每年固定出版的皮书系统性的价值尤为凸显。艾柯在《别想摆脱书》里说："书多方证明了自身，我们看不出还有什么比书更适于实现书的用途。也许书的组成部分将有所演变，也许书不再是纸质的书。但书终究将是书。"① 皮书作为应用型智库成果，具有引导舆论、促进国际交流等重要作用，研创团队和社会科学文献出版社应充分利用大数据技术将皮书观点传播出去，让皮书指导更多人的决策，充分发挥皮书的价值。

参考文献

谢曙光主编《皮书手册：写作、编辑出版与评价指南》（第四版），社会科学文献出版社，2020。

谢曙光主编《中国皮书发展报告（2019）》，社会科学文献出版社，2019。

谢曙光主编《中国皮书发展报告（2020）》，社会科学文献出版社，2020。

周蔚华、程丽：《2019~2020年中国图书出版业报告》，《出版发行研究》2020年第4期。

程丽、周蔚华：《2020~2021年中国图书出版业发展报告》，《出版发行研究》2021年第2期。

《坚定不移走高质量发展之路 坚定不移增进民生福祉》，《中国青年报》2021年3月8日。

---

① 肖海鸥：《碎片化时代的知识获取刍议》，《编辑学刊》2017年第6期。

社会政法类皮书发展报告（2021）

丁启明 *

摘　要：　本报告以2020年发布的64部社会政法类皮书作为研究样本，对社会政法类皮书进行内容细分。按照"研究主题＋研创单位"的复合标准划分为"社会发展类""公共服务类"与"法治建设类"三种类型。通过类型细分对2020年社会政法类皮书的出版数量、研创团队、媒体影响力、研创动态、选题热点等情况进行动态盘点。2020年社会政法类皮书呈现传统优秀皮书优势延续、新锐优秀皮书快速成长、回应型皮书社会关注度较高等特点。2020年社会政法类三类皮书的研创热点与2019～2020年社会普遍关注的热点问题呈现较高的重合性，体现了本类皮书的前沿性、前瞻性与时效性；同时部分热词为多年以来长期受到关注的热点问题，体现了本类皮书关注特定领域热点问题长期发展趋势和规律的研创特点。最后，本文提出各类社会政法类皮书研创单位的研创特点与研创方向。建议各研创单位加强系统内、区域内、跨类型的协同研创，形塑健康、内生、自治的皮书研创生态；提升皮书研创的问题意识，及时把握政策窗口；提升咨政建言的精准性，把握主题化与专题化的研创思路；推动媒体融合发展，构建皮书成果全媒体传播格局。

关键词：　社会发展　公共服务　法治建设　皮书　热点问题

＊ 丁启明，法学博士，西南民族大学法学院讲师，研究方向为司法改革。

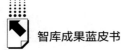

　　《社会政法类皮书发展报告》是社会科学文献出版社皮书管理与评价机构皮书研究院通过大数据方法和皮书数据库资源对社会政法类皮书研创情况进行的综合性分析。报告首次发布于 2019 年，采取每年发布的形式。本次报告为课题组的第三次发布。2021 年专题报告延续上一年度的皮书细分规范，按照"研究主题＋研创单位"的复合标准将社会政法类皮书统合细分为"社会发展类""公共服务类"与"法治建设类"三种类型。分类时首先考虑皮书主题涉及的学科类型，若主题跨学科，则辅以研创主体作为判断标准。这种跨越传统内容分类的观察方式，有助于适应皮书管理与评价的精细化发展方向，并有助于对社会政法类皮书研创情况进行深入的横向观察。① 内容细分后，"社会发展类"皮书主题包括劳动与社会保障、人才与就业、特殊社会群体等内容，例如社会组织、社区建设、慈善事业、儿童保护、青少年发展、妇女发展、就业与薪酬等。"公共服务类"皮书主题包括公共事务、公共产品等内容，例如城市建设、政府建设、教育医疗、党建工作、公共安全、环境保护、扶贫工作、体制改革、食品安全、土地管理等。"法治建设"类皮书主题包括法治建设与法治政府等内容，例如法治发展、政信发展、反腐倡廉、立法发展等。

一　2020年社会政法类皮书出版情况

　　2020 年版社会政法类皮书 64 部，其中社会发展类皮书 33 部，公共服务类皮书 19 部，法治建设类皮书 12 部；出版皮书丛书 57 种，其中社会发展类皮书丛书 29 种，公共服务类皮书丛书 19 种，法治建设类皮书丛书 9 种；出版报告 1098 篇②，其中社会发展类报告 531 篇，公共服务类报告 338 篇，法治建设类报告 229 篇；出版总字数为 1759.3 万字，其中社会发展类

---

① 本报告所指涉的"社会政法类"皮书，如无特殊说明，是指不包括"地方社会类"皮书在内的宏观社会政法类皮书。
② 《中国城市公共安全感调查报告（2020）》《中国宗教报告 2019～2020》这两部皮书报告篇数信息缺失，不在统计范围内。

皮书945.9万字，公共服务类皮书492.9万字，法治建设类皮书320.5万字。社会发展类皮书在皮书数量、丛书数量、报告数量、出版字数方面均最多（见表1、图1）。出版时间方面，2020年11月是社会政法类皮书出版的高峰期。社会政法类皮书具有较强的时效性，是对出版年度内社会发展、公共服务、法治建设等领域的运行态势进行分析、总结和预测的连续出版物，因此较适宜在每年12月至次年3月出版。受新冠肺炎疫情影响，仅有27.42%的社会政法类皮书在该时间段出版。其中，社会发展、公共服务、法治建设三类皮书在12月至次年3月出版的比例分别为28.12%、33.33%、16.67%（见图2）。

表1　社会政法类皮书各内容细分类型出版统计（2020）

类　　别	皮书数量(部)	丛书数量(种)	报告数量(篇)	字数(万字)	淘汰数量(种)
社会发展类	33	29	531	945.9	8
公共服务类	19	19	338	492.9	12
法治建设类	12	9	229	320.5	1
合　　计	64	57	1098	1759.3	21

数据来源：皮书数据库，数据采集日期为2021年6月20日。

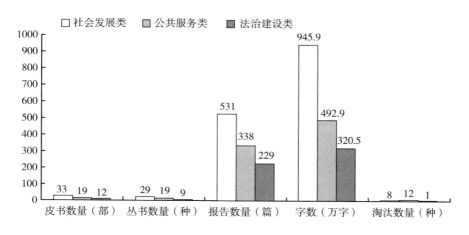

图1　社会政法类皮书各内容细分类型出版统计（2020）

数据来源：皮书数据库，数据采集日期为2021年6月20日。

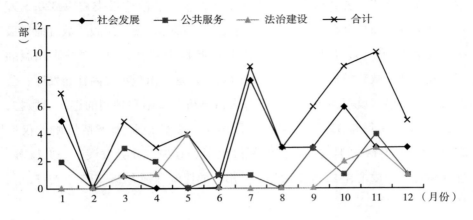

图2 社会政法类皮书出版月份统计（2020）

数据来源：皮书数据库，数据采集日期为2021年6月20日。

随着皮书系列种类的增加，社会科学文献出版社就社会政法类皮书的皮书准入、预审、研创、出版、退出等理论和实践问题进行深入探索。2019年第二十次全国皮书年会提出"进一步加强皮书管理，推动皮书高质量发展"的要求后，出版社于2019年11月发布《关于进一步加强皮书管理的有关规定》，从严格执行准入与退出机制、总量控制、管理前置等方面完善了皮书淘汰机制。2020年～2021年共淘汰皮书155种（2020年第五批淘汰52种，2021年第六批淘汰103种），其中社会政法类皮书21种，约占淘汰总量的14%。从内容细分类型上观察，淘汰社会发展类皮书8种，公共服务类皮书12种，法治建设类皮书1种（见图3）。

（一）社会发展类皮书出版情况

1. 出版皮书丛书数量分析

2020年出版社会发展类皮书丛书29种。其中出版两部以上皮书的丛书3种，包括"就业蓝皮书"（3部）、"青年发展蓝皮书"（2部）、"粤港澳大湾区蓝皮书"（2部）（见表2）。

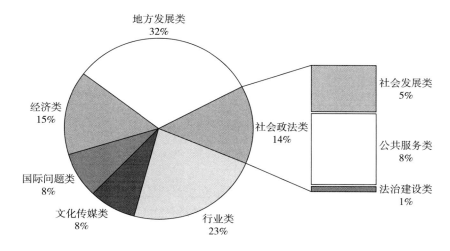

图3 各类皮书淘汰占比统计（2020）

数据来源：皮书数据库，数据采集日期为 2021 年 6 月 20 日。

表2 出版两部以上皮书的社会发展类丛书（2020）

丛书名称	书　名
就业蓝皮书	《中国就业发展报告（2020）》《2020 年中国高职生就业报告》《2020 年中国本科生就业报告》
青年发展蓝皮书	《中国青年发展报告 NO.3》《中国青年发展报告 NO.4》
粤港澳大湾区蓝皮书	《粤港澳大湾区会展旅游酒店发展报告（2020）》《粤港澳大湾区旅游业发展报告（2020）》

2. 出版皮书数量分析

2020 年出版社会发展类皮书 33 部，主题覆盖社会形势、社会保障、就业发展、薪酬发展、社会信用、社会心理、企业社会责任、青年发展、未成年人发展、儿童发展、慈善事业、社区发展、社会组织、流动人口、宗教发展、华人华侨、民族发展、粤港澳大湾区建设等内容。

3. 出版皮书含报告篇数分析

以 2020 年出版的 32 部社会发展类皮书为统计对象，出版报告共计 531 篇，平均每部皮书含报告 17 篇。其中，单部皮书含报告 11~20 篇报告的皮书为 24 部，含 21~30 篇报告的皮书为 7 部，含 10 篇报告及以下的皮书为 1 部（见表 3）。

表 3　社会发展类皮书含报告篇数统计（2020）

单位：部，%

序号	单部皮书含报告数量	皮书数量	占全部此类皮书比重
1	10 篇及以下	1	3.13
2	11~20 篇	24	75.00
3	21~30 篇	7	21.88
合　　计		32	100.00

注：2020 年共发稿社会发展类皮书 33 部，个别皮书已发稿但未出版，故不在此项统计范围内。下文各表均以合计栏显示数量作为各指标统计对象。

数据来源：皮书数据库，数据采集日期为 2021 年 6 月 20 日。

4. 出版皮书字数分析

2020 年，社会发展类皮书出版总字数为 945.9 万字，平均每部皮书 29.56 万字。其中，43.75% 的皮书单部字数为 25 万~35 万字，总体符合《皮书手册》建议的 30 万字的要求；12.5% 的皮书字数少于 25 万字；43.75% 的皮书字数多于 35 万字（见表 4）。

表 4　社会发展类皮书字数统计（2020）

单位：部，%

序号	单部皮书字数	皮书数量	占全部此类皮书比重
1	少于 25 万字	4	12.5
2	25 万~35 万字	14	43.75
3	多于 35 万字	14	43.75
合　　计		32	100.00

数据来源：皮书数据库，数据采集日期为 2021 年 6 月 20 日。

5. 出版时间分析

将 2020 年出版的社会发展类皮书按照出版月份进行统计，如表 5 所示。出版社会发展类皮书最多的月份是 7 月，占 25%；出版较多的月份是 10

月、1 月，占比分别为 18.75% 、15.63% ；2 月、4 月、5 月、6 月没有出版此类皮书；其他月份除 3 月份外出版数量比较均衡。

表5　社会发展类皮书出版月份统计（2020）

单位：部，%

序号	出版月份	数量	占比
1	1 月	5	15.63
2	2 月	0	0
3	3 月	1	3.13
4	4 月	0	0
5	5 月	0	0
6	6 月	0	0
7	7 月	8	25.00
8	8 月	3	9.38
9	9 月	3	9.38
10	10 月	6	18.72
11	11 月	3	9.38
12	12 月	3	9.38
合　　计		32	100.00

数据来源：皮书数据库，数据采集日期为 2021 年 6 月 20 日。

（二）公共服务类皮书出版情况

1. 出版皮书丛书数量分析

2020 年出版公共服务类皮书丛书 19 种。与往年多种丛书出版两部以上皮书的情况不同，2020 年公共服务类皮书丛书均出版单部皮书。

2. 出版皮书数量分析

2020 年出版公共服务类皮书 19 部，主题覆盖社会体制改革、教育发展、医疗改革、城市管理、政府服务能力、电子政务、国有企业党建、事业单位发展、城市公共安全、生态保护、互联网发展等内容。

3. 出版皮书报告数量分析

以 2020 年出版的 18 部公共服务类皮书为统计对象，出版报告共计 338

篇，平均每部皮书含报告 19 篇。其中，单部皮书含报告 11～20 篇报告的皮书为 7 部，含 21～30 篇报告的皮书为 7 部，含 10 篇报告及以下的皮书为 4 部（见表 6）。

表 6 公共服务类皮书含报告篇数情况（2020）

单位：部，%

序号	单部皮书含报告数量	皮书数量	占全部此类皮书比重
1	10 篇及以下	4	22.22
2	11～20 篇	7	38.89
3	21～30 篇	7	38.89
合　　计		18	100.00

数据来源：皮书数据库，数据采集日期为 2021 年 6 月 20 日。

4. 出版皮书字数分析

2020 年，公共服务类皮书出版总字数为 492.9 万字，平均每部皮书 27.38 万字。其中，55.56% 的皮书单部字数为 25 万～35 万字，总体符合《皮书手册》建议字数的要求；5.56% 的皮书字数少于 25 万字；38.89% 的皮书字数高于 35 万字（见表 7）。

表 7 公共服务类皮书字数统计（2020）

单位：部，%

序号	单部皮书字数	皮书数量	占全部此类皮书比重
1	少于 25 万字	1	5.56
2	25 万～35 万字	10	55.56
3	多于 35 万字	7	38.89
合　　计		18	100.00

数据来源：皮书数据库，数据采集日期为 2021 年 6 月 20 日。

5. 出版时间分析

将 2020 年出版的公共服务类皮书按照出版月份进行统计，如表 8 所示。

出版公共服务类皮书数量最多的月份是 11 月，占 22.22%；出版较多的月份是 3 月和 9 月，占比均为 16.67%；2 月、5 月、8 月没有出版此类皮书；其他月份出版数量比较均衡。

表 8　公共服务类皮书出版月份统计（2020）

单位：部，%

序号	出版月份	数量	占比
1	1 月	2	11.11
2	2 月	0	0
3	3 月	3	16.67
4	4 月	2	11.11
5	5 月	0	0
6	6 月	1	5.56
7	7 月	1	5.56
8	8 月	0	0
9	9 月	3	16.67
10	10 月	1	5.56
11	11 月	4	22.22
12	12 月	1	5.56
合　　计		18	100.00

数据来源：皮书数据库，数据采集日期为 2021 年 6 月 20 日。

（三）法治建设类皮书出版情况

1. 出版皮书丛书数量分析

2020 年出版法治建设类皮书丛书 9 种。其中，出版两部以上皮书的丛书 1 种，为"法治蓝皮书"（4 部）：《中国法院信息化发展报告（2020）》《中国法治发展报告（2020）》《中国地方法治发展报告（2020）》《中国司法制度发展报告（2020）》。

2. 出版皮书数量分析

2020 年出版法治建设类皮书 12 部，主题包括法治发展、法治社会、法治政府、地方法治、地方立法、政信发展、法院信息化、司法制度发展、反腐倡廉、刑事涉案财物制度改革等内容。

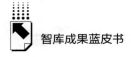

3. 出版皮书含报告篇数分析

以 2020 年出版的 12 部法治建设类皮书为统计对象，出版报告共计 229 篇，平均每部皮书含报告 19 篇。其中，单部皮书含报告 11～20 篇报告的皮书为 5 部，含 21～30 篇报告的皮书为 4 部，含 10 篇及以下报告的皮书为 2 部，含多于 30 篇报告的皮书为 1 部（见表9）。

表 9　法治建设类皮书含报告篇数情况（2020）

单位：部，%

序号	单部皮书含报告数量	皮书数量	占全部此类皮书比重
1	10 篇及以下	2	16.67
2	11～20 篇	5	41.67
3	21～30 篇	4	33.33
4	多于 30 篇	1	8.33
合　　计		12	100.00

数据来源：皮书数据库，数据采集日期为 2021 年 6 月 20 日。

4. 出版皮书字数分析

2020 年，法治建设类皮书出版总字数为 320.5 万字，平均每部皮书 26.71 万字。其中，41.67% 的皮书单部字数为 25 万～35 万字，总体符合《皮书手册》建议字数的要求；8.33% 的皮书字数少于 25 万字；50.00% 的皮书字数多于 35 万字（见表10）。

表 10　法治建设类皮书字数统计（2020）

单位：部，%

序号	单部皮书字数	皮书数量	占全部此类皮书比重
1	少于 25 万字	1	8.33
2	25 万～35 万字	5	41.67
3	多于 35 万字	6	50.00
合　　计		12	100.00

数据来源：皮书数据库，数据采集日期为 2021 年 6 月 20 日。

5. 出版时间分析

将 2020 年出版的皮书按照出版月份进行统计，如表 11 所示。出版法治建设类皮书最多的月份是 5 月，占比为 33.33%；1 月、2 月、6 月至 9 月没有出版此类皮书；其他月份出版数量比较均衡。

表 11　法治建设类皮书出版月份统计（2020）

单位：部，%

序号	出版月份	数量	占比
1	1 月	0	0
2	2 月	0	0
3	3 月	1	8.33
4	4 月	1	8.33
5	5 月	4	33.33
6	6 月	0	0
7	7 月	0	0
8	8 月	0	0
9	9 月	0	0
10	10 月	2	16.67
11	11 月	3	25.00
12	12 月	1	8.33
合　　计		12	100.00

数据来源：皮书数据库，数据采集日期为 2021 年 6 月 20 日。

二　2020 年社会政法类皮书研创单位及作者分析

（一）研创单位数量分析及性质占比分析

2020 年，按照研创机构数量统计，社会政法类皮书研创机构共 69 家。其中，出版 1 部皮书的研创机构为 63 家；出版 2～4 部皮书的研创机构为 5 家；1 家研创机构出版了 5 部以上的皮书（见表 12）。出版皮书数量排名前两位的研创机构为中国社会科学院社会学研究所（6 部）、中国社会科学院法学研究所（4 部）。

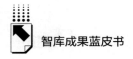
表12　研创机构研创皮书数量情况统计（2020）

单位：家，%

序号	研创皮书数量	研创机构数量	占全部研创机构比重
1	1部	63	91.30
2	2~4部	5	7.25
3	5部以上	1	1.45
合　计		69	100.00

数据来源：皮书数据库，数据采集日期为2021年6月20日。

2020年，以中国社会科学院、高校和高校智库、地方社会科学院、党政部门智库、行业协会、社会智库、企业和企业智库、媒体和媒体智库、其他等9种类型为分类标准对64部社会政法类皮书的69家研创机构进行分类，情况如图4所示。高校和高校智库、中国社会科学院、党政部门智库出版的社会政法类皮书较多，占比分别为33%、23%、20%，与社会政法类

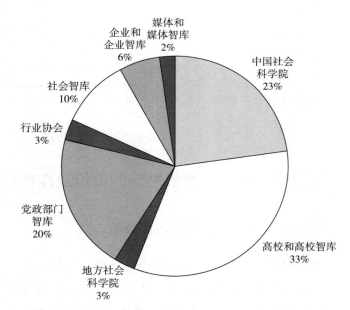

图4　社会政法类皮书研创机构性质占比分析（2020）

注：由于其他类社会政法类皮书研创机构为0，不在图中出现。
数据来源：皮书数据库，数据采集日期为2021年6月20日。

皮书自身特性相符。其次为社会智库，占比为 10%。占比较小的是地方社会科学院、行业协会及媒体和媒体智库，分别占比 3%、3%、2%。

（二）作者数量、职务职称、学位学历分析

2020 年共出版 1098 篇社会政法类皮书报告，共有作者 1486 人（家），其中，单位作者 262 家，自然人作者 1224 人；发表 2 篇以上报告的作者为 204 人（家），仅发表 1 篇报告的作者为 1282 人（家）。单位作者中，发表报告数量 TOP5 的作者见表 13。自然人作者中，发表报告数量 TOP3 的作者见表 14。

表 13　社会政法类皮书单位作者发表报告数量 TOP5（2020）

单位：篇

排名	报告作者	发表数量
1	中国社会科学院中国廉政研究中心课题组	25
2	中国社会科学院法学研究所法治指数创新工程项目组	17
3	《中国高考报告》课题组	15
4	中国政法大学法治政府研究院	6
5	中国社会科学院社会学所"党和国家监督体系绩效测评研究"创新工程项目组	6

表 14　社会政法类皮书自然人作者发表报告数量 TOP3（2020）

单位：篇

排名	报告作者	作者单位	发表数量
1	王伯庆	麦可思研究院	28
2	黄群慧	中国社会科学院经济研究所	18
3	钟宏武	中国社会科学院企业社会责任研究中心	16

2020 年，有 1224 名自然人作者为社会政法类皮书撰写署名报告，集中分布在北京、深圳、成都等城市。皮书作者数居前十名的省市依次是北京、深圳、广州、四川、江苏、福建、湖北、上海、重庆、河北。在 1201 名有相应信息的作者中，具有副高级及以上职称的作者有 491 人，占 40.88%；

拥有博士及以上学历的作者有 379 人，占 31.56%。[①] 2020 年，社会政法类报告在皮书数据库中共收获 69083 次阅读量，30234 次下载量。各类社会政法类皮书报告浏览量、阅读量、下载量 TOP1 见表 15。

表 15　社会政法类皮书报告浏览量、阅读量、下载量分类 TOP1（2020）

单位：次

内容细分类型	浏览量 TOP1		阅读量 TOP1		下载量 TOP1	
	作者及报告名	浏览量	作者及报告名	阅读量	作者及报告名	下载量
社会发展类	王伯庆（麦可思研究院）《本科毕业生就业发展趋势与成效(2020)》	1702	陈祉妍（中国科学院心理研究所）《2020 年国民心理健康状况调查报告：现状、趋势与服务需求》	3107	祝华新（中国经济体制改革研究会）《2019：中国互联网舆情分析报告》	287
公共服务类	杨东平（21 世纪教育研究院）《走进"后普及教育时代"的中国教育》	571	杨东平（21 世纪教育研究院）《走进"后普及教育时代"的中国教育》	568	杨东平（21 世纪教育研究院）《走进"后普及教育时代"的中国教育》	160
法治建设类	中国社会科学院法学研究所法治指数创新工程项目组《2019 年中国法院信息化发展与 2020 年展望》	380	中国社会科学院法学研究所法治指数创新工程项目组《2019 年中国法院信息化发展与 2020 年展望》	246	中国社会科学院法学研究所法治指数创新工程项目组《2019 年中国法院信息化发展与 2020 年展望》	132

数据来源：皮书数据库，数据采集日期为 2021 年 6 月 20 日。

三　2020 年社会政法类皮书规范性分析

根据"2020 年版皮书综合评价指标体系"的有关规定，皮书规范性指标考察皮书的主要撰稿人及皮书出版规范，评价四个方面的内容：（1）总

[①] 本数据主要来源于单篇报告首页脚注处的作者简介，含第一作者在内的全部作者。部分作者未对职务职称进行说明，本数据仅对有"职称（副高级及以上）""学历（博士及以上）"介绍的单篇报告进行统计，因此统计数据为 1201 人，略小于真实数据。"作者数量"为有效作者数量，即同一年份撰写多篇报告的作者只计为一次。

报告执笔人是否为主编、执行主编或副主编；（2）封面署名、单篇报告署名是否规范；（3）丛书名和书名、篇章节名、全书中英文摘要和关键词、单篇报告中英文摘要和关键词、编委会（课题组、研究组）名单、主要编撰者简介、中英文目录、单篇报告作者简介、资料来源、参考文献等，是否齐全，是否符合皮书体例规范；（4）出版时间是否适宜。对2020年社会政法类皮书的规范性指标得分进行分析，统计结果如表16所示。2020年社会政法类皮书规范性得分高于80分的占比为82.81%，较2019年同期的68.04%有明显提升，其中规范性满分皮书占比为46.88%；60~80分的占比为17.19%；仅1.56%的皮书存在较多规范性问题，得分低于60分。从内容细分类型上看，社会发展类皮书与法治建设类皮书高于80分的皮书占比较高，分别为87.88%和83.33%。

表16　社会政法类皮书出版规范性统计（2020）

内容细分类型	参评数量（部）	规范性平均得分（分）	100分		高于80分		60~80分		低于60分	
			数量（部）	占比（%）	数量（部）	占比（%）	数量（部）	占比（%）	数量（部）	占比（%）
社会发展类	33	91.35	17	51.52	29	87.88	4	12.12	1	3.03
公共服务类	19	91.44	7	36.84	14	73.68	5	26.32	0	0
法治建设类	12	91.46	6	50.00	10	83.33	2	16.67	0	0
合　　计	64	91.42	30	46.88	53	82.81	11	17.19	1	1.56

注：皮书评价体系中规范性得分满分为15分，为更为直观地呈现数据，已按比例转换为满分100分。
数据来源：皮书评价系统，数据采集日期为2021年7月30日。

从规范性四个指标观察，在总报告执笔人是否为主编、执行主编或副主编方面，社会发展类皮书平均得分较高；封面署名、单篇报告署名规范性方面，法治建设类皮书平均得分较高；皮书体例规范性方面，法治建设类皮书平均得分较高；出版时间是否适宜方面，社会发展类皮书平均得分较高。社会发展类皮书在四种规范性指标方面得分高于或接近平均分值；公共服务类皮书在四种规范性指标方面均低于平均分值，尤其需补强出版时间规范性；法治建设类皮书需补强总报告执笔人规范性（见表17）。

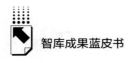

表 17　社会政法类皮书各规范性指标平均得分（2020）

单位：分

规范性指标	社会发展类	公共服务类	法治建设类	平均分
总报告执笔人	2.71	2.61	2.58	2.63
封面署名、单篇报告署名	1.80	1.82	1.92	1.85
皮书体例规范性	9.24	9.00	9.50	9.25
出版时间	6.91	5.68	6.00	6.20

数据来源：皮书评价系统，数据采集日期为2021年7月30日。

四　2020年社会政法类皮书评价分析

（一）2020年社会政法类皮书综合评价结果

2020年共计416部皮书参与评价，其中社会政法类皮书64部，综合评价结果分类排名TOP10如表18所示。综合排名方面，3部社会政法类皮书在全部皮书排名中位列前10，分别为《中国未成年人互联网运用报告（2020）》《2020年中国社会形势分析与预测》《中国法治发展报告No.18（2020）》。其中，《中国社会形势分析与预测》《中国法治发展报告》连续三年位列全部皮书排名前10，表明了本类皮书在全部皮书中具有较高的研创质量，是传统优秀社会政法类皮书优势的延续。《中国未成年人互联网运用报告（2020）》继上年度（三年内）首次进入分类排名TOP10后，蹿升至分类排名TOP1，展现了研创水平较高幅度的提升，以及新锐皮书通过提升研创规范性获得快速成长的可能。分类排名方面，《中国法院信息化发展报告》连续三年位列分类排名前10；《中国社会组织报告（2020）》《中国国民心理健康发展报告（2019～2020）》《2020年中国本科生就业报告》首次进入TOP10，显示了回应型皮书具有满足推进国家治理现代化决策需求的功能。

表 18　社会政法类皮书综合评价 TOP10（2020）

单位：分

分类排名	综合排名	丛书名	书名	综合得分
1	2	青少年蓝皮书	中国未成年人互联网运用报告（2020）	95.60
2	4	社会蓝皮书	2020年中国社会形势分析与预测	95.00
3	8	法治蓝皮书	中国法治发展报告 No.18（2020）	92.78
4	12	社会组织蓝皮书	中国社会组织报告（2020）	92.12
5	13	心理健康蓝皮书	中国国民心理健康发展报告（2019~2020）	90.84
6	18	政府互联网服务能力蓝皮书	中国地方政府互联网服务能力发展报告（2020）	89.65
7	19	法治蓝皮书	中国法院信息化发展报告 No.4（2020）	89.11
8	21	华侨华人蓝皮书	华侨华人研究报告（2020）	88.80
9	29	就业蓝皮书	2020年中国本科生就业报告	87.95
10	33	残疾人蓝皮书	中国残疾人事业发展报告（2020）	87.52

数据来源：皮书评价系统，数据采集日期为2021年7月30日。

（二）2020年社会政法类皮书各内容细分类型综合评价情况

对2020年社会政法类皮书各内容细分类型综合评价情况进行分析，统计结果如表19所示。2020年社会政法类皮书综合评价得分高于80分的占比为34.38%；60~80分的占比为50%；15.63%的皮书得分低于60分。从内容细分类型上看，社会发展类皮书与法治建设类皮书综合评价平均得分较高，分别为76.62分、72.76分，公共服务类皮书综合评价平均得分较低。从各分值段占本类皮书比重看，如图5所示，高于80分的皮书占本类皮书比重最高的是社会发展类皮书，此类皮书整体研创质量较高。

表 19　社会政法类皮书各内容细分类型综合评价得分统计（2020）

内容细分类型	参评数量（部）	综合评价平均得分（分）	高于80分		60~80分		低于60分	
			数量（部）	占比（%）	数量（部）	占比（%）	数量（部）	占比（%）
社会发展类	33	76.62	14	42.42	17	51.52	2	6.06
公共服务类	19	70.45	4	21.05	10	52.63	5	26.32
法治建设类	12	72.76	4	33.33	5	41.67	3	25.00
合　　计	64	73.28	22	34.38	32	50.00	10	15.63

数据来源：皮书评价系统，数据采集日期为2021年7月30日。

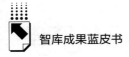

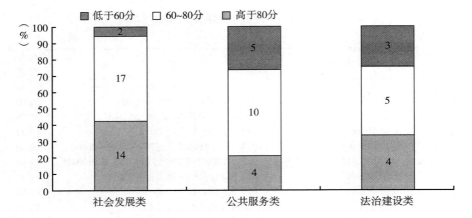

图 5　社会政法类皮书各内容细分类型综合评价得分统计（2020）

数据来源：皮书评价系统，数据采集日期为 2021 年 7 月 30 日。

社会发展类、公共服务类、法治建设类皮书综合评价 TOP5 见表 20、21、22。

表 20　社会发展类皮书综合评价 TOP5（2020）

单位：分

分类排名	综合排名	丛书名	书　名	综合得分
1	2	青少年蓝皮书	中国未成年人互联网运用报告（2020）	95.60
2	4	社会蓝皮书	2020 年中国社会形势分析与预测	95.00
4	12	社会组织蓝皮书	中国社会组织报告（2020）	92.12
5	13	心理健康蓝皮书	中国国民心理健康发展报告（2019～2020）	90.84
8	21	华侨华人蓝皮书	华侨华人研究报告（2020）	88.80

数据来源：皮书评价系统，数据采集日期为 2021 年 7 月 30 日。

表 21　公共服务类皮书综合评价 TOP5（2020）

单位：分

分类排名	综合排名	丛书名	书　名	综合得分
6	18	政府互联网服务能力蓝皮书	中国地方政府互联网服务能力发展报告（2020）	89.65
13	46	黄河流域蓝皮书	黄河流域生态保护和高质量发展报告（2020）	85.50

续表

分类排名	综合排名	丛书名	书　名	综合得分
18	81	医疗保障蓝皮书	中国医疗保障发展报告（2020）	82.36
19	82	健康城市蓝皮书	中国健康城市建设研究报告（2020）	82.32
23	119	教育蓝皮书	中国教育发展报告（2020）	79.35

数据来源：皮书评价系统，数据采集日期为2021年7月30日。

表22　法治建设类皮书综合评价TOP5（2020）

单位：分

分类排名	综合排名	丛书名	书名	综合得分
3	8	法治蓝皮书	中国法治发展报告（2020）	92.78
7	19	法治蓝皮书	中国法院信息化发展报告（2020）	89.11
11	37	法治政府蓝皮书	中国法治政府评估报告（2020）	86.27
17	77	人权蓝皮书	中国人权事业发展报告（2020）	82.73
27	130	法治蓝皮书	中国地方法治发展报告（2020）	78.12

数据来源：皮书评价系统，数据采集日期为2021年7月30日。

五　2020年社会政法类皮书媒体影响力分析

中国特色新型智库建设与发展呈现出的重要一面即是积极拥抱新媒体。在新媒体深刻改变公众交流与获取信息行为的背景下，皮书利用新媒体的平台运营与传播技巧获取公众关注、提升学术影响力，成为皮书成果实现社会可见性的一条有效路径。2020年共出版社会政法类皮书64部，全部参评，采用最新版皮书媒体影响力评价指标体系计分。百分制下64部社会政法类皮书媒体影响力指数得分均值为48.12分，其中31种皮书媒体影响力指数得分高于60分，占全部社会政法类皮书的48.44%。2020年社会政法类皮书媒体影响力情况TOP20如表23所示。社会政法类综合评价TOP20的皮书，媒体影响力平均得分为82.53分。

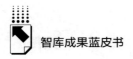

表23 社会政法类皮书媒体影响力情况 TOP20（2020）

单位：分

书　　名	传统媒体影响力			新媒体影响力		学术期刊影响力	综合评价得分
	传统媒体曝光率	网页检索量	视频检索量	微博传播能力	微信传播能力	皮书报告期刊发表情况	
中国未成年人互联网运用报告（2020）	45	9	10	15	12	5	95.60
2020年中国社会形势分析与预测	45	10	10	10	10	0	95.00
中国法治发展报告 No.18（2020）	45	10	10	15	15	5	92.78
中国社会组织报告（2020）	45	10	5	15	15	0	92.12
中国国民心理健康发展报告（2019~2020）	45	10	10	10	10	0	90.84
中国地方政府互联网服务能力发展报告（2020）	45	10	3	12.5	2.5		89.65
中国法院信息化发展报告 No.4（2020）	45	10	6	15	15	5	89.11
华侨华人研究报告（2020）	45	5	10	11.5	13.5	2.5	88.80
2020年中国本科生就业报告	45	10	10	10	10	0	87.95
中国残疾人事业发展报告（2020）	45	10	10	6	11	2.5	87.52
中国法治政府评估报告（2020）	45	8	2	10	10	5	86.27
2020年中国高职生就业报告	45	10	10	10	10	0	85.60
黄河流域生态保护和高质量发展报告（2020）	45	10	10	10	10	0	85.50
中国大中城市健康老龄化指数报告（2019~2020）	45	4	0	3	10	0	85.05
中国流动儿童教育发展报告（2019~2020）	45	10	0	10	10	0	84.63
中国企业社会责任研究报告（2020）	45	10	10	10	10	0	84.50

续表

书　名	传统媒体影响力			新媒体影响力		学术期刊影响力	综合评价得分
	传统媒体曝光率	网页检索量	视频检索量	微博传播能力	微信传播能力	皮书报告期刊发表情况	
中国人权事业发展报告NO. 10（2020）	45	8	8	10	10	0	82.73
中国医疗保障发展报告（2020）	45	10	7	10	10	5	82.36
中国健康城市建设研究报告（2020）	45	8	0	2.5	9	0	82.32
中国慈善发展报告（2020）	30	8	6	10	10	0	81.68

注：综合评价得分为 2020 年社会政法类皮书综合评价 TOP20 得分情况，而非媒体影响力得分加总。

数据来源：皮书评价系统，数据采集日期为 2021 年 7 月 30 日。

2020 年社会政法类皮书各内容细分类型皮书媒体影响力对比（见图 6），法治建设类皮书媒体影响力得分最高；社会发展类、公共服务类皮书媒体影响力得分较低，利用媒体提升皮书影响力的能力亟待提升。

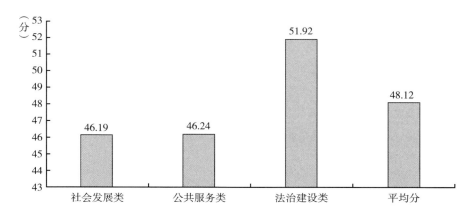

图 6　2020 年社会政法类皮书各内容细分类型皮书媒体影响力对比（2020）

数据来源：皮书评价系统，数据采集日期为 2021 年 7 月 30 日。

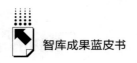

六 社会政法类皮书选题热点分析

词频分析能够通过盘点热词来观察某一特定领域研究热点和发展动向，本报告对 2020 年社会政法类皮书报告的题目、一级至三级标题进行词频分析，分别观察 2020 年社会发展类、公共服务类、法治建设类皮书报告的研究热点。使用图悦在线热词分析工具计算热词词频，并根据热词结果匹配相关热门报告。为更准确地分析核心词频，在分析过程中对内容相似的词汇进行了整合，如 "农村" "乡村" 等；同时对一般性高频词汇进行了删除，如 "我国" "中国" "问题" 等。热词分析显示，2020 年社会政法类三类内容细分类型皮书的研创热点与 2019～2020 年社会普遍关注的热点问题呈现较高的重合性，如社会组织、心理健康、社会责任、大湾区、疫情防控、城市管理等，体现了本类皮书的前沿性、前瞻性与时效性；同时部分研创热词为多年以来长期受到关注的热点问题，如教育改革、就业形势、医疗改革、司法改革等，体现了本类皮书关注特定领域热点问题长期发展趋势和规律的研创特点（见表 24）。

表 24 社会政法类皮书研创热词（2020）

社会发展类	教育改革	就业形势	儿童发展	社会责任	社会组织	流动人口	心理健康	大湾区	疫情	脱贫
公共服务类	城市管理	体制改革	教育改革	医疗改革	社会保障	创新能力	社会治理	生态文明	疫情防控	政务服务
法治建设类	法治建设	信息公开	立法发展	司法改革	社会治理	法治政府	监督体系	行政执法	司法数据	人权保护

数据来源：皮书数据库。数据采集时间为 2021 年 6 月 20 日。

（一）社会发展类皮书选题热点分析

2020 年社会发展类皮书研创十大热词为："教育改革""就业形势""儿童发展""社会责任""社会组织""流动人口""心理健康""大湾区""疫情""脱贫"。热词词频与关联热门报告参见图 7、表 25。

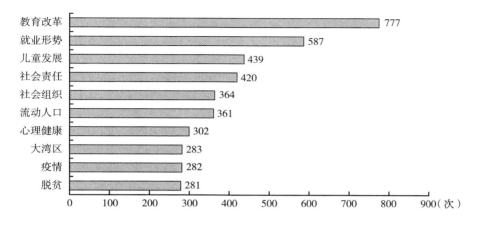

图7 社会发展类皮书研创热词词频（2020）

数据来源：皮书数据库。数据采集时间为2021年6月20日。

表25 社会发展类皮书研创热词使用量与关联热门报告（2020）

单位：次

热词	报告标题	作者	所属图书	浏览量	阅读量	下载量
教育改革	2019年中国教育改革和发展报告	李涛	2020年中国社会形势分析与预测	206	145	107
	新型城镇化进程背景下中国流动儿童教育的现状、趋势与挑战（2019~2020年）	韩嘉玲	中国流动儿童教育发展报告（2019~2020）	341	562	96
	"十四五"时期中国教育服务的发展展望	单大圣	中国社会保障发展报告（2020）	199	164	156
就业形势	本科毕业生就业发展趋势与成效（2020）	王伯庆	2020年中国本科生就业报告	1702	1845	286
	2019年中国就业形势与未来展望	莫荣	2020年中国社会形势分析与预测	304	184	124
	2019年就业形势和政策进展	莫荣	中国就业发展报告（2020）	304	314	104
儿童发展	让孩子们成长得更好——2019年中国儿童发展现状、问题与展望	中国儿童中心课题组	中国儿童发展报告（2020）	196	422	76
	我国流动儿童规模和流动特征的变化趋势（2000~2015年）	吕利丹	中国流动儿童教育发展报告（2019~2020）	182	107	71
	农村贫困地区留守儿童心理健康状况	刘正奎	中国国民心理健康发展报告（2019~2020）	179	202	58

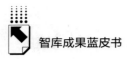

续表

热词	报告标题	作者	所属图书	浏览量	阅读量	下载量
社会责任	中国企业社会责任发展报告（2020）	黄群慧	中国企业社会责任研究报告（2020）	1087	1252	199
	重点行业社会责任发展指数（2020）	黄群慧	中国企业社会责任研究报告（2020）	308	668	78
	2020年金蜜蜂中国企业社会责任报告研究	殷格非	金蜜蜂中国企业社会责任报告研究（2020）	189	519	26
社会组织	新中国70年中国特色社会组织创新发展报告	黄晓勇	中国社会组织报告（2020）	352	475	123
	治理吸纳慈善：2019年中国慈善事业综述	朱健刚	中国慈善发展报告（2020）	434	652	102
	2019年慈善组织发展报告	吴丽丽	中国社会组织报告（2020）	150	94	91
流动人口	流动人口随迁子女入学政策友好程度研究——基于16个城市政策文本的分析	朱琳	中国流动儿童教育发展报告（2019~2020）	117	97	64
	2019年度中国城市流动人口社会融合报告	肖子华	中国城市流动人口社会融合评估报告No.2	94	227	34
	2019年度中国城市流动人口社会融合排名	国家卫生健康委流动人口服务中心	中国城市流动人口社会融合评估报告No.2	76	69	22
心理健康	2020年国民心理健康状况调查报告：现状、趋势与服务需求	陈祉妍	中国国民心理健康发展报告（2019~2020）	1607	3107	233
	2020年中国青少年心理健康素养现状	陈祉妍	中国国民心理健康发展报告（2019~2020）	706	1360	133
	2020年高校毕业生就业与心态状况调查报告	曹佳	中国就业发展报告（2020）	200	297	65
大湾区	2019年粤港澳大湾区旅游业发展报告	徐红罡	粤港澳大湾区旅游业发展报告（2020）	192	531	35
	2020年粤港澳大湾区智慧旅游发展模式探讨	刘逸	粤港澳大湾区旅游业发展报告（2020）	153	184	16
	2019年粤港澳大湾区技能培训合作分析报告	王永奎	中国就业发展报告（2020）	134	111	36

续表

热词	报告标题	作者	所属图书	浏览量	阅读量	下载量
疫情	2020年新冠肺炎疫情期间未成年人互联网运用状况	杨斌艳	中国未成年人互联网运用报告（2020）	204	184	64
	中国企业抗击疫情捐赠报告（2020）	黄群慧	中国企业社会责任研究报告（2020）	138	97	78
	2020年新冠肺炎疫情下的社会心态及其影响	王俊秀	中国社会心态研究报告（2020）	95	131	28
脱贫	2019年中国乡村脱贫与振兴形势分析	叶敬忠	2020年中国社会形势分析与预测	186	122	93
	2019年中国社会救助兜底的农村贫困人口脱贫调查研究报告	江治强	2020年中国社会形势分析与预测	125	74	75
	民族地区脱贫攻坚与决胜全面小康的成就、经验与挑战	王延中	中国民族发展报告（2020）	119	57	25

（二）公共服务类皮书选题热点分析

2020年公共服务类皮书研创十大热词为："城市管理""体制改革""教育改革""医疗改革""社会保障""创新能力""社会治理""生态文明""疫情防控""政务服务"。热词词频与关联热门报告参见图8、表26。

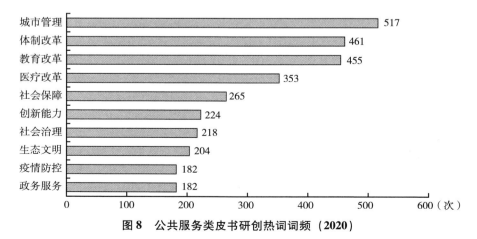

图8 公共服务类皮书研创热词词频（2020）

数据来源：皮书数据库。数据采集时间为2021年6月20日。

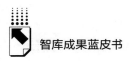

表26　公共服务类皮书研创热词使用量与热门关联报告（2020）

单位：次

热词	报告标题	作者	所属图书	浏览量	阅读量	下载量
城市管理	新时代背景下中国城市健康生活指数评价报告（2020）	黄钢	中国城市健康生活报告(2020)	122	215	61
	2020年中国数字城市发展报告	陈劲	中国城市互联网发展报告（2020）	117	127	57
	中国健康城市评价报告(2018年)	李长宁	中国健康城市建设研究报告（2020）	80	70	48
体制改革	2019～2020年中国社会体制改革分析及未来展望	龚维斌	中国社会体制改革报告 No.8（2020）	94	44	29
	2020年青海三江源生态保护与国家公园体制试点的成效及展望	孙发平	黄河流域生态保护和高质量发展报告（2020）	74	55	39
	中医药在医药卫生体制改革中发挥重要作用	中国中医科学院医改咨询工作小组	中国医改发展报告（2020）	62	58	48
教育改革	走进"后普及教育时代"的中国教育	杨东平	中国教育发展报告（2020）	571	568	160
	2019年教育舆情分析报告	白杨	中国教育发展报告（2020）	248	295	87
	2019年十大教育热点	杨东平	中国教育发展报告（2020）	198	74	83
医疗改革	中国医疗保障发展评估总报告（2020）	郑功成	中国医疗保障发展报告(2020)	233	230	94
	2020年中国医疗保险筹资机制发展报告	彭宅文	中国医疗保障发展报告(2020)	121	83	52
	"互联网＋医疗健康"的发展及中国医改	于保荣	中国医改发展报告(2020)	96	56	61
社会保障	2020年我国医疗保障相关统计数据资料	郑功成	中国医疗保障发展报告(2020)	123	39	59
	2019年中国社会保障改革进展与展望	李志明	中国社会体制改革报告 No.8（2020）	129	116	17
	2020年中国商业健康保险发展报告	王琬	中国医疗保障发展报告(2020)	110	127	56

续表

热词	报告标题	作者	所属图书	浏览量	阅读量	下载量
创新能力	实施健康中国战略,创新与深化中国医改	王俊	中国医改发展报告(2020)	94	60	68
	2015~2020年中国城市健康产业突破与创新营销	贾云峰	中国健康城市建设研究报告(2020)	72	69	35
	创新现代医院管理制度 推进医院高质量发展——香港大学深圳医院改革探索与实践	广东省卫生健康委员会	中国医改发展报告(2020)	71	46	43
社会治理	普惠性学前教育公共服务体系建设的协同治理及其优化路径	蔡迎旗	中国教育发展报告(2020)	91	42	72
	2019年中国公共卫生治理改革回顾与展望	马长俊	中国社会体制改革报告No.8(2020)	52	48	32
	2019年社会治理法治进程及2020年展望	赵秋雁	中国社会体制改革报告No.8(2020)	50	33	25
生态文明	打赢新时代黄河生态保卫战——黄河流域生态保护和高质量发展报告(2020)	段庆林	黄河流域生态保护和高质量发展报告(2020)	228	354	75
	2020年黄河流域生态经济带研究	于法稳	黄河流域生态保护和高质量发展报告(2020)	157	156	51
	2019~2020年河南黄河流域生态保护和高质量发展报告	王建国	黄河流域生态保护和高质量发展报告(2020)	100	147	47
疫情防控	后疫情时代的数字政府建设启示	华为技术有限公司	中国电子政务发展报告(2019~2020)	65	28	24
	2020年新型冠状肺炎疫情对中国健康城市环境管理工作的影响	赵秀阁	中国健康城市建设研究报告(2020)	61	21	49
	数字赋能 精密智控 助力疫情防控和经济社会发展	杭州市数据资源管理局	中国电子政务发展报告(2019~2020)	59	30	22

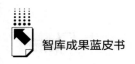

续表

热词	报告标题	作者	所属图书	浏览量	阅读量	下载量
政务服务	2020年中国电子政务发展报告	中央党校电子政务研究中心课题组	中国电子政务发展报告（2019~2020）	442	479	95
	省级政府和重点城市网上政务服务能力（政务服务"好差评"）调查评估报告（2020）	中央党校电子政务研究中心课题组	中国电子政务发展报告（2019~2020）	143	273	50
	2020年政务新媒体建设专题分析报告	周维	中国地方政府互联网服务能力发展报告（2020）	91	76	38

数据来源：皮书数据库。数据采集时间为2021年6月20日。

（三）法治建设类皮书选题热点分析

2020年法治建设类皮书研创的十大热词为："法治建设""信息公开""立法发展""司法改革""社会治理""法治政府""监督体系""行政执法""司法数据""人权保护"。热词词频与关联热门报告参见图9、表27。

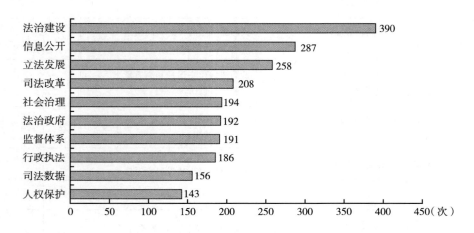

图9　法治建设类皮书研创热词词频（2020）

表27 法治建设类皮书研创热词使用量与关联热门报告（2020）

单位：次

热词	报告标题	作者	所属图书	浏览量	阅读量	下载量
法治建设	2019年中国法治发展与2020年形势预测	中国社会科学院法学研究所法治指数创新工程项目组	中国法治发展报告（2020）	236	239	70
	中国地方法治发展与展望（2020）	中国社会科学院法学研究所法治指数创新工程项目组	中国地方法治发展报告（2020）	79	76	45
信息公开	中国政府透明度指数报告（2019）——以政府网站信息公开为视角	中国社会科学院法学研究所法治指数创新工程项目组	中国法治发展报告（2020）	342	176	132
	中国司法透明度指数报告（2019）——以法院网站信息公开为视角	中国社会科学院法学研究所法治指数创新工程项目组	中国法治发展报告（2020）	189	123	66
立法发展	2019年的中国立法	刘小妹	中国法治发展报告（2020）	77	28	37
	中国地方立法透明度评估报告（2019）——基于省级人大常委会网站的考察	中国社会科学院法学研究所法治指数创新工程项目组	中国地方法治发展报告（2020）	62	36	30
司法改革	中国法院"智慧审判"第三方评估报告（2019）	中国社会科学院法学研究所法治指数创新工程项目组	中国法院信息化发展报告（2020）	190	134	61
	中国法院"智慧执行"第三方评估报告（2019）	中国社会科学院法学研究所法治指数创新工程项目组	中国法院信息化发展报告（2020）	88	78	47
社会治理	营商环境法治化建设的中国实践	孟涛	中国法治发展报告（2020）	108	84	62
	优化营商环境的法治保障	成协中	中国法治政府评估报告（2020）	63	67	32
法治政府	"法治政府建设年度报告"发布情况第三方评估报告（2020）	中国社会科学院法学研究所法治指数创新工程项目组	中国地方法治发展报告（2020）	98	106	28
	2019年法治政府评估指标	中国政法大学法治政府研究院	中国法治政府评估报告（2020）	63	38	26

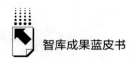

续表

热词	报告标题	作者	所属图书	浏览量	阅读量	下载量
监督体系	新型审判监督管理应用创新探索——以宜宾法院"全院全员全程"监管平台为例	宜宾法院"全院全员全程"监督管理课题组	中国法院信息化发展报告（2020）	61	34	33
	监督与问责评估	郝倩	中国法治政府评估报告（2020）	50	35	23
行政执法	社会公众满意度调查	王翔	中国法治政府评估报告（2020）	58	61	32
	依法全面履行政府职能研究	李红勃	中国法治政府评估报告（2020）	54	78	18
司法数据	2019年中国法院信息化发展与2020年展望	中国社会科学院法学研究所法治指数创新工程项目组	中国法院信息化发展报告（2020）	380	246	89
	中国法院"司法大数据"应用第三方评估报告（2019）	中国社会科学院法学研究所法治指数创新工程项目组	中国法院信息化发展报告（2020）	107	51	48
人权保护	2019年犯罪形势分析及2020年犯罪形势预测	高长见	中国法治发展报告（2020）	134	133	59
	2019年中国人权法治发展：人民幸福生活是最大的人权	戴瑞君	中国法治发展报告（2020）	62	47	34

七 主要研创机构类型研创特点及研创方向分析

如前文所述，各类社会政法类皮书研创单位中，占比较高的三类单位为高校和高校智库、中国社会科学院、党政部门智库，占比分别为33%、23%、20%。下文分析其各自的研创特点与研创方向。

（一）中国社会科学院及地方社会科学院研创特点与研创方向

中国社会科学院及地方社会科学院，是我国哲学社会科学研究的学术机构和综合研究中心，承担着国家及地方社会与法治发展中众多重要理论问题和实际问题的研究任务。此类研创机构每年均较为稳定地输出若干部具有较高研创水平的社会政法类皮书。例如中国社会科学院社会学研究所研创的《中国社会形势分析与预测》《中国慈善发展报告》，中国社会科学院法学研究所研创的《中国法治发展报告》《中国法院信息化发展报告》，中国社会科学院新闻与传播研究所研创的《中国未成年人互联网运用报告》，中国社会科学院经济学部企业社会责任研究中心研创的《中国企业社会责任研究报告》等，在皮书分类排名、综合排名、研创规范性、社会影响力等方面均表现优异。

在皮书研创特点方面，中国社会科学院及地方社会科学院与高校、党政部门研创机构相比具有得天独厚的优势。高校的主要任务为人才教育与培养，在基础理论研究和学科体系建设方面有较为明显的优势，但与社会实践工作及党政部门的距离相差较远；党政部门需要应对大量日常工作与应急性事务，学术研究很难实现纵深发展。而中国社会科学院系统的研创单位，与党政部门、社会实践工作联系较为紧密，可借助长期的专业研究与数据积累，对国家和地方社会发展、公共服务建设、法治建设中的突出和重大问题进行系统深入的前瞻性思考，利用"亲数据性"的比较优势，在理论和实践的结合上提出有分量、有见解的政策建议。经过多年的探索实践，中国社会科学院系统研创机构已经基本建立了以第一手大数据为支撑，理论研究与应用研究相互促进、相互支持的社会政法类皮书研创路径。

在研创方向方面，对于中国社会科学院而言，可考虑创新皮书成果推广转化机制。皮书研创成果只有深入应用于实践，方能实现提升国家治理能力现代化的资政功能。建议通过多渠道、多形式，将具有较强应用价值与现实意义的皮书成果上报给领导决策层，促进研创成果向实践转化。对于地方社科院而言，研创方向不应局限于现行政策的阐释与分析，更要成为地方社会政法、公共服务发展方针、政策制定的理论依据和基础。因此，地方社科院应重点关注本地区社会、法治发展的热点、难点，把握"政策窗口"，及时快速地输出研究成果，为地方决策提供战略思路。

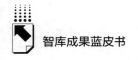

（二）高校和高校智库研创特点与研创方向

近年来，高校凭借人才丰富、知识密集、学术积淀深厚的优势，精选一批与社会政法研究联系密切、实践性强的研究院（中心、所），输出了一批较高质量的皮书成果。例如华侨大学华侨华人研究院研创的《华侨华人研究报告》，电子科技大学公共管理学院、成都市经济发展研究院研创的《中国地方政府互联网服务能力发展报告》、中国政法大学法治政府研究院研创的《中国法治政府评估报告》、中山大学旅游学院研创的《粤港澳大湾区旅游业发展报告》等，均系各高校研创机构基于其学科建设优势，输出的具有特色、专业性、回应性强的皮书成果。

在研创特点方面，高校类研创机构的比较优势突出表现在以下几个方面。一是多学科人才聚集。在信息化时代，政策制定面临着日趋复杂的决策环境和互动日益频繁的问题领域。在这一背景下，高校学科门类齐全、高层次人才密集的优势就显得较为突出。尤其是皮书研创单位所在的高校一般都为综合性、研究型大学，无论是社会发展、公共服务、法治建设的分类问题，还是综合性的应对方案，都可以在高校找到多学科的支持。例如大数据的司法应用场景、电子信息技术的政务服务应用等热点问题，不仅与法治现代化、公共服务优化等社会科学有直接的关系，而且需要理工科的学科支持。部分研创机构将校内各研创团队统筹起来形成研创阵列以增强研创合力，提升了管理效率。二是深厚的理论积淀。学术研究是决策咨询的基础。高校教师多年从事学术研究，具备深厚的理论素养和扎实的学术功底，依托其基础研究领域的优势，可以实现长期研究的同时，能够在重要理论问题的传统研究范式上有所突破，为政府决策的科学化提供坚强有力的学术支撑。

在研创方向方面，高校型皮书研创机构应着力提升皮书成果的决策咨询转化率。一方面，加强与政府之间的联系，解决"供""需"双方信息不对称的问题，提供有针对性的政策研究产品和利用价值较高、可操作性强的非重复性研创成果。另一方面，加强与其他类型研创单位的沟通，以应对获取数据难的问题。皮书研创必须以占有翔实的数据为基础，而高校类研创机构并不具备能够直接获取第一手信息数据的优势。可考虑加强与社科院系统智库、党政部门智库的紧密合作，积极形塑信息共享、学术流通的"智库生态"。例如电子科技大学公共管理学院与成都市经济发展研究院共同研创的《中国地方政府互联网服务能力发展报告》，充分结合了高校的学术优势与党政部门智库的信息优势与成果转化优势，2019年度首次出版即取得良好的社会效果，并连续两年在社会政法类皮书的分类排名中位列TOP10。

（三）党政部门及其智库研创特点与研创方向

随着大数据、信息技术、人工智能等新兴技术的兴起，社会分工日益复杂化、专业化，给政府管理带来新的挑战，倒逼政府部门建立决策咨询渠道、机制，以形成科学的、具有前瞻性的政府内部决策咨询机构。此类研创机构大多系传统的体制内机构，在管理体制上往往遵循机关、事业单位的管理模式，具有成果转化顺畅、亲决策者的比较优势。近年来输出了部分较为成熟的皮书成果，例如中国儿童中心研创的《中国儿童发展报告》，成都市经济发展研究院与电子科技大学合作研创的《中国地方政府互联网服务能力发展报告》，中国健康城市研究院、中国医药卫生事业发展基金会、首都社会经济发展研究所、北京健康城市建设促进会、北京健康城市建设研究中心与中国城市报合作研创的《中国健康城市建设研究报告》等。

在研创特点方面，同决策主体联系密切是党政部门及其智库研创单位的主要优势。一方面，此类研创机构的主要职能，在于开展各项与本部门职能相关联的理论政策研究以及对各项决策进行可行性分析，为决策提供咨询意见。因此能够专门、持续地从事特定领域的研究工作。另一方面，党政部门及其智库研创单位，基于信息获取的顺畅性以及与政府职能部门的结合，在推动皮书成果的应用方面具有得天独厚的优势。

研创方向方面，党政部门及其智库研创单位可考虑加强研创内容的解剖深度。党政部门及其智库在收集信息时，往往并非从社会影响、公共服务效果等方面进行优先筛选，而是从与单位相关的、对单位工作产生影响的方面进行考量。在此基础上输出的决策咨询成果带有较多的单位与部门日常工作的色彩。因此一方面，应在研创创新中推进决策咨询，打造党政部门"信得过、用得上、离不开"的智库。坚持以重大现实问题为皮书研创的主攻方向，以咨询为导向，着力推进决策智库建设。另一方面，继续推进皮书成果转化，找准切入点，广开渠道、广辟载体、主动"营销"。例如通过参与党委、政府及其所属决策部门的报告撰写、文件起草、项目规划和决策论证转化皮书研创成果；利用教学平台，构建多样化的党校、行政学院皮书成果表达和推介方式等。

八　社会政法类皮书高质量发展的路径与建议

2019～2020年，社会政法类皮书就加强公共治理、恢复社会经济秩序等重大问题积极建言献策，取得了良好的研创效果与社会影响力。但与此同时，皮书研创也存在一些短板，突出表现为：应对决策的问题意识有待提高、咨政建言的精准性有待提高、舆论引导的影响力有待提高等。

社会政法类皮书要立足新阶段、抓住新机遇、展现新作为，积极推动国家治理体系和治理能力现代化，成为我国社会政法领域决策咨询体系的重要力量；需要对标党中央关于智库建设的新任务、新要求，强化国家站位、战略思维和专业特色，针对社会政法类公共政策的重点、难点问题定向突破；同时根据新形势、新情况、新实践，探索皮书研创路径，优化研创策略，发挥皮书咨政功能，实现皮书高质量发展。

（一）提升皮书研创问题意识，及时把握政策窗口

近年来，社会政法类皮书研创单位的创新性、主动性、专业性得到发挥，形成大量咨政报告和各类专题报告。但仍有部分皮书成果没有有效地转化为公共政策，研究成果的质量、品种、类别与决策需求不匹配、不协调、不衔接。主要表现为：问题意识有待提高，预判性、对策性研究不够超前，部分新领域、跨学科的新问题缺乏储备性研究等。

2021 年是"十四五"规划的第一年，"十四五"时期的重大发展趋势、发展思路和政策导向将是当下的研究重点。建议社会政法类皮书研创机构加强系统内、区域内、跨类型的研创协同，形塑健康、内生、自洽的皮书研创生态；基于国家重大政策方针、国际重要学术报告以及国内外重大事件等，拟定研创选题，把握风险社会与社会治理，数字化转型与数字治理，高质量发展与乡村振兴，京津冀、长三角、粤港澳、成渝等经济区融合发展，个人信息立法保护，碳达峰、碳中和，共同富裕示范区等热点问题的"政策窗口"。

（二）提升咨政建言的精准性，把握主题化与专题化的研创思路

目前部分社会政法类皮书报告内容以问题描述和经验总结为主，着笔点呈现一定重合性，具有战略远见的皮书成果占比不够高，针对问题提出的方案策略和对策建议的精准性有待提升。部分皮书成果集中在宏观层面问题的研究，聚焦内容较为相似，提出的应对措施较为概念化和原则化。

建议皮书研创团队提升研创深度，突出专业化研究方向，把握主题化与专题化的研创思路，加强与决策需求的对接互动，提升决策咨询研究的有效性。一方面，从建设中国特色新型智库的大方向上看，专业化是新型智库的基本要求；另一方面，从皮书管理与发展的角度看，具有独特专业优势，为公共政策提供专题化咨询意见的研究成果，其研创质量能够得到皮书管理机构、同行专家、读者群体的认可。

（三）推动媒体融合发展，构建皮书成果全媒体传播格局

习近平总书记关于推进媒体融合发展的系列重要讲话精神指出，要深刻认识全媒体时代的挑战和机遇，加快推动媒体融合发展，构建全媒体传播格局。[①] 2020 年 9 月，中共中央办公厅、国务院办公厅印发的《关于加快推进媒体深度融合发展的意见》提出，要以先进技术引领驱动融合发展，加强新技术在传播领域的应用。

---

① 习近平：《加快推动媒体融合发展　构建全媒体传播格局》，《求是》2019 年第 6 期。

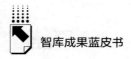

　　全媒体时代，媒体融合是大势所趋。建议皮书研创团队加快构建全媒体传播体系，提高主流舆论的传播力、影响力。在传播渠道方面，可考虑建构"皮书+皮书数据库+微信公众号+微博客户端+短视频平台+新闻发布会+门户网站推送"的全媒体矩阵，构建以内容建设为根本、皮书数据库为支撑、多平台传播的全媒体传播体系，提升媒体融合传播能力。在传播内容方面，推进内容生产供给侧结构性改革，集中力量做好重点、热点皮书报告的全媒体产品生产传播，着力加强体现主流价值观的精品内容和知名皮书品牌的传播，提升皮书成果在舆论宣传阵地中的积极作用。

参考文献

谢曙光主编《皮书手册：写作、编辑出版与评价指南》（第四版），社会科学文献出版社，2020。

谢曙光主编《中国皮书发展报告（2020）》，社会科学文献出版社，2020。

B.4
康养类皮书发展报告（2021）

张艳丽*

摘　要：　康养行业涵盖了健康、养老、养生、医疗等诸多细分产业，是我国现代服务业的重要组成部分，近年来作为一种新兴产业备受关注。本报告对2004～2020年出版的40种共计111部康养类皮书的数据进行统计分析。统计结果表明，康养类皮书按照细分内容分类，可分为健康与保健、养老、医疗与医改、中医与医药四个研究领域；整体呈现出版系列总量、出版数量、报告总量等增长的趋势，研创质量高于全部皮书综合评价的平均水平，但出版的时间规范性有待进一步提高。通过词频以及知识图谱分析，发现近年来康养类皮书关注的热点主要集中在健康产业、健康服务、养老金融、养老产业、医院竞争力、中医药文化与传承等方向。本报告对新冠肺炎疫情影响下康养类皮书在研究内容、数据统计以及对策建议方面的行业价值进行了阐述，提出康养类的皮书专业化发展要细化选题方向、进行数据积累以及规范出版机制的对策建议。本报告为已有康养类皮书不断提升其质量和价值提供参考借鉴，也为更多的相关研究领域的研创者加入康养类皮书的研创提供一定的指导。

关键词：　康养　皮书　行业价值

---

* 张艳丽，技术经济及管理博士，北华航天工业学院讲师，社会科学文献出版社皮书研究院特约研究员，研究方向为人力资本与战略人力资源管理。

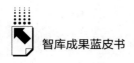

康养行业涵盖了健康、养老、养生、医疗等诸多细分产业，作为一种新兴产业，是我国现代服务业的重要组成部分，近年来备受关注。随着健康中国建设的推进以及人口老龄化问题的日益凸显，康养行业的发展迎来了空前的发展机遇。在社会科学文献出版社出版的行业类皮书中，康养类皮书是出版皮书数量较多和近年来备受关注的皮书种类之一。康养类皮书多年来持续关注本行业的重点和前沿问题，对行业未来发展态势进行了深入分析，全面解析了行业发展的新规律、新模式、新趋势，是记录康养行业基本数据、描述康养行业发展的重要智库成果，为政府决策和行业发展提供了重要的参考资料，也为康养类行业的发展起到了积极的推动作用。

自 2004 年《医疗卫生绿皮书：中国医疗卫生产业发展报告 No.1》作为第一部康养类皮书出版以来，康养类皮书的出版数量呈总体增长趋势，其关注的范围和细分领域也逐步扩大。对 2004～2020 年版的社会科学文献出版社已出版的 4037 部皮书进行遴选，共遴选出康养类皮书 40 种 111 部。其中，健康与保健类共计 15 种 40 部、养老类共计 8 种 21 部、医疗与医改类共计 10 种 32 部、中医与医药类共计 7 种 18 部。本报告对已出版的 111 部康养类皮书的出版概况、研创主体、研创质量、规范性、影响力进行分析，并对近年来康养类皮书关注的热点与研究趋势进行探究。最后，从研究内容、数据统计和对策建议三个方面对新冠肺炎疫情影响下康养类皮书的行业价值进行阐述，并提出康养类皮书专业化发展中要注意细化选题方向、进行数据积累和规范体制机制的对策建议。本报告为已有康养类皮书不断提升其质量和价值提供参考借鉴，也为更多的相关研究领域研创者加入康养类皮书的研创提供一定的指导。

一　2004～2020年康养类皮书出版概况

（一）出版皮书系列总量分析

1. 皮书系列数量分析

康养类皮书通过采集本行业发展的基本数据，对本行业的关注热点、年度动态、行业资讯等进行分析，在资料供给方面为本行业的发展提供了有效信息。随着社会大众对康养行业的广泛关注以及皮书作为权威出版平台地位的凸显，康养类各个分支领域的研创团队不断加入皮书的研创与编撰中。2021年1~6月，新准入皮书共计102部，其中康养类皮书5部，包括《健康旅游蓝皮书：海南健康旅游发展报告》《健康旅游蓝皮书：中国健康旅游发展报告》《深圳养老服务蓝皮书：深圳养老服务发展报告》《医共体蓝皮书：中国县域医共体建设发展报告》《城市治理蓝皮书：中国城市健康治理能力评价报告》，占新立项皮书的4.90%，更多的研创团队加入了康养类皮书的研创。康养类皮书的出版从宏观层面对该行业进行全面、系统、深入的分析并进行预测，在解释行业本身所处的发展阶段、分析影响行业发展的各种因素以及预测并引导行业的未来发展趋势中发挥着越来越重要的作用。

康养类皮书系列的出版总量如表1所示。2004年，第1部康养类皮书《医疗卫生绿皮书：中国医疗卫生产业发展报告No.1》出版，是康养类皮书最初的出版形态。2004~2020年，按照皮书系列统计，共出版康养类皮书40种。在出版的40种康养类皮书中，2012年首次出版的"民营医院蓝皮书"、2014年首次出版的"药品流通蓝皮书"、2015年首次出版的"健康城市蓝皮书–北京"、2016年首次出版的"健康城市蓝皮书–中国""养老金融蓝皮书""医院蓝皮书–中国医院竞争力"等皮书出版比较持续和稳定，均出版了5年以上，其中"民营医院蓝皮书"连续出版了9年。2017年以来，"康养蓝皮书""医疗器械蓝皮书–中国医疗器械行业发展"等也保持了持续和稳定的出版形势。2016~2020年，康养类皮书系列的种类增长迅速，共计增加了26种，占全部康养类皮书的65.00%。

2. 皮书系列首次出版年份分析

如表2所示，从康养类皮书首次出版的年份看，2010年以前，仅出版了"医疗卫生绿皮书"一种。自2010年后，出版的品种数开始增长。2015~2020年，每年第一次出版的皮书品种数增长比较稳定，除2018年外为3~5种。2018年，首次出版的康养类皮书为9种，出现峰值。

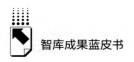

表1　2004～2020年康养类皮书系列出版总量统计

单位：年，部

序号	皮书系列名称	首次出版年份	出版年份统计	出版部数
1	医疗卫生绿皮书	2004	2004、2006～2009、2014	6
2	人口与健康蓝皮书－深圳	2011	2011～2015、2017、2019	7
3	保健蓝皮书－保健服务产业	2012	2012	1
4	保健蓝皮书－保健食品产业	2012	2012	1
5	保健蓝皮书－保健用品产业	2012	2012	1
6	民营医院蓝皮书	2012	2012～2020	9
7	医药蓝皮书	2012	2012、2013	2
8	老龄蓝皮书	2013	2013、2014、2015、2018、2019	5
9	药品流通蓝皮书	2014	2014～2020	7
10	北京养老产业蓝皮书	2015	2015、2016、2018	3
11	健康城市蓝皮书－北京	2015	2015～2020	6
12	医改蓝皮书－中国医药卫生体制	2015	2015、2016	2
13	智能养老蓝皮书	2015	2015、2018	2
14	中医文化蓝皮书－北京	2015	2015	1
15	健康城市蓝皮书－中国	2016	2016～2020	5
16	健康老龄化蓝皮书	2016	2016、2018、2020	3
17	养老金融蓝皮书	2016	2016～2020	5
18	医院蓝皮书－中国医院竞争力	2016	2016～2020	5
19	中医文化蓝皮书－中国	2016	2016、2018～2020	4
20	康养蓝皮书	2017	2017～2020	4
21	城市健康生活蓝皮书	2017	2017、2019、2020	3
22	健康中国蓝皮书	2017	2017	1
23	医疗器械蓝皮书－中国医疗器械行业发展	2017	2017～2020	4
24	中医药蓝皮书－北京中医药知识产权	2017	2017	1
25	制药工业蓝皮书	2018	2018～2020	3
26	北京养老服务蓝皮书－北京康复辅助器具（老年）	2018	2018	1
27	大健康产业蓝皮书	2018	2018	1
28	健康管理蓝皮书	2018	2018～2020	3
29	健康杭州蓝皮书	2018	2018、2020	2
30	老年健康蓝皮书	2018	2018	1

续表

序号	皮书系列名称	首次出版年份	出版年份统计	出版部数
31	心理健康蓝皮书	2018	2018、2020	2
32	医院蓝皮书－中国医院评价	2018	2018	1
33	中医药蓝皮书－北京中医传承	2018	2018	1
34	北京养老服务蓝皮书－北京养老服务发展（养老机构）	2019	2019	1
35	健康保险蓝皮书	2019	2019、2020	2
36	医疗器械蓝皮书－中国医疗器械行业数据	2019	2019	1
37	健康法治蓝皮书	2020	2020	1
38	医改蓝皮书－中国医改发展	2020	2020	1
39	医疗保障蓝皮书	2020	2020	1
40	中医药传承创新蓝皮书	2020	2020	1
合计				111 部

注：1. 本表格数据含已淘汰品种，下同；2. 为了统一不同皮书系列出版种数的时间口径，本报告出版数据均截至 2020 年版，未含 2021 年数据。

数据来源：皮书研究院。

表2　2004～2020年康养类皮书系列首次出版年份统计

单位：种

年份	2004	2011	2012	2013	2014	2015	2016	2017	2018	2019	2020
数量	1	1	5	1	1	5	5	5	9	3	4

数据来源：皮书研究院。

3. 皮书系列淘汰情况分析

基于《社会科学文献出版社关于皮书准入与退出的若干规定（试行）》，社会科学文献出版社建立了皮书准入与淘汰机制，以加强对皮书的出版管理，分别于 2014 年、2016 年、2019 年、2020 年、2021 年公布了共计 434 部因出版滞后或内容质量较差被淘汰的皮书名单，如表 3 所示。2019～2021 年，康养类皮书共计淘汰 15 种，2019 年淘汰 9 种，2020 年淘汰 1 种，2021 年淘汰 5 种。

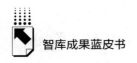

表3　2014～2021年康养类皮书系列淘汰总量统计

单位：部，%

序号	淘汰批次	淘汰总量	康养类皮书系列 淘汰总量	康养类皮书系列 淘汰总量占比
1	第一批、第二批（2014年）	71	0	0
2	第三批（2016年）	46	0	0
3	第四批（2019年）	162	9	5.56
4	第五批（2020年）	52	1	1.92
5	第六批（2021年）	103	5	4.85
合　计		434	15	3.46

数据来源：皮书研究院。

（二）出版皮书内容分类分析

1. 依据皮书大类分类分析

按照大类，目前社会科学文献出版社出版的皮书系列可分为产业经济、地方发展－经济、地方发展－社会、地方发展－文化、国别与区域、国际问题与全球治理、宏观经济、区域与城市经济、社会政法、文化传媒行业及其他11类（为阐述康养类皮书与其他类皮书的关系，本报告的分类与其他报告分类有所不同）。从康养类皮书目前的所属分类看，主要涉及产业经济、地方发展－经济、地方发展－社会、社会政法、行业5类，如图1所示。从表4可以看出，2004～2020年，在出版的40种康养类皮书中，社会政法、行业两类中出版的较多，分别为12种和18种，占比为30.00%和45.00%。其中，社会政法类共计出版30部，占比为27.03%；行业类共计出版51部，占比为45.95%。虽然地方发展－社会类出版了3种康养类皮书，种类较少，占比为7.50%，但从出版部数看，地方发展－社会类出版了共计17部，占比为15.32%，说明地方发展－社会类的康养类皮书出版的连续性比较好。

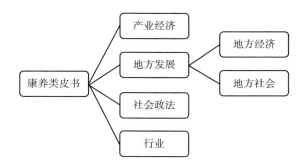

图 1　康养类所属皮书大类分类

表 4　2004～2020 年康养类皮书依据皮书大类分类统计

序号	内容分类	出版种数（种）	占比（%）	出版部数（部）	占比（%）
1	产业经济	4	10.00	10	9.01
2	地方发展 - 经济	3	7.50	3	2.70
3	地方发展 - 社会	3	7.50	17	15.32
4	社会政法	12	30.00	30	27.03
5	行业	18	45.00	51	45.95
	合　计	40	100.00	111	100.00

数据来源：皮书研究院。

2. 依据细分领域分类分析

按照细分领域内容分类，目前社会科学文献出版社出版的康养类皮书可分为健康与保健、养老、医疗与医改、中医与医药四个研究领域。从图 2 和表 5 可以看出，2004～2020 年，在出版的 40 种康养类皮书中，健康与保健、医疗与医改两个细分领域的皮书较多。健康与保健领域出版了 15 种共计 40 部，包括"城市健康生活蓝皮书""大健康产业蓝皮书""健康保险蓝皮书""康养蓝皮书"等；医疗与医改领域出版了 10 种共计 32 部，包括"民营医院蓝皮书""医改蓝皮书 - 中国医改发展""医改蓝皮书 - 中国医药卫生体制"等。

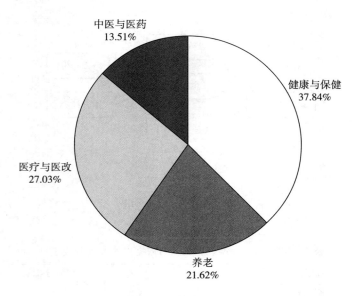

图2 康养类皮书所属细分领域分类

数据来源：皮书研究院。

表5 2004～2020年康养类皮书依据细分领域分类统计

单位：种，部

序号	内容分类	出版种数	出版部数	所含系列名称
1	健康与保健	15	40	保健蓝皮书 - 保健服务产业 保健蓝皮书 - 保健食品产业 保健蓝皮书 - 保健用品产业 城市健康生活蓝皮书 大健康产业蓝皮书 健康保险蓝皮书 健康城市蓝皮书 - 北京 健康城市蓝皮书 - 中国 健康法治蓝皮书 健康管理蓝皮书 健康杭州蓝皮书 健康中国蓝皮书 人口与健康蓝皮书 - 深圳 心理健康蓝皮书 康养蓝皮书

序号	内容分类	出版种数	出版部数	所含系列名称
2	养老	8	21	北京养老产业蓝皮书 北京养老服务蓝皮书－北京康复辅助器具（老年） 北京养老服务蓝皮书－北京养老服务发展（养老机构） 健康老龄化蓝皮书 老龄蓝皮书 老年健康蓝皮书 养老金融蓝皮书 智能养老蓝皮书
3	医疗与医改	10	32	民营医院蓝皮书 医改蓝皮书－中国医改发展 医改蓝皮书－中国医药卫生体制 医疗保障蓝皮书 医疗器械蓝皮书－中国医疗器械行业发展 医疗器械蓝皮书－中国医疗器械行业数据 医疗卫生绿皮书 医药蓝皮书 医院蓝皮书－中国医院竞争力 医院蓝皮书－中国医院评价
4	中医与医药	7	18	中医文化蓝皮书－北京 中医文化蓝皮书－中国 中医药传承创新蓝皮书 中医药蓝皮书－北京中医传承 中医药蓝皮书－北京中医药知识产权 药品流通蓝皮书 制药工业蓝皮书
5	合计	40	111	

数据来源：皮书研究院。

（三）皮书出版数量总量分析

对 2004～2020 年出版的康养类皮书数量进行统计，共计出版 111 部，如图 3 所示。从图 3 可以看出，2004～2020 年，康养类皮书的出版数量整体上呈增长的趋势。从分阶段的变化看，2004～2011 年，康养类皮书的出版数量发展比较缓慢，每年为 1～4 部。2012 年后，康养类皮书出版数量比此前有了显著增长，在波动中整体呈现上升趋势。2018～2020 年，随着健

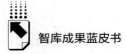

康中国战略的推进以及人口老龄化问题的日益凸显，康养问题日益受到关注，康养类皮书的出版数量比此前增长较多。

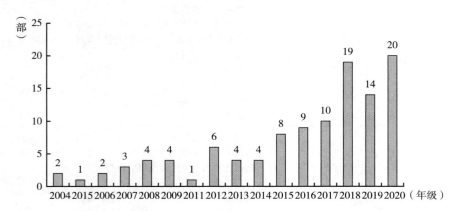

图3　康养类皮书出版数量总量统计

数据来源：皮书研究院。

（四）皮书报告出版总量分析

2004～2020年，按照康养类皮书报告的出版总量进行统计，共出版2075篇，平均每部皮书含报告数量18.69篇，如表6所示。从表6可以看出，2004～2014年，共出版报告379篇；2015～2020年，共出版报告1696篇。可见从报告篇数上统计，自2015年后康养类皮书的出版报告数量有了迅速的增长。

表6　2004～2020年康养类皮书报告出版总量统计

单位：篇

序号	版本年份	出版数量	序号	版本年份	出版数量
1	2004	48	6	2011	7
2	2006	21	7	2012	98
3	2007	24	8	2013	52
4	2008	28	9	2014	70
5	2009	31	10	2015	145

序号	版本年份	出版数量	序号	版本年份	出版数量
11	2016	177	15	2020	352
12	2017	266	合计		2075
13	2018	407	平均每部含报告数量		18.69
14	2019	349			

数据来源：皮书数据库。

（五）皮书字数出版总量分析

按照皮书出版字数统计，2004～2020 年康养类皮书共出版 3896.4 万字。从图 4 可以看出，2011 年后，康养类皮书的年出版字数逐渐增加，2014 年后字数迅速增长。2020 年，康养类皮书的年出版字数为 612.3 万字。

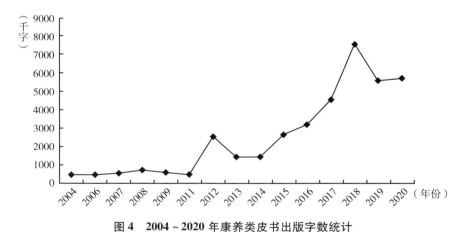

图 4　2004～2020 年康养类皮书出版字数统计

二　2004～2020年康养类皮书研创主体分析

（一）皮书研创单位构成分析

康养类皮书的研创团队一般由高校或高校智库、社会智库、行业协会或

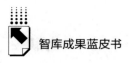

学会、科研院所智库等组成。2004～2020 年，出版的 40 种康养类皮书的研创单位情况如表 7 所示。

表 7　2004～2020 年康养类皮书研创单位构成统计

序号	皮书系列名	书名	研创单位	单位性质
1	医疗卫生绿皮书	中国医疗卫生发展报告	中国医院院长杂志社、中国卫生产业杂志社	媒体
2	人口与健康蓝皮书 - 深圳	深圳人口与健康发展报告	北京大学健康老龄与发展研究中心、东莞市维科应用统计研究所	高校或高校智库、社会智库
3	保健蓝皮书 - 保健服务产业	中国保健服务产业发展报告	中国保健协会	行业学会或协会
4	保健蓝皮书 - 保健食品产业	中国保健食品产业发展报告	中国保健协会	行业学会或协会
5	保健蓝皮书 - 保健用品产业	中国保健用品产业发展报告	中国保健协会	行业学会或协会
6	民营医院蓝皮书	中国民营医院发展报告	中国医院协会民营医院管理分会、北京中卫云医疗数据分析与应用技术研究院	行业学会或协会、社会智库
7	医药蓝皮书	中国中医药产业园战略发展报告	中国社会科学院经济研究所	科研院所智库
8	老龄蓝皮书	中国老年人生活质量发展报告	中国老龄科学研究中心	政府部门智库
9	北京养老产业蓝皮书	北京居家养老发展报告	北京怡年老龄产业促进中心、北京北奥会展有限公司	社会智库、企业
10	健康城市蓝皮书 - 北京	北京健康城市建设研究报告	中国医药卫生事业发展基金会、北京市健康促进工作委员会、首都社会经济发展研究所、北京健康城市建设促进会、北京民力健康传播中心、北京健康城市建设研究中心	基金会、政府机构、政府部门智库、社会智库
11	医改蓝皮书 - 中国医药卫生体制	中国医药卫生体制改革报告	中国社会科学院研究生院	科研院所智库
12	智能养老蓝皮书	中国智能养老产业发展报告	华龄智能养老产业发展中心	社会智库

续表

序号	皮书系列名	书名	研创单位	单位性质
13	中医文化蓝皮书 - 北京	北京中医药文化传播发展报告	北京中医药大学	高校或高校智库
14	健康城市蓝皮书 - 中国	中国健康城市建设研究报告	中国健康城市研究院、中国医药卫生事业发展基金会、首都社会经济发展研究所、北京健康城市建设促进会、北京健康城市建设研究中心	基金会、政府部门智库、社会智库
15	健康老龄化蓝皮书	中国大中城市健康老龄化指数报告	西南交通大学国际老龄科学研究院	高校或高校智库
16	养老金融蓝皮书	中国养老金融发展报告	中国养老金融50人论坛	社会智库
17	医院蓝皮书 - 中国医院竞争力	中国医院竞争力报告	广州艾力彼管理顾问有限公司、艾力彼医院管理研究中心	企业、社会智库
18	中医文化蓝皮书 - 中国	中国中医药文化发展报告	北京中医药文化传播重点研究室、北京中医药大学中医药文化研究与传播中心	社会智库、高校或高校智库
19	城市健康生活蓝皮书	中国城市健康生活报告	上海健康医学院	高校或高校智库
20	健康中国蓝皮书	社区首诊与健康中国分析报告	厦门大学	高校或高校智库
21	医疗器械蓝皮书 - 中国医疗器械行业发展	中国医疗器械行业发展报告	中国药品监督管理研究会	社会智库
22	中医药蓝皮书 - 北京中医药知识产权	北京中医药知识产权发展报告	北京市知识产权信息中心	政府部门智库
23	北京养老服务蓝皮书 - 北京康复辅助器具（老年）	北京康复辅助器具（老年）发展报告	首都经济贸易大学	高校或高校智库
24	大健康产业蓝皮书	中国大健康产业发展报告	中国社会科学院人口与劳动经济研究所、中国人民健康保险股份有限公司	科研院所智库、企业
25	健康管理蓝皮书	中国健康管理与健康产业发展报告	中关村新智源健康管理研究院、中南大学健康管理研究中心	社会智库、高校或高校智库

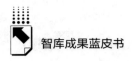

续表

序号	皮书系列名	书名	研创单位	单位性质
26	健康杭州蓝皮书	健康杭州发展报告	杭州市建设健康城市工作领导小组办公室、杭州师范大学	政府机构、高校或高校智库
27	老年健康蓝皮书	中国老年健康研究报告	中国老年保健协会	行业学会或协会
28	心理健康蓝皮书	中国国民心理健康发展报告	中国科学院心理研究所	科研院所智库
29	医院蓝皮书－中国医院评价	中国医院评价报告	艾力彼医院管理研究中心	社会智库
30	中医药蓝皮书－北京中医传承	北京中医传承发展报告	北京中医药学会师承工作委员会	社会智库
31	北京养老服务蓝皮书－北京养老服务发展（养老机构）	北京养老服务发展报告·养老机构	首都经济贸易大学社会保障与养老服务研究中心、首都经济贸易大学劳动与社会保障系	高校或高校智库
32	健康保险蓝皮书	中国健康保险发展报告	国家金融与发展实验室、上海健康医学院	政府部门智库、高校
33	医疗器械蓝皮书－中国医疗器械行业数据	中国医疗器械行业数据报告	中国药品监督管理研究会	行业学会或协会
34	健康法治蓝皮书	中国健康法治发展报告	武汉大学大健康法制研究中心	高校或高校智库
35	医改蓝皮书－中国医改发展	中国医改发展报告	中国医学科学院	科研院所智库
36	医疗保障蓝皮书	中国医疗保障发展报告	中国社会保障学会	行业学会或协会
37	中医药传承创新蓝皮书	中国中医药传承创新发展报告	广州中医药大学	高校或高校智库
38	药品流通蓝皮书	中国药品流通行业发展报告	中国医药商业协会	行业学会或协会
39	制药工业蓝皮书	中国制药工业发展报告	中国化学制药工业协会	行业学会或协会
40	康养蓝皮书	中国康养产业发展报告	中山大学旅游学院	高校

注："书名"和"研创单位"以该系列皮书最新年份出版的信息为准。

数据来源：皮书研究院。

（二）皮书研创单位性质分析

对康养类皮书的研创单位性质进行分析，如图 5 所示。从图 5 可以看出，高校或高校智库、社会智库参与研创的皮书数量较多，占比分别为25.93% 和24.07%。北京大学健康老龄与发展研究中心、西南交通大学国际老龄科学研究院、上海健康医学院等高校智库，北京中卫云医疗数据分析与应用技术研究院、北京怡年老龄产业促进中心、中国养老金融50 人论坛、艾力彼医院管理研究中心等社会智库对康养领域进行了广泛的关注和研究。

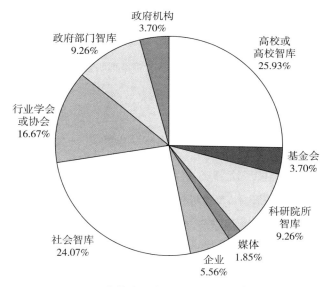

图 5　康养类皮书研创单位性质统计

数据来源：皮书研究院。

（三）皮书研创单位研创形式分析

从研创形式看，2004～2020 年出版的40 种康养类皮书系列的研创形式有自主独立研创和联合其他单位共同研创两种形式。如图 6 所示，29 种皮书为独立研创，11 种为联合研创。其中，独立研创的康养类皮书研创单位多为高校或高校智库，共计 9 种。联合研创的皮书中，形式比较多样，从数

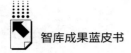

量上看，有两家或者多家单位共同进行编撰；从性质上看，有社会智库与行业协会合作、高校智库与行业学会合作等形式。

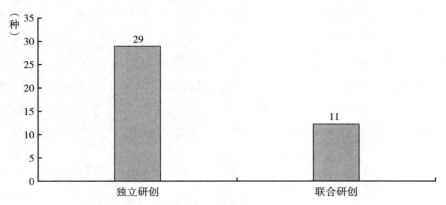

图6　2004～2020 年康养类皮书系列研创形式统计

数据来源：皮书研究院。

（四）皮书研创作者分析

2004～2020 年，按照康养类皮书报告作者情况统计，如表 8 所示。从表 8 可以看出，皮书报告作者数量伴随着小幅度波动呈增长趋势。2009 年，报告作者的数量为 55 人，截至 2020 年，报告作者数量增加到 757 人。随着皮书出版数量的增多，更多的研创单位和个人参与到皮书报告的撰写中。从作者职称（副高级及以上）和学位（博士）看，2020 年参与皮书研创的副高级及以上职称的作者为 293 人，博士学位的作者为 122 人。

表8　2004～2020 年康养类皮书报告作者情况统计

单位：年，人

序号	版本年份	作者数量	职称（副高级及以上）	学位（博士）
1	2004	63	—	—
2	2006	54	—	—
3	2007	37	—	—
4	2008	40	—	—

续表

序号	版本年份	作者数量	职称 （副高级及以上）	学位 （博士）
5	2009	55	6	5
6	2011	23	10	8
7	2012	175	31	30
8	2013	104	34	21
9	2014	150	36	25
10	2015	221	72	52
11	2016	296	110	86
12	2017	439	125	74
13	2018	788	264	174
14	2019	583	325	150
15	2020	757	293	122

注：1. 本数据主要来源于单篇报告首页脚注处的作者简介，但部分作者未对职务职称进行说明，本数据仅对有"职称（副高级及以上）""学历（博士）"介绍的单篇报告进行了统计。

数据来源：皮书数据库。

三　2004～2020年康养类皮书
研创质量、规范性分析

（一）皮书研创质量分析

1. 皮书评价结果分析

2016～2020年，当年度康养类皮书与全部皮书的综合评价平均分对比如表9所示。从表9可以看出，康养类皮书的综合评价结果平均分均在75分左右。其中，2016年、2018年、2019年和2020年康养类皮书的综合评价平均分高于当年度全部皮书综合评价平均分；2017年康养类皮书综合评价平均分为74.33分，略低于当年度全部皮书综合评价平均分74.91。从统计数据可以看出，康养类皮书的总体质量高于皮书系列其他类别。

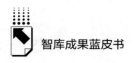

表9   当年度康养类皮书与全部皮书综合评价平均分对比

单位：部，分

年份	康养类皮书出版数量	康养类皮书参评数量	康养类皮书综合评价平均分	全部皮书参评数量	全部皮书综合评价平均分
2016	10	9	74.01	332	72.32
2017	12	11	74.33	374	74.91
2018	22	20	77.99	426	73.86
2019	17	16	73.55	419	72.39
2020	20	20	74.96	416	71.78

注：《中国城市居民退休生活质量指数报告（2016）》为2017年5月出版，《中国城市健康生活报告（2017）》为2018年9月出版，《中国民营医院发展报告（2018）》为2019年4月出版，《中国康养产业发展报告（2018）》为2019年8月出版，《中国康养产业发展报告（2019）》为2020年10月出版，以上这些未能参加当年度评价，故2016、2017、2018、2019年参评的皮书数量小于实际出版数量。表12规范性分析同理。

数据来源：皮书评价系统。

2. 皮书获奖情况分析

皮书评价、评奖工作自2009年第十次全国皮书年会开始，截至2020年已连续举办11届。第一届、第二届、第四届评选的是优秀皮书，第三届评选的是优秀皮书报告，从第五届开始，同时评选优秀皮书和优秀皮书报告。皮书评奖采用同行评议的方式，对候选皮书和候选皮书报告的政治与学术导向、主题价值和意义、科学性、规范性、原创性、前沿性、时效性、媒体报道情况等评奖指标进行讨论，经过初评、专家复评、皮书学术评审委员会终评等环节遴选出当年度的优秀皮书。如表10所示，每年的获奖比例约为15%。自第九届开始，康养类皮书开始获得优秀皮书奖，其中"北京健康城市建设研究报告"在第九届和第十一届优秀皮书奖中分别获得三等奖和二等奖。

（二）皮书规范性分析

1. 皮书出版时间规范性分析

将2004~2020年出版的111种康养类皮书按出版月份进行统计，如表11所示。从表11可以看出，康养类皮书出版时间多为3月、7月、9月、10月、11月，占比分别为11.34%、13.40%、14.43%、12.37%、17.53%。

表 10　2009～2019 年康养类皮书获奖情况统计

版次	年份	参评数量（部）	优秀皮书奖数量(个)	获奖比例（%）	康养类皮书获奖情况
2009 版	第一届		12		—
2010 版	第二届		10		—
2011 版	第三届	—	—		—
2012 版	第四届	225	36	16.00	—
2013 版	第五届	249	39	15.66	—
2014 版	第六届	277	38	13.72	—
2015 版	第七届	308	38	12.34	—
2016 版	第八届	332	42	12.65	—
2017 版	第九届	374	49	13.10	《北京健康城市建设研究报告（2017）》（三等奖）
2018 版	第十届	426	63	14.79	《中国医院竞争力报告（2017～2018）》《中国药品流通行业发展报告（2018）》（三等奖）
2019 版	第十一届	419	51	12.17	《北京健康城市建设研究报告（2019）》（二等奖）、《中国健康城市建设研究报告（2019）》（三等奖）、《中国养老金融发展报告(2019)》（三等奖）

注：第三届对“皮书报告”进行了评选，未对皮书进行评选。

数据来源：皮书研究院。

表 11　2004～2020 年康养类皮书出版月份统计

单位：种，%

序号	出版月份	数量	占比
1	1 月	5	5.15
2	2 月	4	4.12
3	3 月	11	11.34
4	4 月	8	8.25
5	5 月	5	5.15
6	6 月	4	4.12
7	7 月	13	13.40
8	8 月	9	9.28
9	9 月	14	14.43
10	10 月	12	12.37
11	11 月	17	17.53
12	12 月	9	9.28

数据来源：皮书研究院。

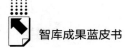

作为年度智库报告，康养类皮书的出版规范性体现在连续性和按期性两个方面。连续性是指每种系列的康养类皮书出版时要以年度为计量单位，中间不应中断或者间隔出版。按期是指每种系列的康养类皮书出版时要保证时效性，即保证当年出版。如图7所示，对2004~2020年出版的共40种康养类皮书进行统计（实际只统计了36种，见图7注），按期且连续出版的皮书系列包括8种，占比为22.22%，包括"健康城市蓝皮书–北京""健康城市蓝皮书–中国""养老金融蓝皮书""医院蓝皮书–中国医院竞争力""医疗器械蓝皮书–中国医疗器械行业发展""健康管理蓝皮书""药品流通蓝皮书""制药工业蓝皮书"。其中，"药品流通蓝皮书"按期连续出版了7年，"健康城市蓝皮书–北京"按期连续出版了6年，"健康城市蓝皮书–中国""养老金融蓝皮书""医院蓝皮书–中国医院竞争力"按期且连续出版了5年。存在按期但不连续出版、连续但滞后出版、滞后且不连续出版等问题的皮书系列为28种。其中按期但不连续出版的为15种，滞后且不连续出版的为11种，分别占比为41.67%和30.56%，占较大比重，二者合计占比为72.23%，康养类皮书在出版时间的规范性方面需要进一步进行规范。连续对康养领域的重点、热点问题进行科学的理论与实践研究，是康养类皮书作为智库成果对行业发展提供指导的重要保障。

2. 皮书出版要件规范性分析

皮书的要件包括丛书名和书名（丛书名由研究主题和颜色构成、书名由研究主题和年份构成）、编委会（课题组、研究组）名单、主要编撰者简介、全书中英文摘要和关键词、中英文目录、内容结构（总—分报告形式）、单篇报告中英文摘要和关键词、资料来源（图表下方是否标注数据来源）、参考文献等。皮书出版要件规范性是指以上要件是否缺失、是否符合皮书体例规范。对2016~2020年版康养类皮书出版要件的规范性进行分析，统计结果如表12所示。从表12可以看出，康养类皮书出版要件规范性平均得分率比较高，除2017年外，均在90%以上；满分数量近年来总体来看也在提高，2020年规范性满分的数量为14部，占比为70.00%。

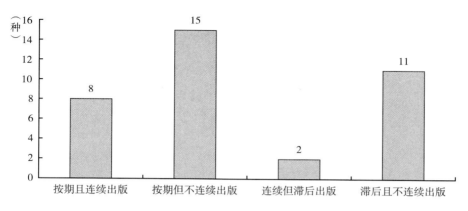

图7　2004～2020年康养类皮书出版时间规范性统计

注：由于"健康法治蓝皮书""医改蓝皮书–中国医改发展""医疗保障蓝皮书""中医药传承创新蓝皮书"4种皮书系列为2020年第一次出版，在统计连续性时未统计在内，因此本次参与统计的皮书系列共计36种。

数据来源：皮书研究院。

表12　2016～2020年康养类皮书出版要件规范性统计

单位：部，%

年份	出版数量	参评数量	规范性平均得分率	满分数量	占比
2016	10	9	91.85	3	30.00
2017	12	11	85.98	1	8.33
2018	22	20	91.15	8	36.36
2019	17	16	94.27	8	47.06
2020	20	20	95.50	14	70.00

数据来源：皮书评价系统。

四　2016～2020年康养类皮书影响力分析

（一）皮书媒体影响力评价分析

传统媒体与新媒体的有效结合对提升皮书的学术和社会影响力起到了积极的推动作用。皮书除以纸质发行外，还要积极建设网络与多媒体传播渠道，充分发挥新媒体与传统媒体融合在皮书传播中的作用。2020 年，康养类皮书媒体评价得分如表 13 所示。2020 年，参加评价的 461 部皮书的媒体评价得分为 42.4 分，当年度参加评价的康养类皮书共计 20 部，平均得分为 49.33 分，高于平均得分。共计 13 部皮书的媒体影响力得分高于平均分，占全部康养类皮书的 65%，10 本书的媒体影响力得分高于 60 分，占全部康养类皮书的 50%。

表 13　康养类皮书媒体影响力分析（2020 年版）

单位：分

序号	书名	传统媒体影响力			新媒体影响力		学术期刊影响力	综合评价得分
		传统媒体曝光率	网页检索量	视频检索量	微博传播能力	微信传播能力		
1	中国医疗保障发展报告（2020）	45	10	7	10	10	5	87
2	中国国民心理健康发展报告（2019~2020）	45	10	10	10	10	0	85
3	中国医院竞争力报告（2019~2020）	45	6	10	11	10	0	82
4	中国城市健康生活报告（2020）	45	10	10	6	10	0	81
5	中国医改发展报告（2020）	45	10	0	9	10	0	74
6	中国医疗器械行业发展报告（2020）	45	10	0	7	10	0	72
7	中国健康保险发展报告（2020）	45	8	0	7	10	0	70
8	中国健康城市建设研究报告（2020）	45	8	0	2.5	9	0	64.5
9	北京健康城市建设研究报告（2020）	45	6	0	1.5	11	0	63.5
10	中国大中城市健康老龄化指数报告（2019~2020）	45	4	0	3	10	0	62
11	中国中医药文化发展报告（2020）	30	4	6	5	10	0	55

续表

序号	书名	传统媒体影响力			新媒体影响力		学术期刊影响力	综合评价得分
		传统媒体曝光率	网页检索量	视频检索量	微博传播能力	微信传播能力		
12	中国健康管理与健康产业发展报告 No. 3（2020）	25	2	0	9	10	0	46
13	中国健康法治发展报告 2020	32	3	0	2	8	0	45
14	中国养老金融发展报告（2020）	30	2	0	2	2	0	36
15	中国药品流通行业发展报告（2020）	2	1	10	15	14	0	42
16	中国制药工业发展报告（2020）	6	1	0	0	3	0	10
17	中国民营医院发展报告（2020）	0	0	0	0	8	0	8
18	中国康养产业发展报告（2020）	0	0	0	0	3	0	3
19	中国中医药传承创新发展报告（2020）	0	0	0	0	0	0	0
20	健康杭州发展报告(2020)	0	0	0	0	0	0	0

数据来源：皮书评价系统。

对参评的 20 种康养类皮书媒体评价前 10 名的康养类皮书在全国性一类媒体上进行报道的情况进行统计，如表 14 所示。从表 14 可以看出，媒体报道主要集中在新浪、人民网、新华网、中国新闻网、凤凰网、搜狐等媒体。

表 14 2020 年版康养类皮书媒体影响力 TOP10 在全国性一类媒体上进行报道的情况统计

单位：分

序号	书名	国际媒体、全国性一类媒体名称	百度新闻检索量
1	中国医疗保障发展报告（2020）	北京日报、光明日报、京报网、人民网、千龙网、搜狐、网易、新浪、CCTV 央视网、中国经济网	20
2	中国国民心理健康发展报告（2019～2020）	中国经济网、中国新闻网、中国网、搜狐、腾讯网、新浪、人民网、凤凰网、新华社、人民日报	36

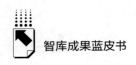

续表

序号	书名	国际媒体、全国性一类媒体名称	百度新闻检索量
3	中国医院竞争力报告（2019~2020）	凤凰网、搜狐、腾讯网、网易、新华网、新浪、央广网、中国经济网	11
4	中国城市健康生活报告（2020）	搜狐、腾讯网、网易、新华网、文汇网	21
5	中国医改发展报告（2020）	中国新闻网、网易、搜狐、人民网	10
6	中国医疗器械行业发展报告（2020）	光明日报、搜狐、腾讯网、新华网、中国网、中国经济网	18
7	中国健康保险发展报告（2020）	光明网、凤凰网、经济参政报、人民健康网、搜狐网、腾讯网、网易、新华网、新浪网、中国经济网	34
8	中国健康城市建设研究报告（2020）	人民网、中青网、央广网、腾讯网、新浪网、中国经济新闻网（中国经济时报）、中国网、中新网、人民日报客户端、新华网、北京日报APP	13
9	北京健康城市建设研究报告（2020）	人民网、中青网、新浪网、央广网、中新网、中国网、新华网、北京日报APP	13
10	中国大中城市健康老龄化指数报告（2019~2020）	凤凰网、新浪网、搜狐网、腾讯网、CCTV央视网、中国新闻网	21

数据来源：皮书评价系统。

对媒体评价前10名且出版4年及以上的康养类皮书的近5年的媒体影响力评价结果进行对比分析，如表15所示。《中国医院竞争力报告（2019~2020）》的媒体影响力2020年分数较高，与2019年、2018年、2017年相比，媒体影响力有所提升。《中国医疗器械行业发展报告（2020）》与2019年相比，媒体影响力得分有所下降，与2017年和2018年的媒体影响力分数基本相同。《中国健康城市建设研究报告（2020）》和《北京健康城市建设研究报告（2020）》在2020年的媒体影响力与2019年、2018年、2017年和2016年相比有所下降。

表15　康养类皮书媒体影响力对比分析（2016~2020年）

序号	书名	2020年得分	与2019年结果对比		与2018年结果对比		与2017年结果对比		与2016年结果对比	
1	中国医院竞争力报告（2019~2020）	82.5	75	↑	79	↑	74	↑	84	↓
2	中国医疗器械行业发展报告（2020）	72	83	↓	70.5	↑	71	↑	—	—

续表

序号	书名	2020 年得分	与 2019 年结果对比		与 2018 年结果对比		与 2017 年结果对比		与 2016 年结果对比	
3	中国健康城市建设研究报告（2020）	64.5	72.5	↓	81	↓	82.5	↓	85	↓
4	北京健康城市建设研究报告（2020）	63.5	72.5	↓	81	↓	87.5	↓	85	↓

注：1. 向下箭头表示降低，向上箭头表示上升。《中国医疗器械行业发展报告（2020）》自 2017 年开始出版，因此 2016 年数据为"—"。

数据来源：皮书评价系统。

（二）皮书数据库影响力分析

对 2016～2020 年出版的康养类皮书在皮书数据库中的浏览量、阅读量与下载量进行分析，如表 16 所示。从表 16 可以看出，健康与保健、养老、医疗与医改以及中医与医药四个细分领域中，健康与保健领域关注度最高，2020 年的浏览量、阅读量与下载量分别为 9777 次、13961 次、3980 次。其次为医疗与医改类，中医与医药类关注较低。

表 16   2016～2020 年康养类皮书数据库信息统计

单位：次

年份	内容分类	浏览量	阅读量	下载量
2016	健康与保健	1386	1009	748
	养老	2009	1417	994
	医疗与医改	2655	1459	1397
	中医与医药	829	387	460
2017	健康与保健	9050	9459	3726
	养老	1323	1113	767
	医疗与医改	2581	1252	1115
	中医与医药	192	354	82
2018	健康与保健	10581	12445	3900
	养老	11293	14077	3727
	医疗与医改	3425	3209	1669
	中医与医药	1354	730	862

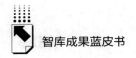
续表

年份	内容分类	浏览量	阅读量	下载量
2019	健康与保健	8046	7947	3856
	养老	5619	7274	1839
	医疗与医改	6050	4432	2720
	中医与医药	2037	1869	1148
2020	健康与保健	9777	13961	3980
	养老	2260	2493	1117
	医疗与医改	4371	2820	2665
	中医与医药	1628	1055	980

数据来源：皮书数据库。

对 2016～2020 年康养类皮书的浏览量、阅读量、下载量之和的 TOP10 的皮书进行统计，如表 17 所示。从表 17 可以看出，受关注度较高的主要是《中国城乡老年人生活状况调查报告（2018）》《中国康养产业发展报告（2017）》《中国国民心理健康发展报告（2019～2020）》等皮书。

表 17　2016～2020 年康养类皮书数据库使用量 TOP10 统计

单位：次

序号	书名	细分领域	主编	研创单位	浏览量	阅读量	下载量	合计
1	中国城乡老年人生活状况调查报告（2018）	养老	党俊武	中国老龄科学研究中心	7414	10656	1807	19877
2	中国康养产业发展报告（2017）	健康与保健	何莽	中山大学旅游学院	6094	7293	2102	15489
3	中国国民心理健康发展报告（2019～2020）	健康与保健	傅小兰、张侃	中国科学院心理研究所	4498	8012	942	13452
4	中国国民心理健康发展报告（2017～2018）	健康与保健	傅小兰、张侃	中国科学院心理研究所	3262	5145	740	9147
5	中国康养产业发展报告（2018）	健康与保健	何莽	中山大学旅游学院	3194	4242	1105	8541
6	中国老年人生活质量发展报告（2019）	养老	党俊武、李晶	中国老龄科学研究中心	2940	3774	748	7462

序号	书名	细分领域	主编	研创单位	浏览量	阅读量	下载量	合计
7	中国医院竞争力报告（2018~2019）	医疗与医改	庄一强	艾力彼医院管理研究中心	2916	1906	1166	5988
8	中国健康管理与健康产业发展报告 No.3(2020)	健康与保健	武留信	中关村新智源健康管理研究院、中南大学健康管理研究中心	1920	2020	1150	5090
9	中国养老金融发展报告（2019）	养老	董克用、姚余栋	中国养老金融50人论坛	1878	2393	815	5086
10	中国康养产业发展报告（2019）	健康与保健	何莽	中山大学旅游学院	1827	1951	1122	4900

数据来源：皮书数据库。

五 2016~2020年康养类皮书关注热点分析

（一）2016~2020年健康与保健类皮书关注热点分析

2016年，中共中央、国务院印发《"健康中国2030"规划纲要》，将"健康中国"作为了国家的宏观战略。推进健康中国建设，是全面建成小康社会、基本实现社会主义现代化的重要基础，是全面提升中华民族健康素质、实现人民健康与经济社会协调发展的国家战略。本报告对2016~2020年健康与保健类皮书的单篇报告关键词进行分析，梳理五年来研究热点的发展变化。2016~2020年，健康与保健类皮书的高频词包括健康管理、健康城市、健康中国、健康服务、健康产业等，关键词的共现关系如图8所示。5个关键词表现出较强的共现关系。

2016~2020年，各年份的高频词词频排名如表18所示。从表18可以看出，各年份健康与保健类皮书以健康城市、健康管理、健康产业、健康中国、健康服务等词为核心词进行了研究。2016年，高频词包括分级诊疗、全科医

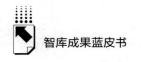

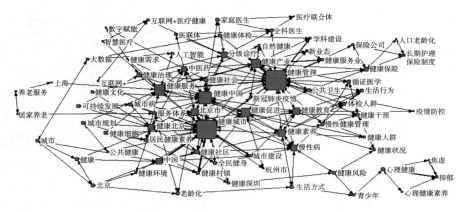

图8　2016～2020年健康与保健类皮书单篇报告关键词知识图谱

生、家庭医生、乡村医生等，相关皮书从提高基层医疗服务能力的视角，对如何完善服务网络、运行机制和激励机制，引导优质医疗资源展开研究。2017年，高频词包括医疗改革与评价、健康素养、医养结合等，相关皮书对中国的医疗保障制度以及以医疗为保障、以康复为支撑、边医边养的医养结合的医疗方式进行了研究。2018年，相关皮书对人口老龄化、健康文化、心理健康、健康教育等进行了研究。人口老龄化是社会发展的趋势，随着人口老龄化的发展，社会负担加重，老年人对医疗保健、生活服务的需求突出，应找准积极应对人口老龄化的着力点。同时，健康文化、心理健康、健康教育也是研究的重点，相关皮书对环境保护意识、环境与健康的关系等方面进行了分析。2020年，相关皮书对新冠肺炎疫情影响下的心理健康素养、抑郁、疫情防控等进行了研究，从心理健康的角度，关注了心理健康素养、抑郁等，并对疫情影响下的健康保险、疫情防控等问题进行了研究。

表18　2016～2020年健康与保健类皮书高频词词频排名

年份	1	2	3	4	5	6	7	8	9	10
2016	健康城市	北京市	健康促进	分级诊疗	健康管理	全科医生	家庭医生	社区管理	乡村医生	可持续发展
2017	健康城市	健康中国	城市健康	健康服务	医疗改革	评价	健康深圳	北京市	健康素养	医养结合

续表

年份	1	2	3	4	5	6	7	8	9	10
2018	健康管理	健康产业	健康城市	人口老龄化	健康中国	健康服务	健康文化	健康北京	心理健康	健康教育
2019	健康管理	健康城市	健康服务	健康北京	健康产业	中医药	健康中国	健康素养	健康环境	慢性病
2020	健康管理	健康城市	心理健康素养	健康产业	健康保险	抑郁	疫情防控	健康人群	健康中国	新冠肺炎疫情

数据来源：皮书数据库。

（二）2016～2020年养老类皮书关注热点分析

中国正面临着世界上规模最大、速度最快的人口老龄化浪潮。随着老龄化趋势加剧，养老日益成为全社会关注的话题。发展养老服务是关系经济社会发展全局的重大社会问题和紧迫的民生问题。本报告对2016～2020年养老类皮书的单篇报告关键词进行分析，梳理五年来研究热点的发展变化。2016～2020年，养老类皮书的高频词包括养老金融、养老服务金融、资产配置、老龄化、养老产业等，关键词的共现关系如图9所示。从图9可以看出，研究主要包括养老金融和资产配置两个方向。养老金融与养老服务金融、养老产业金融、老龄化财富管理表现出较强的共线关系，资产配置与养老金产品、养老目标基金等表现出较强的共线关系。随着我国养老改革的不断深化以及国际上养老金融发展经验日益成熟，越来越多的学者、机构、媒体等开

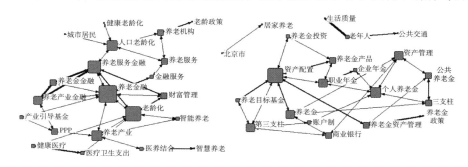

图9　2016～2020年养老类皮书单篇报告关键词知识图谱

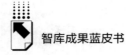

始关注养老金融话题，养老金融不仅是深入推进经济结构调整，积极应对人口老龄化的重要举措，也是完善我国养老事业的重要渠道。

2016～2020年，各年份的高频词词频排名如表19所示。从表19可以看出，各年份养老类皮书以养老金融、养老服务金融、资产配置、老龄化、养老产业等词为核心词进行了研究。2016年，相关皮书对养老金产品、养老金资产管理、退休生活等进行了研究。积极应对老龄化浪潮，大力发展养老金融十分紧迫，养老金融是推动我国社会养老保障体系建设的重要力量。2017年，相关皮书对金融监管、投资养老、养老社区等养老的新形式进行了研究。2018年，相关皮书对医养结合、智能养老等进行了研究，从智能化、医养结合的视角对老年人的健康、服务、营养餐及可穿戴智能设备使用等情况进行了研究，智能化管理为老人们的日常照顾、医疗护理提供了科技保障。2019年，相关皮书对老龄政策、京津冀、农村养老金融、养老金市场等进行了研究，从京津冀协同、农村养老的视角对养老的问题进行了分析。2020年的高频词包括投资管理、老龄化、养老产业金融等，相关研究从完善多层次养老保障体系、完善资本市场改革等方面入手，逐步解决中国养老体系建设过程中出现的有关问题。

表19　2016～2020年养老类皮书高频词词频排名

年份	1	2	3	4	5	6	7	8	9	10
2016	资产配置	养老金	养老金融	三支柱	人口老龄化	养老金产品	资本市场	公共养老金	养老金资产管理	退休生活
2017	养老服务金融	养老金资产管理	金融监管	养老产业金融	PPP	养老金投资	制度交易环境	养老保障管理产品	投资养老	养老社区
2018	养老金融	老龄化	老年人	医养结合	北京市	人口老龄化	智能养老	养老产业	资产管理	健康管理
2019	生活质量	老年人	养老机构	资产配置	老龄政策	养老服务金融	财富管理	京津冀	农村养老金融	养老金市场
2020	三支柱	个人养老金	养老金	商业银行	养老服务金融	养老金融	资产配置	投资管理	老龄化	养老产业金融

数据来源：皮书数据库。

（三）2016~2020年医疗与医改类皮书关注热点分析

医疗保障是减轻群众就医负担、增进民生福祉、维护社会和谐稳定的重大制度安排。党中央、国务院高度重视人民健康，建立了覆盖全民的基本医疗保障制度。党的十九大以来，全民医疗保障制度改革持续推进，在破解看病难、看病贵问题上取得了突破性进展。本报告对 2016~2020 年医疗与医改类皮书的单篇报告关键词进行分析，梳理五年来研究热点的发展变化。2016~2020 年，医疗与医改类皮书的高频词包括医院竞争力、竞争力、地级城市医院、民营医院、均衡指数等。关键词的共现关系图如图 10 所示，医院竞争力、竞争力、均衡指数、民营医院等呈现比较强的共现关系。

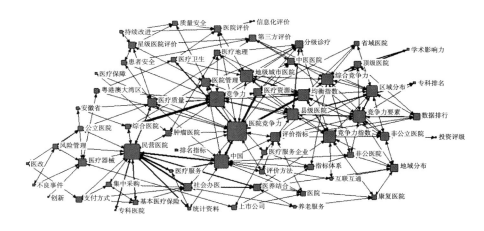

图10 2016~2020 年医疗与医改类皮书单篇报告关键词知识图谱

2016~2020 年医疗医改类皮书高频词词频排名如表 20 所示。从表 20 可以看出，各年份相关皮书以医院竞争力、竞争力、地级城市医院、民营医院、均衡指数等词为核心词进行了研究。2016 年，相关皮书从民营医院、医疗质量、医疗服务、分级诊疗等视角进行了研究。2017 年，相关皮书重点对专科医院、医养结合、分级诊疗等进行了研究。2018 年，相关皮书对信息化评价、持续改进、地级城市医院等进行了研究，旨在探讨谋划医院信息建设未来发展的方向，以建设整体信息化为目标，精细化医院管理，提高

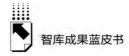

整体效率，重视医疗质量，增强服务病人的能力。2019 年，相关皮书对县级医院、非公医院等进行了研究。加强细分领域的社会办医力度，能加速缓解我国医疗资源紧缺的压力，以更好地满足人民的就医需求，促使社会办医水平进一步提高。2020 年，相关皮书对社会办医、医疗服务、医院管理等进行了研究。

表20　2016～2020 年医疗医改类皮书高频词词频排名

排名	1	2	3	4	5	6	7	8	9	10
2016	竞争力	综合医院	民营医院	医院竞争力	医疗资源	医疗质量	竞争力要素	医疗服务	非公立医院	分级诊疗
2017	民营医院	综合竞争力	县级医院	均衡指数	专科医院	省域医院	医疗服务	医疗资源	分级诊疗	医养结合
2018	星级医院评价	均衡指数	医院竞争力	医疗资源	信息化评价	县级医院	持续改进	非公立医院	医院管理	地级城市医院
2019	医疗器械	民营医院	均衡指数	医养结合	社会办医	医院竞争力	非公医院	集中采购	县级医院	创新
2020	医院竞争力	民营医院	医改	医疗保障	社会办医	分级诊疗	医疗卫生	医疗服务	医院管理	健康产业

数据来源：皮书数据库。

（四）2016～2020年中医与医药类皮书关注热点分析

中医学是研究人体生理、病理以及疾病的诊断和防治等的一门学科。2020 年受新冠肺炎疫情影响，中医药逐渐深度介入新冠肺炎疫情防控和病人救治全过程，成为抗击疫情的重要力量。本报告对 2016～2020 年中医与医药类皮书的单篇报告关键词进行分析，梳理五年来研究热点的发展变化。2016～2020 年，中医与医药类皮书的高频词包括药品流通、中医药、北京中医药、中医药文化、医药流通等，关键词的共现关系如图 11 所示。其中，北京中医药和传承呈现出较强的共现关系。

2016～2020 年中医与医药类皮书的高频词词频排名如表 21 所示。从表 21 可以看出，各年份相关皮书以药品流通、中医药、北京中医药、中医药文化、

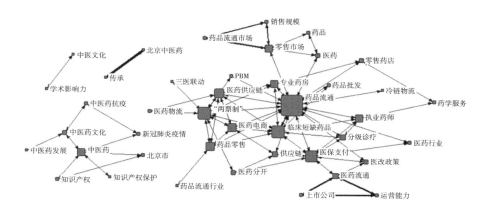

图11　2016～2020年中医与医药类皮书单篇报告关键词知识图谱

医药流通等词为核心词进行了研究。2016年，相关皮书对中医大数据、原研药、中药资源信息化等进行了研究，对中医相关的药品研制、大数据以及信息化等进行了研究。2017年，相关皮书对中医药企业、青蒿素、知识产权人才、中药制剂等进行了研究。2018年，相关皮书对中医药传播、种植、中药总产值、优势病种、加工行业等从中医药的原材料视角进行了研究。2019年，相关皮书对中医文化、全国名中医、中医就医、未来中医药等进行了研究。2020年，受新冠肺炎疫情影响，中医药遵循"未病先防、既病防变、病中防逆、病后防复"的原则，密切结合临床实践，形成了中医药和西医结合治疗新冠肺炎的诊疗方案，成为中国抗疫方案的重要特色和优势。相关皮书对新冠肺炎疫情影响下中医药的传承与创新进行了研究；另外，也对中医药政策、抗疫政策、中药文化理念认同、中医文化素养、传承创新等进行了研究。

表21　2016～2020年中医与医药类皮书高频词词频排名

年份	1	2	3	4	5	6	7	8	9	10
2016	药品流程	中医药文化	新医改	医疗服务质量	医改立法	电视健康传播	医改措施	原研药	中医大数据	中药资源信息化
2017	医药流通	知识产权保护	知识产权	北京市	中药	创新价值评估	中医药企业	青蒿素	知识产权人才	中药制剂

续表

年份	1	2	3	4	5	6	7	8	9	10
2018	北京中医药	传承	中医药文化	针灸	中医药传播	种植	中成药	中药总产值	优势病种	加工行业
2019	中医药健康旅游	药品流通	中医文化	全国名中医	中医就医	未来中医药	医药流通	中医药行业	医院管理	社会办医
2020	中医药	中医药文化	中医药抗疫	新冠肺炎疫情	中医药政策	抗疫政策	医疗费用	中医药文化理念认同	中医文化素养	传承创新

数据来源：皮书数据库。

六 疫情影响下康养类皮书的行业价值分析

（一）疫情影响下康养类皮书的研究内容分析

对 2020 年版康养类皮书的 1394 篇报告的题目以"疫情""新冠肺炎疫情"等关键词进行筛选，共筛选出 18 篇相关的报告，分析结果如表 22 所示。疫情下康养类皮书的研究主题主要集中在中医药与疫情防控，医院与疫情防控，工作环境、管理与疫情防控，教育与疫情防控以及产业发展与疫情防控五个方面，如图 12 所示。

表 22　2020 年含"新冠肺炎疫情"研究内容的康养类皮书报告统计

序号	所属皮书	报告题目	作者	主要内容
1	中国中医药传承创新发展报告（2020）	中医药传承创新深度参与抗击新冠肺炎疫情实践及成效	周尚成、高婧	中医药传承和创新与疫情防控
2	中国民营医院发展报告（2020）	湖北省民营医院抗击新冠肺炎疫情概况	叶红	民营医院与疫情防控
3	北京健康城市建设研究报告（2020）	北京市提升市民心理健康素养及应对突发公共事件研究	杨甫德、宋崇升、庞宇	提升心理健康素养及应对突发公共事件与疫情防控

续表

序号	所属皮书	报告题目	作者	主要内容
4	中国健康法治发展报告（2020）	在法治的轨道上统筹推进疫情防控的几点建议	秦前红	法治思维构建与疫情防控
5	北京健康城市建设研究报告（2020）	疫情防控期间工作场所的健康管理	闫焱、董静、师宁、周立美	工作场所的健康管理与疫情防控
6	中国健康法治发展报告（2020）	用法治思维和法治方式推进疫情防控工作	江必新	法治思维构建与疫情防控
7	北京健康城市建设研究报告（2020）	疫情防控与社区治理	滕永新	社区治理与疫情防控
8	中国医院竞争力报告（2019～2020）	新冠肺炎疫情影响下医院运营现状与困境	王兴琳、单涛、蔡华、刘佳	医院运营与疫情防控
9	中国中医药文化发展报告（2020）	抗疫背景下中医药教育现状的研究报告	舒薇、高永翔、于鹏龙、陈甜甜、袁捷、李雪萍	中医药教育与疫情防控
10	中国健康城市建设研究报告（2020）	新型冠状肺炎疫情对中国健康城市环境管理工作的影响	赵秀阁、王丹璐、王斌、刘晴晴	环境管理与疫情防控
11	中国康养产业发展报告（2020）	新冠肺炎疫情背景下康养休闲农业发展研究	杜聪慧、崔永伟、徐力兴	康养休闲农业与疫情防控
12	中国中医药文化发展报告（2020）	2020年中医药防治新冠肺炎疫情的观察与分析	毛嘉陵、毛莎莎	中医药防治与疫情防控
13	中国中医药文化发展报告（2020）	新的疾病防控形势对中医科研发展方向的影响	梁尚华、章原、赵咏芳、张苇航	中医科研发展方向与疫情防控
14	北京健康城市建设研究报告（2020）	北京市新冠肺炎疫情公众健康教育及效果分析	刘秀荣、齐力、胡洋、徐露婷	公众健康教育与疫情防控
15	中国中医药文化发展报告（2020）	中医药在公共卫生事件中的作用及参与应急管理的建议	王鸿蕴、贺楠、张欣雨、杨子、李瑞锋	中医药参与度与疫情防控
16	中国民营医院发展报告（2020）	社会组织疫情防控现代化治理体系构建	景秀京、刘强、李洪军	社会组织与疫情防控
17	中国中医药文化发展报告（2020）	2020年中医药防治疫病学术论文发表动态分析	李婧昳、祝文静、陈远红、杨明	中医药防治与疫情防控
18	中国健康管理与健康产业发展报告 No.3（2020）	新冠肺炎疫情对健康管理与健康产业的"危"与"机"	武留信、曹霞	健康管理、健康产业与疫情防控

注：表格中仅统计了题目含"新冠肺炎疫情""疫情"的皮书报告，实际内容涉及新冠肺炎疫情的皮书报告数量应大于本表格中的统计。下同。

资料来源：皮书研究院。

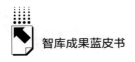

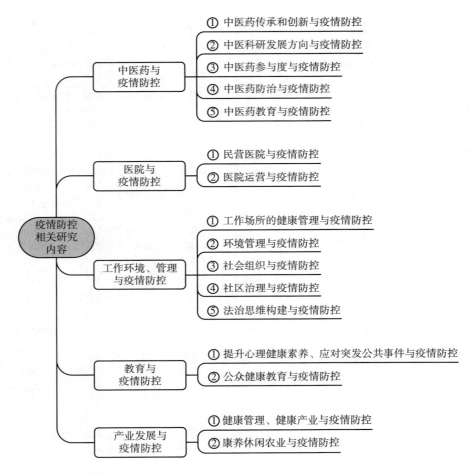

图 12　康养类皮书疫情防控相关研究内容思维导图

数据来源：2020 年版皮书涉及"疫情"内容的单篇皮书报告。

（二）新冠肺炎疫情影响下康养类皮书的数据统计分析

对筛选出的 18 篇报告所涉及的数据进行分析，如表 23 和图 13 所示。相关数据分为宏观和微观两个方面。宏观方面包括：颁布中医药抗疫政策的省及相关政策、定点收治和定点发热门诊民营医院名单、中医药人才储备培养、国内外人员来京情况等，主要来源于官方网站和相关的信息报送系统。微观数据包括：疫情防控期间市民的心理素质调查、工作场所的健康管理、新冠肺炎疫情影响下医院运营现状与困境、公众健康教育，主要来源于调查问卷或线上测评。

表 23　含"新冠肺炎疫情"研究内容的康养类皮书报告数据来源统计

序号	报告题目	数据描述	数据来源
1	中医药传承创新深度参与抗击新冠肺炎疫情实践及成效	首次颁布中医药抗疫政策的省（区、市）情况以及各省市中医药抗疫相关文件梳理	各省、自治区、直辖市卫生健康委员会和（或）中医药管理局官方网站
2	湖北省民营医院抗击新冠肺炎疫情概况	湖北省 88 家定点收治和定点发热门诊民营医院名单	—
3	北京市提升市民心理健康素养及应对突发公共事件研究	调查问卷	对北京航空航天大学、北京交通大学、北京联合大学、北京师范大学和中国劳动关系学院 5 所学校的 2351 名大学生进行了心理健康状况调查
4	疫情防控期间工作场所的健康管理	线上心理测评系统	在疫情期间开展保电任务的某单位特殊岗位一线员工 191 人进行了心理测评
5	疫情防控与社区治理	2020 年 3 月 1～15 日抵京人数；3 月 25 日至 4 月 15 日湖北抵京人员情况；3 月 1～31 日新华街道返京人员数量；3 月 1～31 日新华街道各社区返京人员数量（含湖北人员）；疫情发生后至 6 月 22 日国内抵京人员情况；疫情发生后至 6 月 22 日国外抵京人员来源国家情况；"人脸识别"智慧门禁籍贯、户籍、开门方式分析	北京市疫情跟踪数据报送系统、新华街道综合治理平台、新华街道返京人员防控疫情登记表
6	新冠肺炎疫情影响下医院运营现状与困境	调查问卷	26 个省、自治区、直辖市的医院，其中公立医院 204 家，社会办医院 112 家
7	抗疫背景下中医药教育现状的研究报告	中医药人才储备培养	2019 中国卫生健康统计年鉴
8	北京市新冠肺炎疫情公众健康教育及效果分析	调查问卷	对北京市 16 个区 15 岁及以上居民进行的调查
9	中医药在公共卫生事件中的作用及参与应急管理的建议	发布中医药诊疗相关政策文件省份数量、纳入方案的新冠肺炎治疗中成药分布、纳入方案的新冠肺炎治疗方剂分布（前 24 位）、全国 29 个省（区、市）中医药参与治疗新冠肺炎情况	各省卫生健康委员会官方网站，对 2020 年 2 月 20 日前国家和各省（区、市）卫健委及中医药管理局发布的中医药诊疗方案进行信息提取

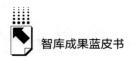

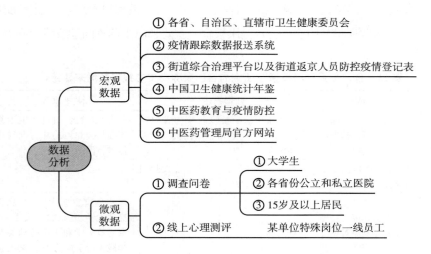

① 各省、自治区、直辖市卫生健康委员会

② 疫情跟踪数据报送系统

③ 街道综合治理平台以及街道返京人员防控疫情登记表

④ 中国卫生健康统计年鉴

⑤ 中医药教育与疫情防控

⑥ 中医药管理局官方网站

宏观数据

数据分析

微观数据

① 调查问卷

① 大学生

② 各省份公立和私立医院

③ 15岁及以上居民

② 线上心理测评　　某单位特殊岗位一线员工

图 13　康养类皮书疫情防控相关研究内容思维导图

（三）新冠肺炎疫情影响下康养类皮书的对策建议分析

对筛选出的 18 篇报告所涉及的对策建议进行分析，提出了中医药与疫情防控，医院与疫情防控，工作环境、管理与疫情防控，教育与疫情防控，产业发展与疫情防控五个方面的对策建议，如表 24 所示。

表 24　含"新冠肺炎疫情"研究内容的康养类皮书报告的对策建议统计

序号	内容	对策建议
1	中医药与疫情防控	加大中医药应对突发公共卫生事件科研投入,提升防疫能力;加强中医医疗机构与其他机构的协作,发挥疫情防控协同作用;努力提高中医医疗服务应对突发公共卫生事件的能力,并及时进行总结;加强国际沟通与协作,推广中西医结合应急管理经验;对现有中医药人才培养模式与教学课程体系进行改革;加强中医药人才储备建设;加强中医基础理论研究;完善中医科研攻关机制;加强临床科研一体化建设;加强中医疫病科研常态研究;开展中医科研国际协作
2	医院与疫情防控	重视自身抗风险能力的建设,转变医院发展思路,从规模扩张转变为集约化成长;重视内部的运营,开展全面预算管理和全面成本管理,建立起医院内部运营管理体系;积极开展线上业务,通过多种模式提升医院整体应对突发事件的能力

序号	内容	对策建议
3	工作环境、管理与疫情防控	要健全完善防控疫情、推进公共卫生事业发展的领导体制和组织架构；要健全和完善传染病防控信息的发布机制；党建引领、提高"三率"，有效整合各方力量；加强社区队伍建设和提高社工整体素质；精准掌握人口信息和实现出租房屋动态管理；强化科技手段应用；提升城市突发公共卫生事件的研判及管理能力；提升城市突发公共卫生事件的处理统筹能力；增强城市防范突发公共卫生事件的能力；提升城市突发公共卫生事件的服务、跟踪与引导能力；提升面向公共健康的城市与社区治理与应对突发公共卫生事件的能力；强化城市应对突发公共卫生事件的系统性管理
4	教育与疫情防控	加强部门协作及信息交流；有效利用传统媒体和新媒体，有针对性地开展健康教育；提升公众健康信息素养水平；做好心理健康教育；开展健康教育效果评估；建立首都心理健康素养服务平台，统筹提升市民应对突发公共事件能力；建立统一号码心理援助热线平台；建立首都心理健康素养服务人才库；建立积极的心理援助和危机干预体系；建立首都心理健康素养信息平台；建立首都心理健康素养科研项目
5	产业发展与疫情防控	加强金融支持；加大公共投入；拓展营销渠道；依靠科技支撑；建立应急预案；找准抗击疫情与发展经济之间的平衡点和突破口；调整好大健康产业的产业结构与健康经济布局；重新界定好大健康产业的丰富内涵与宽阔边界；以补偿性健康消费和提升优化健康产业链与供给链为契机，以战略新兴健康产业和智能智慧健康服务为机遇

七　康养类皮书优秀案例分析

（一）优秀案例一——《药品流通蓝皮书：中国药品流通行业发展报告》的行业价值

药品作为一种特殊商品，不仅关系人民群众生命健康、生活质量，还事关国家战略安全。药品流通是医药供应链中的重要一环，全行业规范、良性发展对于整个医药相关产业至关重要。随着医改不断深入，近年来国家出台了一系列政策，对药品流通行业发展产生了深远影响。党的十九大报告要求"健全药品供应保障制度"，《"健康中国2030"规划纲要》提出要"深化药品、医疗器械流通体制改革""强化药品安全监管"。行业积极响应国家政

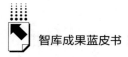

策，顺应宏观发展趋势，在复杂多变的环境中积极探索创新发展路径，逐步完成从高速发展向高质量发展转型。

《药品流通蓝皮书：中国药品流通行业发展报告》由中国医药商业协会研创，自 2014 年首次出版以来，截至 2020 年已连续出版 7 年。多年来，药品流通蓝皮书内容紧跟行业现状，对历年行业中的热点事件、重点问题进行连续跟踪，从不同角度反映我国药品流通行业发展情况，并以行业研究为主线，深刻剖析行业问题，提出合理建议，具有权威性、系统性、全面性、前瞻性、实用性和准确性等特点。中国医药商业协会作为行业智库，通过蓝皮书扩大了影响力。目前，中国医药商业协会下属的会员企业有 400 余家，会员企业的销售额占全行业销售额的 80% 以上。中国医药商业协会把蓝皮书的研创作为学会的重要工作之一和智库建设的重要抓手，针对年度重点问题确定主题，与中国社会科学院科研团队联合研创，这也是一种新的皮书研创模式。通过 7 年的积累，中国医药商业协会通过蓝皮书的研创很好地整合了行业资源和行业数据，为行业的发展提供了有益的参考和指导。目前，《药品流通蓝皮书：中国药品流通行业发展报告》通过对药品流通行业的全面解读，已成为各界了解药品流通行业状况、分析发展趋势的重要参考用书。

药品流通蓝皮书也得到了相关主管部门、行业机构以及企业的高度评价，为政府部门制定相关政策提供参考，成为药品流通企业中高层管理者了解药品零售市场的重要参考书。2015 年国务院办公厅发布《国务院办公厅关于转发工业和信息化部等部门中药材保护和发展规划（2015—2020 年）的通知》，为贯彻落实这项规划，由商务部牵头，药监局和中医药管理局共同推进中药材现代物流体系建设，2015 年 7 月启动，中国仓储与配送协会和中国中药协会具体组织实施。每年项目进展情况都记录在药品流通蓝皮书中。单篇报告《涉药物流企业分类分级评估标准贯标试点结果分析》介绍了涉药物流分类分级评估标准制定的背景、标准体系内容以及在企业中推行的过程，该标准的制定推动了医药供应链变革和新医改政策落地。单篇报告《基于追溯实现医药行业的供应链服务》中介绍的"全溯"系统先后被上海市疾控中心、深圳市疾控中心等部门采用，用于疾控中心疫苗供应链和物流服务领域，并作为保障系统之一，支持了上海市新冠肺炎疫苗接种的顺利进行。"全溯"系统及应用先后获得了 2017 年上海张江国家自主创新示范区专项发展资金重点项目、2018 年上海市经信委智慧城市发展专项资金项目的支持，并获得了 2019 年中华预防医学会"疫苗流通与预防接种"十佳案例、2020 年上海市总工会科创项目三等奖、2020 年国资委中央企业"十三五"网信优秀案例、2020 年国家药监局智慧监管典型案例、上海市质量数字化十佳案例等荣誉。

（二）优秀案例二——《康养蓝皮书：中国康养产业发展报告》的评价体系与数据库建设

由中山大学旅游学院研创的《康养蓝皮书：中国康养产业发展报告》自 2017 年首次出版以来，截至 2020 年已连续出版 4 年。随着新一轮康养政策的出台和资本的持续注入，我国区域康养产业格局发生较大变化，越来越多的城市及其下辖区县加入康养产业规划与建设中，并在医养康养、旅居康养、智慧医疗、生态康养等领域持续发力，有力地推动了康养产业的融合发展。

2018 年，为了分析中国康养产业发展现状，全面掌握康养产业的资源与环境、技术创新与资本动态，康养产业项目课题组历时 8 个月，对全国 2000 多个县（市、区）的康养环境、资源、政策与设施及康养企业等进行广泛调研，对收集到的海量数据进行全面系统的梳理，初步形成了区域康养产业可持续发展数据库、各县（市、区）康养政策库、在建大中型康养项目库、240 万家康养企业库等。通过数据库的构建，课题组掌握了全国康养产业发展的四大要素和基本现状，并基于可持续发展的指标体系推选出全国康养 50 强县（市、区）和 10 强市，重点对各区域如何综合提升康养产业可持续发展能力进行了探讨。

2019 年，在数据充分积累的条件下，课题组以区域康养产业可持续发展能力评价和康养市场分析为核心，通过收集中国（不含港澳台地区）293 个地级市及以上城市和 2800 多个县（含县级市、市辖区）的资料并实地走访，对区域康养政策库、大中型康养项目库、康养企业数据库进行数据持续

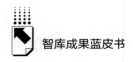

跟踪，修订完善康养产业可持续发展能力评价体系，围绕康养资源、环境、设施以及康养发展水平构建 4 个一级指标、14 个二级指标和 49 个三级指标，采用层次分析法和专家打分法评选出具有代表性的全国康养 20 强市和60 强县。

康养蓝皮书评价体系和数据库的持续建设，充分发挥了蓝皮书作为行业发展的智力源和记录仪的作用，为推动并完善中国康养产业体系建设、优化康养项目的区域布局提供了数据基础和借鉴参考。

八　康养类皮书专业化发展的建议

（一）细化选题方向，持续关注康养领域发展前沿与热点

2016 年，中共中央、国务院印发《"健康中国 2030"规划纲要》，党的十九届四中全会提出"积极应对人口老龄化，加快建设居家社区机构相协调、医养康养相结合的养老服务体系"，从国家层面对康养领域进行了顶层设计与制度规范。未来，康养类皮书的选题在健康与保健、养老、中医与医药、医疗与医改的基础上，结合前沿与热点问题，应进一步细化研究领域。第一，健康与保健类皮书领域。在健康中国战略的引领下，大健康产业进入快速发展和迭代升级阶段，受消费观念、政策引导、技术进步、模式创新等多方面的影响，不同类型的客群、不同健康目的的健康服务需求不断细化，形成了不同潜力的热点领域，包括定制健康管理、社区健康管理、健康教育、健康 O2O 服务、互联网医疗、康养旅游、社区康养等。第二，养老类皮书领域。随着人口的老龄化发展，众多的老年人为提高生活质量，对社会养老服务业提出了更高的需求。应创新养老服务方式，未来可在养老机构与服务、养老金融保险、养老教育、农村养老、生态康养、居家养老、智慧养老等领域进行重点关注。第三，中医与医药类皮书领域。中医学是我国的传统医学，特别是在 2020 年的新冠肺炎疫情防控中，对疫病的防治形成了自己独特的诊疗体系，受到国内外社会各界的广泛赞誉。未来可在中医药文化

传承、中医抗疫、中医药研究、中医康养等领域进行研究。第四，医疗与医改类皮书领域。建立覆盖城乡居民的基本医疗卫生制度，为群众提供安全、有效、方便、价廉的医疗卫生服务是医疗与医改的重点，未来可在现代医院管理制度、分级诊疗、"互联网＋医疗"、家庭医生、全科医生、医养结合、社会办医等领域进行持续研究。

（二）进行数据积累，有效整合康养领域数据资源

康养类皮书的研创团队一般是由高校或高校智库、社会智库、行业协会或学会、科研院所智库等科研机构组成的，研创团队多年来以年度为时间单位，通过采集本行业发展的基本数据，通过多年的研创积累以及对行业发展趋势进行的科学分析和预测，形成了宝贵的康养行业发展基础资料库。他们的数据以及提出的对策建议可以为政府决策提供智力支持和资讯参考，也为企业决策提供指南，协助企业准确把握市场脉搏、最大限度降低决策风险，是推动康养行业发展的智力源。未来，应该更加重视本领域数据的整合与积累。第一，进行充分的数据积累。各研创团队可利用社会科学文献出版社强大的数据库的建设能力，联合建立康养行业专题数据库，还可以通过合作把现有的数据资源整合到数据库中，提升康养行业数据的使用效率。第二，对数据进行有效的使用。通过有效使用数据，对康养行业发展现状和趋势进行科学的分析，为行业发展提供参考，也为学术研究提供数据支撑，为政府决策提供指导。第三，重视大数据的作用。互联网、大数据和人工智能等先进信息技术对整个社会发展产生重大影响，也是健康治理的重要维度。在新冠肺炎疫情防控中，互联网医疗、健康医疗大数据、医学人工智能、远程医疗健康服务等技术手段发挥了重要的作用，积累了大量的数据资源。康养类皮书的研创可对大数据进行有效的利用，通过大数据技术、人工智能技术，对健康与保健、养老、医疗与医改、中医与医药等领域的发展态势进行预测。

（三）规范体制机制，精细规划康养领域皮书研创与出版

皮书成果关键在质量，只有质量过硬，才能得到社会的认可，才能得到

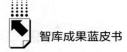
决策者的认可。着力提高蓝皮书质量，要在研创团队、研创内容以及研创的出版规范上进一步提升。第一，研创团队的专业化。对于皮书研创，有一支高素质的、稳定的队伍十分关键，没有一流的人才，就不能出一流的成果，也不能编撰出一流的皮书。同时要注重研创团队的合作性，团队应既有研究机构的专家学者的核心和骨干力量，又有社会各界的积极参与，这样才能形成一个皮书研创的共同体，集多方智慧开展皮书研创。第二，研究内容的专业化。皮书成果的关键在质量，只有质量过硬，才能得到社会的认可，才能得到决策者的认可。康养类皮书要把质量放在第一位，把社会效益放在第一位，应对皮书内容质量进行严格把关。在选题上紧紧围绕党和国家的大局，要契合国家的重大经济社会发展现实问题来组织皮书研创。同时，要对研究对象、研究模式、成果推送方式、成果类型等进一步深入挖掘。在研究方法上要科学，要基于大数据、专业数据和独立采集的数据，在数据的支撑下分析现有资源。第三，出版与发布的规范化。康养类皮书要有一套连续性的、固定时间节点的出版和发布机制。从数据统计看，目前康养类皮书按期且连续出版的皮书系列数量较少，多数为按期但不连续出版、连续但滞后出版、滞后且不连续出版的皮书系列，在出版时间的规范性方面需要进一步提高。同时，在发布方面，课题组要根据行业特点选择行业大会、行业展会来发布成果，比如选择该行业国际参与度比较高的大会当作发布会举办地点，以提升影响力。

参考文献

曹净植、伍海泉：《社会共生视角下的森林康养》，《林业经济》2020年第9期。

曹荣荣、郝磊：《人口老龄化背景下健康对中老年劳动供给的影响》，《经济问题》2018年第10期。

丁国胜、曾圣洪：《中国健康城市建设30年：实践演变与研究进展》，《现代城市研究》2020年第4期。

范逸男、陈丽娟：《人口老龄化背景下康养小镇发展研究》，《技术经济与管理研究》2020 年第 10 期。

李莉、陈雪钧：《基于共享经济的康养旅游产业生态圈构建》，《学术交流》2020 年第 6 期。

李伟霞、李忱：《大系统视角下"互联网＋老年康养体系"的构建》，《系统科学学报》2021 年第 2 期。

马亮、林坚：《我国健康城市发展的关键要素》，《人民论坛》2021 年第 8 期。

王兆峰、史伟杰、苏昌贵：《中国康养旅游地空间分布格局及其影响因素》，《经济地理》2020 年第 11 期。

谢曙光：《提升行业皮书研创出版质量、助推行业高质量发展》，载谢曙光主编《新时代的皮书：未来与趋势》，社会科学文献出版社，2019。

谢曙光主编《皮书手册：写作、编辑出版与评价指南》（第四版），社会科学文献出版社，2020。

杨菊华：《智慧康养：概念、挑战与对策》，《社会科学辑刊》2019 年第 5 期。

B.5
地方发展类皮书发展报告（2021）

姚冬梅*

摘　要：　报告以2020年发布的147部地方发展类皮书作为研究样本，按照经济、社会和文化三大类别分类，通过分析其出版数量、出版字数、出版时间、研创机构及作者、出版内容及影响力等多方面的情况，对该类图书的研创现状做出了较为全面的描述。2020年版地方发展类皮书在突出其固有的地域性特征的同时紧密结合了国家战略布局，充分体现了地方智库的咨政性、引导性价值；学者的智库研究为地方的经济、社会的高质量发展和地方治理能力的提升起到了应有的作用。报告的最后对该类皮书的研创提出了三条建议：结合地方特色资源，选择专题性强、战略意义重大的选题进行深入研究，推动地方发展；加强地方类皮书研创团队的人才建设，不断优化皮书单篇报告质量；加强主编统筹，注重皮书出版时间和传播效果，持续推进地方类皮书的高质量发展。

关键词：　皮书　地方发展　智库建设

一　引言

以研究内容为分类标准，皮书可分为经济类、社会政法类、文化传媒

---

* 姚冬梅，硕士，副编审，社会科学文献出版社总编辑助理兼总编室主任，研究方向为教育经济管理、学术出版。

类、地方发展类、行业类、国际问题类六大类型。其中，地方发展类皮书的研究领域主要涵盖全国各省（区、市）的经济、社会和文化三大领域。具有代表性的皮书有"北京蓝皮书""广州蓝皮书""上海蓝皮书"等。

因地方发展类皮书存在门类较多和各地区情况不一、分析难度大和针对性不强等问题，预期的分析效果难以凸显，所以地方发展类皮书在2019～2020年的"智库成果蓝皮书"中未独立成篇并加以分析，其经济、社会和文化领域在历年被分别划入了经济类、社会政法类和文化传媒类的皮书发展报告中。但是，鉴于地方发展类皮书截至2020年底已经出版了20年，从时间上和从体量上来看，都非常值得进行分析和研究，其对各个课题组和地方发展具有很强的借鉴意义，我们今年首次尝试对地方发展类皮书20年来的发展情况以及2020年的最新进展进行分析。本报告将综合经济、社会和文化三大领域，以各省（区、市）为中心，力求形成一份既有全局视野，又有重点研究的地方发展类皮书发展报告。

需要说明的是，本报告的研究样本中存在许多专题研究型的皮书，为了使它们能够进入该类皮书的量化评价体系，本报告将其归入了经济、社会和文化三个类别。其中，归入经济类的有商贸类、农业农村类、能源建设类、城乡融合类、区域一体化类、企业发展类、自贸区建设类、创新创业类的皮书；社会类包括了法治类、教育发展类、人才与就业类、生态环境类、体育类、科技类、志愿服务类的皮书；传媒类、文化创意类、文化旅游类皮书则是归类在文化类皮书中。

二　2020年地方发展类皮书出版统计分析

（一）地方发展类皮书出版总量分析

1. 地方发展类皮书出版总量

从已经出版的丛书目录来看，截至2020年年底，地方发展类皮书已经连续出版了20年。2001～2020年，在这20年间，地方发展类皮书出版总

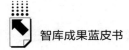
量不断增长，累计192种1451部皮书相继出版。其中，出版最早的地方发展类皮书是"北京蓝皮书"系列，其《2001年：中国首都发展报告》于2001年面市，开创了地区发展类皮书出版的先河。

2020年地方发展类皮书的出版总量为83种147部，约占皮书出版总量的35.3%。即至2020年，出版的地方发展类皮书在整个皮书系列的比重已经超过了1/3，在皮书系列中的重要地位和作为研究对象的价值不言而喻。

2.地方发展类皮书出版占比

从现有的情况看，皮书出版涉及地域广泛是地方发展类皮书的一大特征。截至2020年，社会科学文献出版社已出版的地方发展类皮书所涉地区超过了32个省（区、市）（2020年版地方发展类皮书涵盖26个省、自治区、直辖市），几乎覆盖了中国全域。其中，累计出版量最多的是关于广东省的皮书系列（含广州和深圳的数据），共出版了24种273部，其次是以北京为中心进行论述的皮书系列，共35种241部。

2020年出版的147部地方发展类皮书分布在83种以"××蓝皮书"为名的丛书之中。这83种丛书包含了对全国各地区发展的研究，其中，对北京市进行研究的丛书种类最多，共有20种，包括"北京蓝皮书""北京教育蓝皮书""北京产业蓝皮书"等，约占地方发展类皮书种数的24%。而从地方发展类皮书的出版数量来看，关于北京和广东的皮书出版数量最多，各达到了25部之多，涉及"广东发展蓝皮书""广州蓝皮书""北京党建蓝皮书"等类别，约占地方发展类皮书出版总量的17%。（见图1、图2）

由图1和图2可知，在全国范围内，通过对2020年各地区的出版情况进行横向比较，可以发现地方发展类皮书的种类和数量整体呈现"东多西少"的特点，经济发展水平和城市化水平高的地区皮书种类丰富，数量众多，如北京、广东、上海等。对此，皮书出版种类少、质量低的地区，应科学而不盲目地向皮书出版种类多、质量高的地区学习，突出问题导向，并结合相关影响因素挖掘出地区的特色，与智库研究相结合，以解决地方发展过程遇到的问题为要旨，充分发挥皮书咨政的特点，为地方的发展贡献学者、智库研究的支持力量。

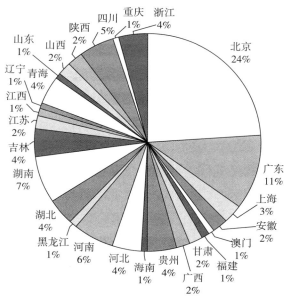

图1　2020年版地方发展类皮书各地区丛书种类占比

数据来源：皮书研究院。

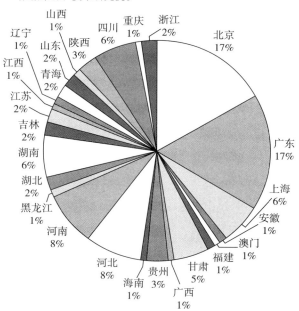

图2　2020年版地方发展类皮书各地区出版数量占比

数据来源：皮书研究院。

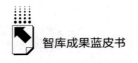

（二）地方发展类皮书报告数量及出版字数分析

1. 皮书出版报告数量分析

147 部 2020 年版地方发展类皮书涵盖报告 2967 篇，平均每部皮书含报告数量约 20 篇。在这 2967 篇皮书报告中，地方发展类－经济的报告共计 1351 篇，数量约占比为 45.5%，平均每部皮书含报告数量 20 篇；地方发展类－社会的报告共计 1162 篇，数量占比为 39.2%，平均每部皮书含报告数量 20 篇；地方发展类－文化的报告共计 454 篇，数量占比为 15.3%，平均每部皮书含报告数量 19 篇。整体上经济类皮书数量较多。（见图 3）

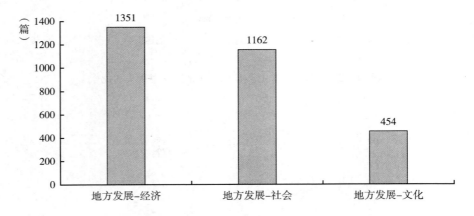

图 3　2020 年版地方发展类皮书出版报告数量

数据来源：皮书研究院。

2. 皮书出版字数分析①

按照皮书版权页字数进行统计，2020 年版地方发展类皮书字数共计 34934 千字，平均每部皮书字数约为 237.6 千字。其中，地方发展类－经济共计 14156 千字，占比为 40.5%，平均每部皮书约 214.5 千字；地方发展

---

①　在本报告中，"澳门蓝皮书"丛书的统计数据均根据《澳门经济社会发展报告（2019 ~ 2020)》得出。另，《武汉文化创意产业发展报告（2019 ~ 2020)》已签片，尚未出版，本文数据将其计算在内。

类－社会共计15133千字，占比为43.3%，平均每部皮书约260.9千字；地方发展类－文化共计5645千字，占比为16.2%，平均每部皮书约245.4千字。（见图4）

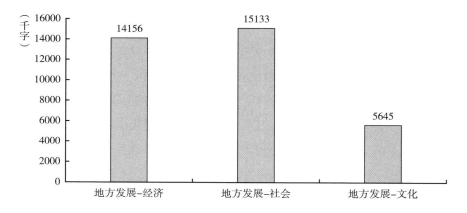

图4 2020年版地方发展类皮书出版字数

数据来源：皮书研究院。

相较2019年版151部地方发展类皮书的49607千字，2020版147部地方发展类皮书的总出版字数有所有下降，下降约29.6%。平均每部皮书字数下降了约27.7%，与总出版字数下降幅度基本保持一致。这表明虽然受新冠肺炎疫情影响，2020年版地方发展类皮书的总出版部数略有下降，但从平均每部皮书的字数同步下降的情况来看，单部书字数与《皮书手册——写作、编辑出版与评价指南》（第四版）中的管理规定相符合，反映了地方发展类皮书逐渐走向精简化的发展趋势，该类皮书更加注重智库报告信息传递的效用。

（三）地方发展类皮书品种变化情况分析

在83种2020年版地方发展类皮书中，连续出版的皮书共计22种，新增皮书共计15种。新增的15种皮书中，地方发展－经济类5种，即"北京产业蓝皮书""体育产业蓝皮书""乡村振兴蓝皮书""广东发展蓝皮

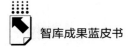
书""重庆蓝皮书";地方发展－社会类 8 种，即"河北青年蓝皮书""深
圳志愿服务蓝皮书""北京教师发展蓝皮书""广州教育蓝皮书""北京教
育蓝皮书""成都志愿服务蓝皮书""北京交通蓝皮书""湖南创新发展蓝
皮书";地方发展－文化类 2 种，即"湖南传统工艺蓝皮书""文化科技蓝
皮书"。

新增的经济类皮书"北京产业蓝皮书""体育产业蓝皮书""乡村振兴
蓝皮书""广东发展蓝皮书""重庆蓝皮书"体现了大城市皮书种类的不断
丰富和对"乡村振兴"这一经济热点的关注；新增的社会类皮书"河北青
年蓝皮书""深圳志愿服务蓝皮书""北京教师发展蓝皮书""广州教育蓝
皮书""北京教育蓝皮书""成都志愿服务蓝皮书""北京交通蓝皮书""湖
南创新发展蓝皮书"则反映了新时代社会建设更加关注青年群体的成长和
教育，越来越重视社会治理的水平、精细化管理和各类创新型发展，社会服
务中重视交通建设等；新增的文化类皮书"湖南传统工艺蓝皮书""文化科
技蓝皮书"则关注了近年来成为社会热点的"传统文化"和"文化科技融
合"的话题。

随着地方发展类皮书种类的增多，严格执行准入与退出机制、进行总量
控制和管理前置、提升地方皮书的研创水平等方面愈发显得重要。据皮书研
究院统计，2019 年共淘汰 81 部地方发展类皮书，经济类 45 部，占比
55.6%，社会类 29 部，占比 35.8%；文化类 7 部，占比 8.6%。2020 年淘
汰了 11 部地方发展类皮书，经济类 5 部，占比为 45.4%；社会类 4 部，占
比为 36.4%；文化类 2 部，占比为 18.2%。

（四）地方发展类皮书的分类出版情况分析

2020 年版地方发展类皮书共出版 83 种 147 部，其中地方发展－经济
类 66 部，占 44.9%；地方发展－社会类 58 部，占 39.5%；地方发展－文
化类 23 部，占 15.6%。总体来看，经济类型和社会类型的地方发展类皮
书出版数量基本持平，文化类所占比例较低，整体呈现了"两强一弱"的
特点（见图 5）。

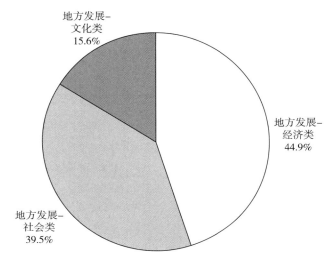

图5 2020年版地方发展类皮书分类出版占比

数据来源：皮书研究院。

（五）地方发展类皮书出版时间分析

1. 持续出版次数分析

皮书是一种连续性出版物，持续出版次数是衡量皮书研创质量和团队稳定性的重要参考指标。此外，地方发展研究需要长年累月地对研究对象的发展变化情况加以追踪，把握研究对象的变化发展趋势以便使研究成果更具有参考价值。

2001～2020年，从这20年间地方发展类皮书的出版情况来看，持续出版10次以上的丛书共计17种，占比为8.9%（见表1），"北京蓝皮书"不愧是领跑选手，二十年如一日地持续出版，深圳也堪称坚守楷模；持续出版5～9次的丛书共计35种，占比为18.2%；持续出版不到5次的丛书共计78种，占比为40.6%。由此可见，持续出版10次以上、能够形成长期稳定智库分析的皮书品种数量还不够多，占比还不够高。这一方面说明各课题组和研创团队的坚持实属不易，要维持长期持续的出版关键是要有一个稳定的研究团队并能够持续优化，这既需要经费的持续投入，也需要主编、副主编、执行主编等团队领导的坚持与推动；另一个方面，更凸显皮书的连续性、几十年如一日的研究和出版的不凡成就和重要价值。

表1　2001～2020年持续出版10次以上的地方发展类皮书统计

持续出版次数（次）	丛书名	研创机构
20	北京蓝皮书	北京市社会科学院
18	深圳蓝皮书	深圳市社会科学院
15	广州蓝皮书	广州市社会科学院等
14	辽宁蓝皮书	辽宁社会科学院
14	上海蓝皮书	上海社会科学院
13	河南蓝皮书	河南省社会科学院
13	温州蓝皮书	中共温州市委党校、中国社会科学院社会学研究所
12	陕西蓝皮书	陕西省社会科学院
12	澳门蓝皮书	澳门基金会
12	河南经济蓝皮书	河南省统计局
11	贵州蓝皮书	贵州省社会科学院
11	社会建设蓝皮书	北京工业大学
10	湖南蓝皮书	湖南省人民政府发展研究中心等
10	扬州蓝皮书	扬州市社科联、扬州市社会科学院
10	四川蓝皮书	四川省社会科学院等
10	黑龙江蓝皮书	黑龙江社会科学院等
10	山西蓝皮书	山西大学资源型经济转型发展研究中心、山西大学中国中部发展研究中心、山西大学经济与工商管理学院

数据来源：皮书研究院。

2. 出版月份分析

2020年版地方发展类皮书按照出版月份统计的结果如表2所示。可以看出，出版数量比较集中的月份为5月、7月、9月、12月，占比分别为11.6%、13.6%、11.6%、19.7%。研创团队稳定的数据采取逻辑和编写时间、出版社稳定的出版时间对读者、对皮书的影响力均非常重要。

表2 2020 年版地方发展类皮书出版月份统计

出版月份	数量（部）	占比（%）	出版月份	数量（部）	占比（%）
1	11	7.5	8	8	5.4
2	3	2.0	9	17	11.6
3	8	5.4	10	14	9.5
4	9	6.1	11	8	5.4
5	17	11.6	12	29	19.7
6	3	2.0	合计	147	100.0
7	20	13.6			

数据来源：皮书研究院。

（六）地方发展类皮书的研创机构及作者分析

1. 研创机构分析

按照研创机构数量统计，2020 年版地方发展类皮书的研创机构共计 119 家，各类研创机构的数量及占比如表 3 所示。

表3 2020 年版地方发展类皮书研创机构性质统计

序号	单位性质	数量（家）	占比（%）
1	中国社会科学院	2	1.7
2	高校和高校智库	26	21.8
3	地方社会科学院	32	26.9
4	党政部门智库	48	40.3
5	行业协会	1	0.8
6	社会智库	5	4.2
7	企业和企业智库	4	3.4
8	媒体和媒体智库	0	0.0
9	其他	1	0.8
合　计		119	100.0

数据来源：皮书研究院。

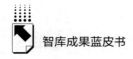

在 2020 版地方发展类皮书的研创机构中，占比最高的是党政部门智库，共计 48 家，占比达 40.3%；其次是地方社会科学院智库，共计 32 家，占比为 26.9%。从皮书研创的形式来看，2020 年版地方发展类皮书有独立研创和联合研创两种形式，其中独立研创的有 119 部，占比为 81.0%，联合研创的有 28 部，占比为 19.0%。

值得关注的是，越来越多的智库研究机构参与了地方发展类皮书的研创工作中，这正契合了十八大以来加强中国特色新型智库建设的精神。皮书是展现新型智库建设和成果的重要抓手和表现方式，具有政策先声、决策参考、新闻来源、投资指南和研究基础库等功能，研究机构参与地方发展类皮书研创可以为地区发展提供政策参考和信息支持，形成一个聚合型学术智库平台。

2. 作者数量、职称和学历分析

2020 年版地方发展类皮书的皮书报告作者共计 3301 人，其中具有副高及以上职称的作者 1055 人，占比为 32.0%；具有博士及以上学位的作者 1180 人，占比为 35.7%。由此可见，具有较高职称和学历的作者占比还不够高，未能超过半数，作者团队存在一定的提升空间。因此，主编团队需要考虑吸纳具备更高学术资质的作者参与研创，进一步提高该类皮书报告质量水准。

三 2020年地方发展类皮书出版内容与影响力分析

（一）内容与热点分析（主题词、热词分析）

对 2020 年版地方发展类皮书 2967 篇报告的标题进行热点词频分析，排名前 20 位的高频热词为高质量发展、广州、乡村振兴、北京、社会治理、河南、陕西、河南省、脱贫攻坚、文化产业、湖南、河北、甘肃、文旅融合、河北省、营商环境、贵州、北京市、绿色发展、科技创新。（见图 6）

"高质量发展""绿色发展""乡村振兴""脱贫攻坚"等词，反映了

图6　2020年版地方发展类皮书热点词云图

注：该图根据皮书研究院数据由微词云软件生成。

"十三五"期间十九大以来我国的经济发展要求，即由高速增长转向高质量发展，建立健全绿色低碳循环发展的经济体系。特别是"脱贫攻坚"一词，具有时代性特征，非常充分地体现出2020年是决战脱贫攻坚之年，是重要的历史节点。"广州""北京""陕西""河南"等与地区相关的热词，既体现了该类型皮书的地域性特征，也展示出2020年度皮书中受关注的地区。

（二）皮书报告使用量情况分析

2967篇2020年版地方发展类皮书报告在皮书数据库中的使用量（报告的浏览量、阅读量、下载量之和）共计115910次，其中地方发展－经济类皮书报告的使用量为64102次，占比为55.3%，热点较高；地方发展－社会类皮书报告的使用量为31606次，占比为27.3%；地方发展－文化类皮书报告的使用量为20202次，占比为17.4%。

根据单篇皮书报告的使用量进行排名，各细分类别皮书前5名报告的情况如表4所示。

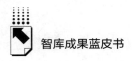

表4 2020 年版地方发展类皮书报告三个分类别使用量 TOP5

排名	丛书名	书名	报告名	使用量（次）
地方发展 - 经济类				
1	河北蓝皮书	河北农业农村经济发展报告（2020）	乡村振兴背景下构建河北省农村现代能源体系的建议	1167
2	乡村振兴蓝皮书	湖南乡村振兴报告（2019～2020）	湖南 2019～2020 年乡村振兴研究报告	668
3	广东外经贸蓝皮书	广东对外经济贸易发展研究报告（2019～2020）	广东外经贸形势分析报告（2019～2020 年）	447
4	河南蓝皮书	河南农业农村发展报告（2020）	稳步实施乡村振兴战略　决战决胜农村全面小康——2019～2020 年河南省农业农村发展形势分析与展望（2007～2019）	401
5	重庆蓝皮书	重庆经济社会发展报告（2020）	2019 年重庆经济运行形势分析与 2020 年发展预测	389
地方发展 - 社会类				
1	北京人口蓝皮书	北京人口发展研究报告（2020）	北京人口形势分析报告（2020）	462
2	安徽蓝皮书	安徽社会发展报告（2020）	2019～2020 年安徽社会发展形势分析与预测	296
3	上海蓝皮书	上海社会发展报告（2020）	上海全面建设小康社会发展报告	186
4	北京人才蓝皮书	北京人才发展报告（2020）	构建全球人才流动治理新体系　助力北京打造全球人才枢纽城市——2020 年北京人才发展报告	185
5	上海蓝皮书	上海社会发展报告（2020）	上海打造国际一流营商环境的企业家感受度调查报告	180
地方发展 - 文化类				
1	广州蓝皮书	广州文化产业发展报告（2020）	2019 年广州市文化产业发展现状与 2020 年形势分析	576
2	河南蓝皮书	河南文化发展报告（2020）	2019～2020 年河南文化发展态势分析与展望	429
3	陕西蓝皮书	陕西文化发展报告（2020）	2019 年陕西省文化发展现状与趋势	374
4	广州蓝皮书	中国广州文化发展报告（2020）	2019 年广州文化发展现状分析与 2020 年展望	274
5	河南蓝皮书	河南文化发展报告（2020）	2019 年河南省文化产业高质量发展调研报告	213

数据来源：皮书研究院。

（三）皮书评价分析

1. 2020年地方发展类皮书评价总体情况

在本次的皮书评价中，147部2020年版地方发展类皮书的平均得分为69.9分，与2019年版皮书的综合得分71.7分相比略有下滑。其中，《广州社会发展报告（2020）》《广州创新型城市发展报告（2020）》《广州经济发展报告（2020）》《广州城市国际化发展报告（2020）》4部皮书进入了全部2020年版皮书综合得分排名的前20名，这4部皮书均是"广州蓝皮书"系列皮书，其中有三部是经济类皮书，这反映出广州市社科院对于皮书研创的重视程度较高，"广州蓝皮书"质量把关严格。总体来说，相较于社会类，经济类皮书更具实用性，更具媒体影响力和社会影响力，在整体的综合得分方面具有一定优势。而社会类则是内容丰富，聚焦社会热点问题较多，在内容评价得分上略胜一筹。

2. 2020年地方发展类皮书评价TOP10情况分析

在147部2020年版地方发展类皮书中，综合得分、内容评价得分、社会影响力得分位居前10的皮书如表5所示。

表5　2020年版地方发展类皮书综合得分、内容评价得分、
社会影响力得分TOP10

排名	丛书名	书　　名	类别	得分（分）
综合得分（满分100分）				
1	广州蓝皮书	广州社会发展报告（2020）	地方发展－社会	93.5
2	广州蓝皮书	广州创新型城市发展报告（2020）	地方发展－经济	93.1
3	广州蓝皮书	广州经济发展报告（2020）	地方发展－经济	92.4
4	广州蓝皮书	广州城市国际化发展报告（2020）	地方发展－经济	89.7
5	甘肃蓝皮书	甘肃县域和农村发展报告（2020）	地方发展－经济	88.4
6	广州蓝皮书	2020年中国广州社会形势分析与预测	地方发展－社会	88.4
7	北京蓝皮书	北京公共服务发展报告（2019～2020）	地方发展－社会	88.4
8	安徽上市公司蓝皮书	安徽上市公司发展报告（2020）	地方发展－经济	85.8

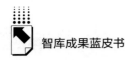

续表

排名	丛书名	书　名	类别	得分(分)
9	甘肃蓝皮书	甘肃舆情分析与预测(2020)	地方发展－文化	85.4
10	北京蓝皮书	北京经济发展报告(2019~2020)	地方发展－经济	85.2
内容评价得分(满分70分)				
1	广州蓝皮书	广州社会发展报告(2020)	地方发展－社会	69.0
2	广州蓝皮书	广州青年就业创业发展报告(2020)	地方发展－社会	67.9
3	北京蓝皮书	北京公共服务发展报告(2019~2020)	地方发展－社会	66.4
4	四川蓝皮书	四川城镇化发展报告(2020)	地方发展－经济	66.2
5	北京人口蓝皮书	北京人口发展研究报告(2020)	地方发展－社会	66.2
6	广州蓝皮书	2020年中国广州社会形势分析与预测	地方发展－社会	65.8
7	上海与"一带一路"蓝皮书	上海服务"一带一路"建设发展报告(2020)	地方发展－经济	65.6
8	广州蓝皮书	广州城市国际化发展报告(2020)	地方发展－经济	65.3
9	广州蓝皮书	广州创新型城市发展报告(2020)	地方发展－经济	65.1
10	北京人才蓝皮书	北京人才发展报告(2020)	地方发展－社会	65.0
社会影响力得分(满分30分)				
1	广州蓝皮书	广州创新型城市发展报告(2020)	地方发展－经济	28.0
2	广州蓝皮书	广州经济发展报告(2020)	地方发展－经济	27.5
3	法治蓝皮书	四川依法治省年度报告 NO.6(2020)	地方发展－社会	27.5
4	法治蓝皮书	珠海法治发展报告 No.2(2020)	地方发展－社会	26.5
5	广州蓝皮书	广州城乡融合发展报告(2020)	地方发展－经济	26.4
6	广州蓝皮书	广州数字经济发展报告(2020)	地方发展－经济	26.0
7	甘肃蓝皮书	甘肃县域和农村发展报告(2020)	地方发展－经济	25.4
8	广州蓝皮书	广州国际商贸中心发展报告(2020)	地方发展－经济	24.7
9	广州蓝皮书	广州社会发展报告(2020)	地方发展－社会	24.5
10	广州蓝皮书	广州城市国际化发展报告(2020)	地方发展－经济	24.4

数据来源：皮书研究院。

从类别方面来看，综合得分前10位的皮书中，经济类6部，社会类3部，文化类1部；内容评价得分前10位的皮书中，经济类4部，社会类6部，文化类0部；社会影响力得分前10位的皮书中，经济类7部，社会类3部，文化类0部。这和三类的总的出版数量占比情况比较一致。

3. 2020年地方发展类皮书媒体影响力平均分分析

对2020年地方发展类皮书的媒体影响力进行分析，如表6所示。相较于2019年，2020年的网络检索量和皮书报告期刊发表情况指标平均分略有上升，传统媒体曝光率、视频检索量、微博传播能力和微信传播能力指标平均分则呈现下降趋势。疫情因素可能是导致传统媒体曝光率指标平均分下降的原因，但是视频、微信、微博方面得分也不高，反映出该类皮书在新媒体宣传方面还须进一步加强。

表6　地方发展类皮书单项指标平均分（2019～2020年）

单位：分

年份	传统媒体曝光率	网络检索量	视频检索量	微博传播能力	微信传播能力	皮书报告期刊发表情况
2020	23.90	3.85	2.47	3.92	5.59	0.52
2019	24.96	3.46	3.31	5.29	6.66	0.37

数据来源：皮书研究院。

四　地方皮书与地方智库建设

随着皮书品牌影响力的提升，皮书的研创、出版已经成为地方智库建设、决策的强力支撑，皮书与地方已初步形成良性互动，这从地方皮书力求年初出版后赶送地方"两会"，以及全国"两会"期间有从社会科学文献出版社调用地方类皮书的需求可窥一斑。在全国新型城市智库建设掀起热潮之前，很多地方的蓝皮书就一直起着地方智库的作用。本报告以广州社科院为例，阐述广州社科院的蓝皮书与新型城市智库建设的相互促进作用。这种作用形成了如下几个方面的良性循环的作用机制。①

（1）对蓝皮书在智库发展中的作用做出清晰定位。广州社科院作为社科

---

① 许鹏：《以蓝皮书为抓手推进新型城市智库建设》，《皮书研究（8）：高质量发展场景下的皮书研创、出版与传播》，社会科学文献出版社，2021，第50～51页。

智库的基本职责就是研究广州、服务决策。近年来，广州社科院学习借鉴国内外智库的发展经验，从地方社科院的实际出发，将自身定位为马克思主义重要理论阵地、党的意识形态工作重镇和新型城市智库，在总体建设思路上坚持实行"三重大一舆论"（重大课题＋重大平台＋重大活动＋舆论引导）的工作布局。广州蓝皮书属于重大学术成果平台，得到系列重大课题的支持，广州社科院以此为依托组织开展了重大学术活动，并发挥了舆论引导功能。

（2）以科研体系支撑蓝皮书事业发展。蓝皮书成果的来源是以重大课题为主体的自主科研课题体系，其中包括重大课题、专项课题和青年课题。当然，外来科研课题任务，包括纵向立项课题对蓝皮书研创也发挥了支撑作用。实际上，蓝皮书研创工作是广州社科院智库建设实现战略转型、整体跃升的缩影。

（3）蓝皮书的决策支持作用日益凸显。广州社科院积极推动蓝皮书成果转化，充分发挥其决策服务功能。2019年，广州社科院各蓝皮书研创团队将部分研究成果转化为决策咨询报告，并通过研究专报、《领导参阅》等渠道上报省市领导，获批示率达50%以上。多位省市领导以及党委、政府、人大、政协和相关部门主动要求调阅广州蓝皮书。可以说，广州蓝皮书的品牌效应逐步形成，已成为广州社科院推进新型城市智库建设的重要抓手。

综上可见，广州市社科院的皮书已经起到了非常好的咨政作用。其他社科院及其他研创皮书的智库可以吸纳广州市社科院总结的这些具体的方式方法，并结合各个地方的情况加以创新运用，为地方经济、社会的高质量发展和地方治理能力的提升承担应负的责任。

五　地方发展类皮书研创建议

《中华人民共和国国民经济和社会发展第十四个五年规划和2035年远景目标纲要》指出：我国已转向高质量发展阶段，制度优势显著，治理效能提升。同时，我国发展不平衡不充分问题仍然突出，重点领域关键环节改革任务仍然艰巨，创新能力不适应高质量发展要求，农业基础还不稳固，城乡区域发展和收入分配差距较大，生态环保任重道远，民生保障存在短板，社会治理还有弱项。[①] 地方各级、各类智库研究，以皮书为抓手，以"十四五"规划纲要为指导，必将会大有可为。

（一）结合地方特色资源，选择专题性强、战略意义重大的选题进行深入研究，推动地方发展

皮书发展二十多年，品牌效应显著，是非常成熟的、已经对经济社会等诸多方面起到积极推动作用的智库成果。"作为现代国家治理体系中的重要组成部分，中国特色新型智库的作用日益凸显。"[②] 对地方社科院、高校、党政部门等智库而言，更好地发挥中国特色新型智库的作用，持续研创高质量、有针对性的皮书是决定咨政水平高低和智库影响力大小的主要因素。整个社会步入高质量发展的阶段时，如何真正体现智库的作用？本报告结合既往编辑过程中遇到的共性问题和可借鉴的经验，认为可以从以下几个方面入手。

1. 探索出地方特色发展道路，增强地方皮书的咨政能力

发展不平衡、地区资源禀赋迥异是我国重要特点，走特色发展、差异化发展之路不是独辟蹊径，不是吸引眼球，而是地方长远发展的真正生命力。要充分结合地方独有的地域特点、优势产业和资源，进行差异化的定位，扬长避短，既要聚焦特色，更要延展资源，进行比较分析和深入研究。要围绕问题导向，贴近时代要求，结合长远规划，提出针对性更强、更具可落地的政策建议。

2. 精细化设计年度皮书研究框架和内容

地方类的皮书要想求新出彩，谋求提质增效，每年在拟定框架和内容方向的组稿启动会上，都须有意识地进行一些深入的讨论和必要的调整，甚至是突破。（1）增加一些对地方而言具有战略意义的议题，比如地方政府在

---

① 《中华人民共和国国民经济和社会发展第十四个五年规划和2035年远景目标纲要》，中国政府网，http://www.gov.cn/xinwen/2021 - 03/13/content_ 5592681. htm，最后访问日期：2021年7月26日。

② 谢曙光主编《中国皮书发展报告（2020）》，社会科学文献出版社，2020，第3页。

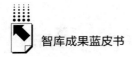

新格局构建过程中应如何重视产业链的打造，以数字经济等为代表的新动能的培育，促进地方经济高质量发展的经验举措，如何利用大数据等手段提升地方政府的治理能力，地方如何融入城市群发展等。（2）统揽全局、面面俱到的文章比例少一些，但质量要高一些，侧重总结整个社会运行过程中本质特征和大趋势的预测。（3）小切口、专题性强的文章的比例多一些，研究更深入一些，尤其是与民生相关的就业、教育、医疗、养老等。（4）设置少量的、固定的持续追踪和关注的议题，比如返乡农民工和农村大学生创新创业、"三农"问题、农村人口老龄化及养老等社会问题。（5）反向议题也值得研究。所有热点的跟风研究不一定适合所有的地方发展，基于地方发展的实际情况，增加一些反向论证研究也是有价值的。

3. 不断创新皮书研究方法

针对经济、社会、文化等不同类别的皮书，创新并实践研究方法。社会类皮书可以增加社会实证调查来获取一手的资料，增加地方皮书的原创性和权威性。广州市社科院在这方面做得比较好，比如支持研创团队开展自主调研，采集一手数据，更多采用定量分析方法，构建科学评价体系和数理分析模型。[①] 经济类和文化类皮书，可以尝试与相关的公司和科研机构等第三方合作，研创单位参与指导数据体系和指标、统计调查原则等的设计，具体数据的统计和取样由第三方做，然后双方以皮书为平台联合发布。这样既加强了写作团队数据的首发性、独家性、标杆性，对于第三方来说，也能提高他们数据的权威性、规范性，各取所长，充分发挥研究机构的引领作用和第三方的专业性，实现共赢，促进了各方的良性发展。

（二）加强地方发展类皮书研创团队的人才建设，不断优化皮书单篇报告质量

1. 注重优化研创团队

研创团队既要保持稳定性，又要吸收新的优秀研创力量。除了保持老中

---

① 许鹏：《以蓝皮书为抓手推进新型城市智库建设》，《皮书研究（8）：高质量发展场景下的皮书研创、出版与传播》，社会科学文献出版社，2021，第49页。

青梯队合理比例外，还要以皮书为平台，广泛吸纳人才，充分挖掘不同层面的智力资源，比如吸收交叉学科类的人才来完善不同的视角研究，吸收跨地域人才来进行不同区域的深入比较研究，邀请中央级的智库专家或者学者来补充全局性的、战略性的研究。如 2019 年广州社科院蓝皮书的作者中院外作者占到 63%。①

2. 不断提升文章质量

利刃总具有双面性。皮书年年出版，框架基本固定，作者已经熟悉规范和特点，减少了前期的很多准备工作，但另一方面这也会导致研创方法和写作模式容易陷入惯性思维，有的皮书中的文章每年仅仅进行数据的更新，固定话语、固定形式白描一些现状，大大削弱了皮书作为智库的价值。所以，除了上面提出需要每年对研究的框架和内容进行创新和突破外，还要争取提升每篇文章的学术水准，突出焦点、难点类文章的研究深度；尽可能减少政府报告型的文章，强化政策建议内容的可操作性，或者增加一些把国内重大趋势和热点问题进行本地化研究的文章。还可设置一些市县之间的对比研究，可增加一些对本地区与对标地区在创新能力、营商环境、优势产业发展等方面进行指标对比研究的文章。

有条件的地方智库，可以尝试以区域为单位，提炼每年度出版的其他皮书中的核心观念和典型经验，整合成值得向国际推广和传播的选题内容，介绍中国发展经验和中国发展道路，提升国家发展的国际话语权。

（三）加强主编统筹，注重皮书出版时间和传播效果，持续推进地方类皮书的高质量发展

皮书的特点是每年都要研创、统稿、出版、发布，对主编、副主编、执行主编在统筹方面有极高的要求。出版时间的不规律直接影响皮书媒体影响力评价结果，目前还有不少地方类的皮书不能做到按期出版和连续出版。更

① 许鹏：《以蓝皮书为抓手推进新型城市智库建设》，《皮书研究（8）：高质量发展场景下的皮书研创、出版与传播》，社会科学文献出版社，2021，第 49 页。

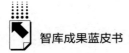

重要的是，固定皮书的出版时间和发布会时间，能形成各界对该皮书的期待和需求，提升该皮书在各界的良好信誉。加强主编团队的统筹能力非常重要，须增强研创单位对主编团队在人力支撑、成果认定、经费拨付等多方面的支持。

可邀请对应的皮书编辑参与组稿会、统稿会，让皮书编辑提前介入，使后面编校达到事半功倍的效果。

地方发展类皮书基本是同时间内出版，很多单位为了组织方便一般会选择一起召开发布会。建议有条件的研创单位还是对每部皮书进行单独发布和研讨，或者分经济、社会、文化三类来召开发布会，这样发布的热点更集中，更具有研讨的针对性，学者的探讨也会更深入。发布会不能流于形式，不能做成任务型的发布会，尽量将形式与内容结合，达到实实在在的效果。"酒香也怕巷子深"，研创团队也要注重借助技术的发展，增加互动，加强传播，提升媒体影响力。创新发布会的形式，新冠肺炎疫情之后发布形式更加丰富更加多元，借助社会科学文献出版社的编辑部门、学术传播中心、皮书研究院的力量，能开启诸多宣传方式。广州市社科院做得比较好，他们做实宣传推介，召开单部蓝皮书成果发布会或专题研讨会，通过多媒体多途径开展机动灵活的宣传，还通过政府新闻平台召开广州蓝皮书专题新闻发布会。[1]

参考文献

谢曙光主编《中国皮书发展报告（2019）》，社会科学文献出版社，2019。
谢曙光主编《中国皮书发展报告（2020）》，社会科学文献出版社，2020。

---

[1]　许鹏：《以蓝皮书为抓手推进新型城市智库建设》，《皮书研究（8）：高质量发展场景下的皮书研创、出版与传播》，社会科学文献出版社，2021，第49页。

B.6
国别区域与全球治理类
皮书发展报告（2021）

俞孟令*

摘　要： 国别区域与全球治理类皮书是对世界发展状况和热点进行年
度监测与实证研究的智库报告。本报告以50部2020年版国别
区域与全球治理类皮书为研究对象，通过分析其出版数量、
研创机构及作者、学术质量、影响力等多方面的情况，对该
类皮书的研创现状做出了较为全面的描述。与此同时，本报
告还结合国别区域研究的学科特性与当前皮书研创中的实际
问题，对该类皮书研创的未来发展提出了三点建议：进一步
突出选题策划的咨政属性，为外交事务提供学理支撑；对研
究方向进行更加精细化的定位，突出研究重点，加强专业性
和针对性；形成跨学科的联合研创机制，充分发挥多种研创
主体的比较优势。

关键词： 皮书　国别区域研究　全球治理　交叉学科

国别区域与全球治理类皮书是对世界发展状况和热点进行年度监测与实
证研究的智库报告，历经20余年的发展，已成为我国国别区域研究的重要
成果载体，发挥出为国家外交事务决策提供参考的咨政效用。当前，我国的

---

* 俞孟令，社会科学文献出版社国别区域分社副社长，研究方向为日语语言文学、国际关系。

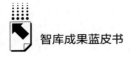

国别区域研究持续向深入发展，已有学者呼吁，通过在交叉学科门类下设置"国别和区域学"等方式推进国别区域研究的学科建设，提升学术科研水平和智库建言能力。国别区域研究跨学科、交叉性的学术特点，以及学科建设的发展进程，都为该类皮书的研创带来了机遇与挑战。

《国别区域与全球治理类皮书发展报告》旨在通过统计数据分析该类皮书的综合研创情况，总结梳理该类皮书研创的现有问题并提出研创建议。本次报告以 50 部 2020 年版国别区域与全球治理类皮书为研究对象，在进行数据分析、描述研创情况的同时，探讨如何根据国别区域研究的学术特点开展皮书研创，以便不断提升该类皮书的学术质量，使其成为丰富国别区域研究领域学术成果、推动国别区域研究学科建设的重要载体之一。

一 2020年版国别区域与全球治理类 皮书出版统计分析

（一）国别区域与全球治理类皮书分类占比分析

2020 年版国别区域与全球治理类皮书共出版 50 种 50 部，其中国别类皮书 18 部，占比为 36%；区域类皮书 19 部，占比为 38%；全球治理类皮书 13 部，占比为 26%（见图 1）。

从表 1 所列的 2020 年版国别区域与全球治理类皮书三个分类别丛书名可以看出，国别类皮书以全球性大国、周边国家为主，同时结合叙利亚问题、伊核问题、中意建交 50 周年等出版有叙利亚蓝皮书、伊朗蓝皮书、意大利蓝皮书，可为开展周边外交、国际事务决策等提供一定程度的参考；区域类皮书的出版数量有所增加，研究范围覆盖至南太平洋等全球更多区域；全球治理类皮书集中于"一带一路"倡议、国际形势、世界经济、气候变化等热点议题，以及国际组织、中外合作等相关研究。

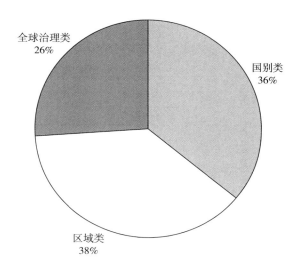

图 1　2020 年版国别区域与全球治理类皮书三个分类别出版部数占比

数据来源：皮书研究院。

表 1　2020 年版国别区域与全球治理类皮书三个分类别丛书名

序号	丛书名	序号	丛书名
国别类			
1	澳大利亚蓝皮书	10	日本经济蓝皮书
2	巴西黄皮书	11	日本蓝皮书
3	德国蓝皮书	12	叙利亚蓝皮书
4	俄罗斯黄皮书	13	伊朗蓝皮书
5	法国蓝皮书	14	以色列蓝皮书
6	菲律宾蓝皮书	15	意大利蓝皮书
7	加拿大蓝皮书	16	印度尼西亚蓝皮书
8	马来西亚蓝皮书	17	英国蓝皮书
9	美国蓝皮书	18	越南蓝皮书
区域类			
1	阿拉伯黄皮书	7	非洲黄皮书
2	北极蓝皮书	8	拉美黄皮书
3	大洋洲蓝皮书	9	澜湄合作蓝皮书
4	东北亚蓝皮书	10	欧洲蓝皮书
5	东盟黄皮书	11	欧洲移民蓝皮书
6	东盟文化蓝皮书	12	葡语国家蓝皮书

续表

序号	丛书名	序号	丛书名
13	太平洋岛国蓝皮书	17	中东欧蓝皮书
14	亚太蓝皮书	18	中东欧文化蓝皮书
15	印度洋地区蓝皮书	19	中亚黄皮书
16	中东黄皮书		
全球治理类			
1	国际共运黄皮书	8	世界经济黄皮书
2	国际禁毒蓝皮书	9	世界侨情蓝皮书
3	国际形势黄皮书	10	丝绸之路蓝皮书
4	海外公共安全与合作蓝皮书	11	"一带一路"蓝皮书
5	气候变化绿皮书	12	"一带一路"投资安全蓝皮书
6	全球信息社会蓝皮书	13	中俄经济合作蓝皮书
7	上海合作组织黄皮书		

数据来源：皮书研究院。

（二）国别区域与全球治理类皮书新增品种分析

在50种2020年版国别区域与全球治理类皮书中，连续出版的皮书丛书共计47种，新增皮书丛书共计3种。新增的3种皮书丛书中，国别类1种，即"意大利蓝皮书"；区域类2种，即"太平洋岛国蓝皮书""中东欧文化蓝皮书"。

意大利是欧洲传统强国，在欧洲事务和全球治理中发挥着重要作用；太平洋岛国处于21世纪海上丝绸之路南线，是"一带一路"倡议的重要组成部分；中东欧是"一带一路"倡议在欧洲方向前期成果落地最多的区域，中国—中东欧国家合作是具有重要影响力的跨区域合作平台。新增品种"意大利蓝皮书""太平洋岛国蓝皮书""中东欧文化蓝皮书"将进一步扩大国别区域与全球治理类皮书的覆盖范围，丰富相关国家和区域的研究成果，为开展中国特色大国外交、推动"一带一路"倡议的落实提供学理支撑。

（三）2020年版国别区域与全球治理类皮书报告数量及出版字数分析

1. 报告数量分析

以50部2020年版国别区域与全球治理类皮书为统计对象，共出版报告914

篇，平均每部皮书含报告数量 18 篇。在 914 篇皮书报告中，国别类皮书的报告共计 325 篇，数量占比为 35.56%；区域类皮书的报告共计 351 篇，数量占比为 38.40%；全球治理类皮书的报告共计 238 篇，数量占比为 26.04%（见图 2）。

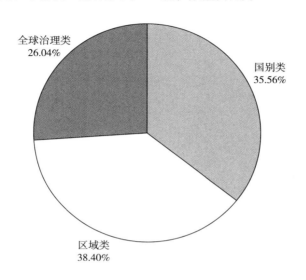

图 2　2020 年版国别区域与全球治理类皮书三个分类别报告数量占比

数据来源：皮书研究院。

2. 出版字数分析

按照皮书版权页字数进行统计，2020 年版国别区域与全球治理类皮书字数共计 13797 千字，平均每部皮书字数为 275.94 千字。其中，国别类皮书共计 5824 千字，占比为 42.21%，平均每部皮书 323.56 千字；区域类皮书共计 5693 千字，占比为 41.26%，平均每部皮书 299.63 千字；全球治理类皮书共计 2280 千字，占比为 16.53%，平均每部皮书 175.38 千字（见图 3）。

2019 年版国别区域与全球治理类皮书的平均字数为 335.80 千字，与之相比，2020 年版该类皮书的平均字数下降了 59.86 千字，达到了将皮书的单本书版面字数控制在 30 万字以内的要求。由于皮书具有较强的智库咨询属性，对皮书内容进行精简，有利于强化问题意识，突出对策方案，提升信息传递的效率，增强服务实践的能力。

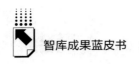

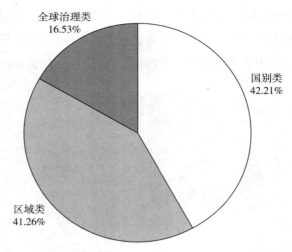

图3 2020年版国别区域与全球治理类皮书三个分类别出版字数占比

数据来源：皮书研究院。

（四）研创机构及作者分析

1. 研创机构分析

2020年版国别区域与全球治理类皮书的研创机构共计62家，各类研创机构的数量及占比如表2所示。

表2 2020年版国别区域与全球治理类皮书研创机构性质统计

序号	单位性质	数量(家)	占比(%)
1	高校及高校智库	29	46.77
2	中国社会科学院	23	37.10
3	党政部门智库	4	6.45
4	地方社会科学院	5	8.06
5	企业和企业智库	1	1.62
合　计		62	100.00

数据来源：皮书研究院。

在全部研创机构中，教育部备案的国别和区域研究中心共计18家，相比2019年版的15家有所上升。作为国家推进国别区域研究的重要主体，教育部备案的国别和区域研究中心的参与对于提高该类皮书学术质量、扩大该类皮书覆盖范围等具有积极意义。例如，2020 年版新增品种"太平洋岛国蓝皮书"由聊城大学太平洋岛国研究中心研创，填补了太平洋岛国相关皮书的空白。目前，在 400 余家教育部备案的国别和区域研究中心中，参与研创的 18 家机构占比依然较低，提升空间依然较大。今后，还需要更多研究中心积极参与到皮书研创中来，使皮书成为各研究中心丰富学术成果、深化学术交流、推动学科建设的重要载体。

2. 作者数量、职称、学历分析

2020 年版国别区域与全球治理类皮书报告作者共计 1124 人，其中具有副高级及以上职称的作者有 688 人，占比为 61.21%，相比 2019 年版有了较大幅度的增长；具有博士学位的作者 457 人，占比为 40.66%，与 2019 年版基本持平。更多具有较高职称的作者参与到皮书研创中来，使得皮书在专业技术水平方面具有了一定保障；但与此同时，具有博士学位的作者占比还不够高，与 2019 年版一样未能超过半数，今后还需更多高学位的作者参与研创，共同提升该类皮书的学术科研水平。

此外，在 2020 年版国别区域与全球治理类皮书报告中，共有 55 位外籍学者参与研创，占比为 4.89%。这些外籍学者主要参与的皮书包括"巴西黄皮书""国际禁毒蓝皮书""意大利蓝皮书""以色列蓝皮书"等。国别区域研究在发展过程中，既需要外国学者以外部视角进行研究观察，也需要本国学者以内部视角开展在地化研究，与此相对应，该类皮书也需要在一定程度上借鉴在地化研究成果，以便更好地了解研究对象国或区域，拓展学术研究的国际视野。

（五）出版时间分析

1. 持续出版时间分析

皮书是一种连续性出版物，持续出版次数是衡量皮书研创质量的重要参考指标。2020 版国别区域与全球治理类皮书丛书持续出版情况见表3。在2020 年版国别区域与全球治理类皮书丛书中，持续出版 10 次及以上的共计 14 种（见表 4），占比为 28%；持续出版 5~9 次的共计 14 种，占比为

28%；持续出版不到 5 次的共计 22 种，占比为 44%，这部分皮书绝大多数是近年来新增的品种。国别区域研究的特点决定了研究者需要"深入某一地某一国来做长期的跟踪观察，借此积累一线体验、获取一手资源、结识一流人脉，方可把握研究对象的真实情况，得出可靠的结论"①。然而，目前仅有不到 1/3 的皮书能够形成 10 次以上的持续出版，占比还不够高。在今后的皮书研创中，首先应保障现有皮书品种的持续、稳定、高质量出版，尤其是在我国外交实践中较为重要的全球性大国和周边国家相关品种；其次，对于还没有皮书品种的重点国家、区域、全球议题，可考虑尽早开始研创，通过积累逐步形成一定的规模和数量；最后，对于极个别出版后发生间断的品种，也应分析具体原因，予以改善。

表 3 2020 年版国别区域与全球治理类皮书丛书持续出版情况

持续出版次数（次）	丛书数量（种）	占比（%）
1	3	6
2	9	18
3	7	14
4	3	6
5	3	6
6	4	8
7	2	4
8	2	4
9	3	6
10	2	4
12	1	2
13	3	6
14	1	2
16	1	2
17	1	2
19	2	4
21	2	4
23	1	2
合计	50	100

数据来源：皮书研究院。

---

① 刘鸿武：《中国区域国别之学的历史溯源与现实趋向》，《国际观察》2020 年第 5 期，第 67 页。

表 4　持续出版 10 次以上的 2020 年版国别区域与全球治理类皮书统计

持续出版次数（次）	丛书名	研创机构
23	世界经济黄皮书	中国社会科学院世界经济与政治研究所
21	国际形势黄皮书	中国社会科学院世界经济与政治研究所
21	中东黄皮书	中国社会科学院西亚非洲研究所
19	拉美黄皮书	中国社会科学院拉丁美洲研究所
19	亚太蓝皮书	中国社会科学院亚太与全球战略研究院
17	欧洲蓝皮书	中国社会科学院欧洲研究所、中国欧洲学会
16	俄罗斯黄皮书	中国社会科学院俄罗斯东欧中亚研究所、中国社会科学院俄罗斯研究中心
14	越南蓝皮书	广西社会科学院、广西东南亚研究会
13	日本经济蓝皮书	全国日本经济学会、中国社会科学院日本研究所
13	日本蓝皮书	中华日本学会、中国社会科学院日本研究所
13	上海合作组织黄皮书	中国社会科学院俄罗斯东欧中亚研究所、中国社会科学院上海合作组织研究中心
12	气候变化绿皮书	中国社会科学院 - 中国气象局气候变化经济学模拟联合实验室
10	澜湄合作蓝皮书	云南大学澜沧江 - 湄公河次区域研究中心、云南大学周边外交研究中心
10	美国蓝皮书	中国社会科学院美国研究所、中华美国学会

数据来源：皮书研究院。

2. 出版月份分析

2020 年版国别区域与全球治理类皮书按照出版月份进行统计，如表 5 所示。可以看出，出版数量比较集中的月份为 3 月、4 月、11 月、12 月，占比分别为 10%、10%、14%、18%。

表 5　2020 年版国别区域与全球治理类皮书出版月份统计

出版月份	数量（部）	占比（%）	出版月份	数量（部）	占比（%）
1 月	3	6	8 月	3	6
2 月	3	6	9 月	3	6
3 月	5	10	10 月	4	8
4 月	5	10	11 月	7	14
5 月	1	2	12 月	9	18
6 月	3	6	合计	50	100
7 月	4	8			

数据来源：皮书研究院。

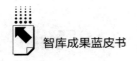

（六）关注热点分析

对 2020 年版国别区域与全球治理类皮书的 914 篇报告的标题进行热点词频分析，排名前三十位的高频热词为：经济、形势、关系、政策、政治、日本、现状、战略、美国、社会、外交、俄罗斯、应对、文化、治理、安全、政府、前景、背景、贸易、投资、巴西、伊朗、英国、马来西亚、丝绸之路、移民、经济带、中东、澳大利亚（见图 4）。

图 4　2020 年版国别区域与全球治理类皮书报告热词云图

资料来源：该图由微词云软件生成。

经济、政治、社会、外交、文化等热词，一定程度上展示出国别区域研究的跨学科特性。为形成有关研究对象的综合知识体系，该学科需要围绕对象国或区域的历史、文化、宗教、社会、语言、政治、经济、外交等领域开展全方位的综合性、交叉性研究。日本、美国、俄罗斯、巴西、伊朗、英国、马来西亚、澳大利亚等与国家相关的热词，表明全球性大国、周边国家依然是我国国别区域研究在当前阶段最主要的研究对象。形势、关系、政策、现状、战略、应对、治理、安全、前景、贸易、投资等热词，非常直观地体现出了国别区域研究的决策咨询属性。准确把握研究对象的现状与形势，分析预测发展前景，制定应对战略，为国家开展对外贸易和投资、维护国际安全、参与全球治理提供专业可靠的政策咨询，是国别区域研究最为重要的实用价值之一。

（七）皮书类型分析

根据《皮书手册：写作、编辑出版与评价指南》（第四版），可按研究功能将皮书分为发展报告型、分析预测型、评价（评估）型、研究报告型四大类型①。其中，发展报告型侧重对研究对象的发展现状进行描述；分析预测型侧重对研究对象未来发展趋势进行预测；评价（评估）型侧重利用数据模型、评价指标体系分析研究对象的发展现状，并揭示其特征；研究报告型侧重对研究对象的某一主题进行实证研究，并通过年度性的持续分析发现规律，提供有价值的智库观点。

在50部2020年版国别区域与全球治理类皮书中，发展报告型42部，占比为84%；分析预测型2种，占比为4%；评价（评估）型1种，占比为2%；研究报告型5种，占比10%。由此可见，当前该类皮书绝大部分为发展报告型，研究功能体现在对发展现状的客观描述，而能够对各国家、区域、国际议题进行准确评估和分析预测，揭示其内在特征及变化规律的品种还比较稀少。鉴于国别区域研究具有较鲜明的智库咨询属性，需要在全面掌握研究对象发展现状的基础上，提供具有决策参考价值的趋势预测和对策建议，今后在该类皮书的研创过程中，应进一步加大分析预测型、评价（评估）型、研究报告型类别的比重。

二 国别区域与全球治理类皮书评价及影响力分析

（一）皮书评价分析

从2008年起，为了对皮书质量进行严格把关，社科文献出版社构建了

---

① 谢曙光主编《皮书手册：写作、编辑出版与评价指南》（第四版），社会科学文献出版社，2020，第11页。

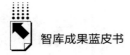

包括内容评价指标体系和社会影响力评价指标体系在内的皮书综合评价指标体系，对皮书进行专业化、标准化的评价分析。在此，本文将根据 2020 年版皮书的评价数据，以在各类得分中位居前 10 名的皮书为案例，对 2020 年版国别区域与全球治理类皮书的评价情况进行分析。

在 50 部 2020 年版国别区域与全球治理类皮书中，综合得分、内容评价得分、社会影响力得分位居前 10 名的皮书如表 6 所示。

从类别方面看，综合得分前 10 名的皮书中，国别类有 5 部（占 18 部国别类皮书的 27.78%），区域类有 1 部（占 19 部区域类皮书的 5.26%），全球治理类有 4 部（占 13 部全球治理类皮书的 30.77%）；内容评价得分前 10 名的皮书中，国别类有 5 部（占 18 部国别类皮书的 27.78%），区域类有 2 部（占 19 部区域类皮书的 10.53%），全球治理类有 3 部（占 13 部全球治理类皮书的 23.08%）；社会影响力得分前 10 名的皮书中，国别类有 5 部（占 18 部国别类皮书的 27.78%），区域类有 1 部（占 19 部区域类皮书的 5.26%），全球治理类有 4 部（占 13 部全球治理类皮书的 30.77%）。整体看来，国别类皮书在内容评价得分方面表现突出，表明该类皮书在学术研究的科学性、规范性等方面有一定优势；在社会影响力得分和综合得分方面，虽然国别类皮书进入前 10 名的数量最多，但从数量占比来看不及全球治理类皮书，这与全球治理类皮书关注国际热点议题，更加受到政府部门、媒体、社会公众的关注有较大关系；区域类皮书在内容评价及社会影响力评价方面均有待加强，需要在今后的研创过程中大力提升成果质量。

表 6　2020 年版国别区域与全球治理类皮书综合得分、内容评价得分、社会影响力得分前 10 名情况

排名	丛书名	书　名	类　别	得分
综合得分				
1	气候变化绿皮书	应对气候变化报告（2020）	全球治理类	88.80
2	德国蓝皮书	德国发展报告（2020）	国别类	88.70
3	世界经济黄皮书	2020 年世界经济形势分析与预测	全球治理类	87.00
4	国际形势黄皮书	全球政治与安全报告（2020）	全球治理类	85.70

续表

排名	丛书名	书　　名	类　别	得分
5	英国蓝皮书	英国发展报告（2019～2020）	国别类	85.10
6	国际禁毒蓝皮书	国际禁毒研究报告（2020）	全球治理类	84.27
7	日本蓝皮书	日本研究报告（2020）	国别类	83.80
8	中亚黄皮书	中亚国家发展报告（2020）	区域类	83.80
9	日本经济蓝皮书	日本经济与中日经贸关系研究报告（2020）	国别类	80.70
10	意大利蓝皮书	意大利发展报告（2019～2020）	国别类	80.40
内容评价得分				
1	美国蓝皮书	美国研究报告（2020）	国别类	66.50
2	俄罗斯黄皮书	俄罗斯发展报告（2020）	国别类	64.40
3	国际形势黄皮书	全球政治与安全报告（2020）	全球治理类	64.40
4	世界经济黄皮书	2020年世界经济形势分析与预测	全球治理类	63.00
5	德国蓝皮书	德国发展报告（2020）	国别类	62.30
6	欧洲蓝皮书	欧洲发展报告（2019～2020）	区域类	62.30
7	气候变化绿皮书	应对气候变化报告（2020）	全球治理类	61.60
8	日本蓝皮书	日本研究报告（2020）	国别类	61.60
9	英国蓝皮书	英国发展报告（2019～2020）	国别类	61.60
10	拉美黄皮书	拉丁美洲和加勒比发展报告（2019～2020）	区域类	60.90
社会影响力得分				
1	气候变化绿皮书	应对气候变化报告（2020）	全球治理类	27.20
2	德国蓝皮书	德国发展报告（2020）	国别类	26.40
3	国际禁毒蓝皮书	国际禁毒研究报告（2020）	全球治理类	25.20
4	澳大利亚蓝皮书	澳大利亚发展报告（2019～2020）	国别类	24.50
5	世界经济黄皮书	2020年世界经济形势分析与预测	全球治理类	24.00
6	中亚黄皮书	中亚国家发展报告（2020）	区域类	23.60
7	英国蓝皮书	英国发展报告（2019～2020）	国别类	23.50
8	日本蓝皮书	日本研究报告（2020）	国别类	22.20
9	丝绸之路蓝皮书	丝绸之路经济带发展报告（2020）	全球治理类	22.10
10	日本经济蓝皮书	日本经济与中日经贸关系研究报告（2020）	国别类	21.90

数据来源：皮书研究院。

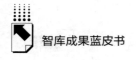

（二）皮书规范性分析

从总报告规范性、署名规范性、皮书体例规范性、出版时间规范性4个方面对皮书规范性进行评价，50部2020年版国别区域与全球治理类皮书的具体情况如下。

在总报告规范性方面，执笔人为主编、执行主编或副主编的有39部，执笔人为其他作者的有11部；在署名规范性方面，封面署名及单篇报告署名规范的有49部，封面署名不规范的有1部；在皮书体例规范性方面，完全符合皮书规范的有36部，缺少单篇报告的英文摘要和关键词的有1部，缺少单篇报告脚注或参考文献的有1部，缺少全书英文目录的有1部，缺少全书中英文关键词的有8部，书名年份与版本不一致的有3部；在出版时间规范性方面，出版时间适宜的有37部，跨年出版且在1月31日前出版的有3部，跨年出版且在3月15日前出版的有7部，跨年出版且在3月15日及以后出版的有3部。整体来看，在4个方面全部符合皮书规范的皮书共计18部，占比为36%，未能超过半数。由此可见，为提升该类皮书的内容质量，有必要进一步加强研创过程中各环节的质量管理，确保皮书的规范性和专业性。

（三）皮书报告使用量情况分析

914篇2020年版国别区域与全球治理类皮书报告在皮书数据库中的使用量（浏览量、阅读量、下载量之和）共计69780次，其中国别类皮书报告的使用量为20251次，占比为29.02%；区域类皮书报告的使用量为16440次，占比为23.56%；全球治理类皮书报告的使用量为33089次，占比为47.42%。如前文所述，国别类皮书报告、区域类皮书报告、全球治理类皮书报告的数量占比分别为35.56%、38.40%、26.04%，其中国别类和区域类皮书报告的使用量占比分别低于数量占比6.54和14.84个百分点，反映出这两类皮书在关注度和影响力方面还不够理想。与此同时，全球治理类皮书报告的使用量占比超出数量占比21.38个百分点，体现出国别区域研究的对策应用属性，全球治理类皮书报告的议题设置以具体国际议题为主，因此在决策参考与实际应用方面受到了更多关注。

根据单篇皮书报告的使用量进行排名，各类别皮书前 5 名报告的情况如表 7 所示。排名前 5 位的国别类皮书报告涉及美国、日本，以及因适逢中意建交 50 周年而备受关注的意大利；所涉及的议题主要为该皮书出版时极具时效性的美国大选和中意合作问题，以及邻国日本的经济形势和中日经贸关系。排名前 5 位的区域类皮书报告均来自中亚黄皮书，所关注的议题是中亚地区发展形势及中国与中亚经贸合作。在排名前 5 位的全球治理类皮书报告中，世界经济统计资料位居第 1，反映出一手数据资料在学术科研中的重要价值；紧随其后的全球政治与安全形势、世界经济形势，以及美国经济制裁和中国周边安全形势评估，都鲜明地体现出国别区域研究追踪全球热点趋势、服务中国外交需求的学科特性。

表 7　2020 年版国别区域与全球治理类皮书报告三个分类别使用量前 5 名统计

排名	丛书名	书　　　名	报告名	使用量（次）
国别类				
1	日本经济蓝皮书	日本经济与中日经贸关系研究报告（2020）	2019～2020 年日本经济、中日经贸关系回顾与展望	513
2	美国蓝皮书	美国研究报告（2020）	分裂与共识：2019 年的美国内政外交与 2020 年美国大选展望	335
3	意大利蓝皮书	意大利发展报告（2019～2020）	迈向建交 50 年的中国与意大利合作	324
4	美国蓝皮书	美国研究报告（2020）	当代美国的极右社会思潮	319
5	美国蓝皮书	美国研究报告（2020）	美国研究报告（2020）后记	306
区域类				
1	中亚黄皮书	中亚国家发展报告（2020）	中亚：寻求创新合作新动力	380
2	中亚黄皮书	中亚国家发展报告（2020）	中亚国家经济形势及展望	344
3	中亚黄皮书	中亚国家发展报告（2020）	2019 年哈萨克斯坦国家发展报告	323
4	中亚黄皮书	中亚国家发展报告（2020）	影响中亚地区安全的不确定性因素增多	309
5	中亚黄皮书	中亚国家发展报告（2020）	中国与中亚经贸合作稳定发展	297

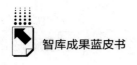

排名	丛书名	书　名	报告名	使用量（次）
全球治理类				
1	世界经济黄皮书	2020 年世界经济形势分析与预测	世界经济统计资料（2011 ~ 2024）	1492
2	国际形势黄皮书	全球政治与安全报告(2020)	2019 年全球政治与安全形势：热点与趋势	1159
3	世界经济黄皮书	2020 年世界经济形势分析与预测	2019 ~ 2020 年世界经济形势分析与展望	939
4	世界经济黄皮书	2020 年世界经济形势分析与预测	美国经济制裁：历程、手段与效果	902
5	国际形势黄皮书	全球政治与安全报告(2020)	中国周边安全形势评估(2018 ~ 2019)	781

数据来源：皮书数据库。

三　国别区域与全球治理类皮书研创建议

（一）进一步突出选题策划的咨政属性，为外交事务提供学理支撑

国别区域研究"应该是一种行走在今天中国对外关系与全方位合作的大地上的学问，是服务于国家发展现实需要的推进国家治理现代化的学科，必须围绕着中外关系中的'国家重视、企业关心、社会关注、百姓热心'的主线来开展研究、选择主题、评价成果、奖励贡献"[①]。国别区域研究是一门兼具基础性和应用性的学科，皮书是智库报告最为典型的发表形式，因此，该类皮书的研创需要更多地体现出咨政属性。

具体说来，全球治理类皮书应结合在国家外交事务中具有重要意义的国际热点问题进行议题设置，研创出更具有决策参考价值的品种，尤其是要注

---

① 刘鸿武：《中国区域国别之学的历史溯源与现实趋向》，《国际观察》2020 年第 5 期，第 68 页。

重时效性，能够较为迅速地对热点议题做出现状描述与趋势预测；国别类、区域类皮书虽侧重基础研究，但也同样可以结合外交战略需要来选择研究对象并开展研创，例如2020年版新增品种"太平洋岛国蓝皮书"填补了南太平洋区域皮书的空白，有助于夯实该区域的研究基础，另一个新增品种"中东欧文化蓝皮书"则在此前的"中东欧蓝皮书"基础上，将相关研究拓展到文化领域，有助于从更多方面来加深对中东欧这一推动"一带一路"倡议的重要区域的认识。此外，如前文所述，国别区域与全球治理类皮书中分析预测型、评价（评估）型、研究报告型品种所占的比重还比较小，今后在该类皮书的研创过程中应加大这几类皮书的品种数量，以便提供具有决策参考价值的趋势预测和对策建议。

（二）对研究方向进行更加精细化的定位，突出研究重点，加强专业性和针对性

国别区域研究的范围极为广泛、包罗万象，从研究对象看，覆盖全球所有国家、国际区域、国际议题；从研究领域看，涵盖政治学、社会学、民族学、世界史、外国语言文学等诸多学科。面对如此纷繁复杂的研究对象和研究领域，该类皮书在研创过程中可能反而不能追求"大而全"，而是要追求"小而精"，在对研究方向进行更精细化定位的基础上，聚焦研究核心、突出研究重点，加强学术成果的专业性和针对性。

北京大学教授王缉思曾经将国别区域研究专家分为不同类型，并认为可以用相应的不同学术标准来衡量：例如对于功能性研究领域的专家而言，他们需要了解诸如中东能源问题、拉美农业问题、美国金融问题等特定领域，但未必需要对这个地区或国家的其他领域做深入的研究；对于区域问题研究的专家而言，他们需要了解诸如阿拉伯、中东、中东欧等特定区域，但未必需要对其中某一国家有特别专深的了解①。本报告认为，这一对国别区域研

---

① 王缉思：《浅谈区域与国别研究的学科基础》，澎湃新闻，2020年10月30日，https：// www.thepaper.cn/newsDetail_ forward_ 9826941，最后检索日期：2021年7月29日。

究学者进行分类并以不同标准进行衡量的主张也可为该类皮书研创所借鉴。国别区域研究的综合性、交叉性，决定了任何研究机构或学者都难以做出面面俱到的研究成果，单部皮书只有深度聚焦于某一较为细化的研究方向、突出研究重点，才能提升学术价值和咨政价值。例如，区域类皮书可深度聚焦于该区域本身，对该区域做整体性研究，而不必对区域内各个国家做逐一探讨和深入分析，以便突出"区域"这一研究方向和重点；又如，国别类皮书可将研究方向限定在一国之内，对其做进一步的细化处理，例如对于像尼日利亚这种国土面积较大且内部经济、宗教、文化差异比较突出的国家，可细分为尼日利亚的北部、东南部、西南部①，开展更为专业细致的研究。

通过对国别区域与全球治理类皮书的研究方向进行更加精细化的定位，可以使研究重点更加专精，便于集中相关资源和力量进行深入研究，避免追求大而全、面面俱到，却反而流于空泛、失去重点，甚至因研究力量不足以应对而降低了学术质量的现象。总而言之，该类皮书选题方向的精细化，有利于各研创机构发掘出更多角度的研究主题，最大化地发挥出比较优势，避免选题"撞车""扎堆"等现象；进一步突出研究重点，则有助于提升研创成果的学术专业性，以及面向特定国别、区域、国际议题的针对性，提升咨政参考的实用价值。

（三）形成跨学科的联合研创机制，充分发挥多种研创主体的比较优势

深入开展国别区域研究，所需要的条件是多方面的：一方面，国别区域研究具有跨学科、多专业的交叉性特点，需要综合人文科学、社会科学，甚至自然科学的许多知识；另一方面，在学科背景之外，该研究还需要较强的外语能力、在对象国或区域的实地生活经历，甚至是在当地的人脉资源，以便获得当地最新动态及一手数据等。由于单个学者或机构很难完全满足上述诸多条件，要想做好该类皮书的研创工作，可能需要形成跨学科的联合研创机制，并可结合国别区域研究特点，吸纳具有对象国一线业务经历的各类型

---

① 刘鸿武：《中国区域国别之学的历史溯源与现实趋向》，《国际观察》2020 年第 5 期，第 63 页。

主体参与研创，充分发挥各自的比较优势。

首先，形成跨学科的联合研创机制。国别区域研究涉及诸多学科领域，势必需要在研创团队中引入不同学科背景的研究者；加之，跨学科的联合研创有利于发挥各学科的独特优势，相互取长补短，发挥学科集群最大的效能，比如历史学和政治学在观察一个国家或者地区长周期变化时，具有一定的优势，但是在分析短周期现象时，则需要其他学科尤其是新闻学、法学、经济学和社会学的帮助①。

其次，由于国别区域研究兼具基础性和应用性，在研究过程中既需要具备学术科研能力也需要拥有在对象国的实地经历和对该国的深入了解。因此，国别区域研究不仅涉及高校、科研单位等研究性质的主体，还可能涉及驻外机构、新闻媒体等非研究性质的主体。其中，高校和科研单位具有学科背景优势，侧重开展理论研究；驻外机构、新闻媒体具有在对象国或区域一线工作的切身经验、在实际业务中积累的一手资料及数据等，侧重对现实问题进行动态跟踪。通过这两种不同性质的主体间的合作充分发挥各自的比较优势，将有助于该类皮书的研创工作。

参考文献

谢曙光主编《皮书手册：写作、编辑出版与评价指南》（第四版），社会科学文献出版社，2020。

刘鸿武：《中国区域国别之学的历史溯源与现实趋向》，《国际观察》2020 年第 5 期。

王缉思：《浅谈区域与国别研究的学科基础》，澎湃新闻，2020 年 10 月 30 日，https://www.thepaper.cn/newsDetail_forward_9826941，最后检索日期：2021 年 7 月 29 日。

王晋：《议题与路径——构建中国特色的国别与区域研究体系》，《中国社会科学评价》2020 年第 4 期。

赵可金：《国别区域研究的内涵、争论与趋势》，《俄罗斯研究》2021 年第 3 期。

---

① 王晋：《议题与路径——构建中国特色的国别与区域研究体系》，《中国社会科学评价》2020 年第 4 期，第 112 页。

B.7
文化传媒类皮书的研究热点
及前沿趋势报告（2021）*

张　琛**

摘　要：　本报告以5G、区块链、大数据、AI等新技术驱动下的媒介技术变革为研究背景，深入分析2020年文化传媒类皮书的出版状况、主题分布、热点词频、研究网络关系等方面内容。在33部文化传媒皮书中有3部是中断后重新出版，有3部新出版皮书，这进一步说明文化传媒领域仍在不断探索创新。通过文献计量方法中的词频分析、社会化网络分析及可视化工具，以1378篇2020年文化传媒报告以及2010～2020年十年的分报告关键词为基础样本数据，重点就舆情研究、虚拟社群传播、智能算法治理、技术连接乡村振兴等主题进行阐述，提出在"十四五"时期文化传媒类皮书高质量研创趋势体现在：第一，技术战略创新打造文化竞争力；第二，聚焦新文科建设形成中国特色学术研究成果；第三，5G、区块链、AI等媒介技术赋能智慧社会治理研究；第四，多种数字媒介场景下的国际传播研究视野。

关键词：　媒介变革　高质量发展　算法治理　新文科　国际传播

---

* 本文系国家社科基金项目"中国网络视听新媒体治理体系的演化规律与效果实证研究"（18CXW032）阶段性研究成果。

** 张琛，新闻传播学博士，北京服装学院时尚传播学院广告学系讲师，社会科学文献出版社特约研究员。

一　引言

从大众媒介时代到互联网时代、智能媒介时代，大数据、5G 技术等引领着中国新闻传播学的新议题，对新媒介制度的建立、互联网治理和社会转型等领域的关注，在日趋成熟的公共文化服务体系研究的背景下，使得文化传媒类皮书的研究不仅是关注传播媒介本身，而且是关注媒介与社会发生的关系。中国处于"十四五"规划开局之年，文化传媒类皮书在对媒介变革成分研究时，可以充分借鉴德内拉·梅多斯关于"系统思维"的观点：在对媒介变革进行研究时，不要被表象迷惑；在非线性的世界里不要用线性的思维模式，应恰当地划定系统的边界，考虑多重限制因素以及相对强弱；理解无处不在的时间延迟，清晰地意识到"有限理性"。这样的论述充分回应了当下移动互联网技术下新传播媒介、传播方式以及打破时空概念的新研究范式。

从 2002 年的第一本文化传媒类皮书《2001~2002 年：中国文化产业发展报告》问世至今，近 20 年间种类繁多的文化传媒类皮书对传统媒体转型、新技术革新、全球传播、互联网治理、文创与地方经济协同创新等议题进行持续研究，根据社会科学文献出版社皮书数据库"文化传媒子数据"涵盖范围，将文化传媒类皮书定义为：对中国以及全球范围内的文化及传媒发展现状、热点问题、前沿趋势所进行的，原创性、实证性、专业性、时效性的年度性学术研究成果总称。[①] 中国新闻传播学完整的学科化、体系化研究，为文化传媒类皮书的高质量发展打下了基础，同时直接催生大量的社会智库机构并使它们加入皮书撰写中。不同学科学者的加入、大数据的信息处理技术、全球化眼光和社会治理框架的引入，都让此类皮书的研创摆脱传统思维框架，回归到传媒发展的规律本身，将大量碎片化、即时性的问题置于连续性的皮书出版之中。此时对 2020 年版的文化传媒类皮书的研究现状进行梳理和总结，有助于从研究的知识聚类特征上识别出此类皮书的演变规律和特征。

---

① 谢曙光主编《中国皮书发展报告（2020）》，社会科学文献出版社，2020，第 99~123 页。

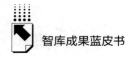

本报告主要对 2020 年版的文化传媒类皮书以文献计量方法进行量化研究和分析，采用知识图谱的方法来分析文化传媒类皮书的研究现状。知识图谱方法能够更好反映一个学科发展进程及内部结构关系，可以对已有的概念、属性进行知识提取，最终借助计算机技术，用可视化方法将新闻传播学研究中的关联架构表现出来。知识图谱具有直观易理解、定量、客观、高效的优点。[①] 本报告借用此方法实现对文化传媒类皮书内部逻辑关系的梳理。

二　2020 年版文化传媒类皮书出版现状

（一）文化传媒类皮书出版数量分析

1. 文化传媒类皮书系列总量

从出版数量看，2020 年版共 416 部皮书，其中共有 33 部文化传媒类皮书（见表1）。连续出版时间最长的是《传媒蓝皮书》，已经连续出版 16 年；多次摘得文化传媒类皮书奖的《新媒体蓝皮书》已经连续出版 11 年；紧随其后的是云南省社会科学院文化开发研究中心的《文化蓝皮书－中国文化消费需求景气评价报告》连续出版 9 年。在 33 部 2020 年版文化传媒类皮书中，中断后重新出版的有 3 部，分别是《产业安全蓝皮书－文化产业》《广告主蓝皮书》《媒介与女性蓝皮书》；也有 3 部是新出版的文化传媒类皮书，它们分别关注新媒介领域的音频选题、区域文化平衡发展选题以及普洱茶的文化产业之路选题。

2020 年是新冠肺炎疫情防控的关键一年，也是"十三五"规划文化事业和文化产业发展的总结年份。公共文化服务体系不断完善，文化市场繁荣有序，新的文化业态、媒介形态层出不穷，一批规模化、实力强的文化企业的出现加快优化了市场结构。截至本报告写作完成，只有 27 部皮书系列完成了连续性出版，比 2019 年减少了 10%。

---

① 侯海燕、刘则渊、陈悦等：《当代国际科学学研究热点演进趋势知识图谱》，《科研管理》2006 年第 03 期，第 90～96 页。

表1 2020 年版文化传媒类皮书出版统计

单位：年

序号	皮书系列名	研创单位	连续出版年数
1	传媒蓝皮书	清华大学新闻与传播学院	16
2	新媒体蓝皮书	中国社会科学院新闻与传播研究所	11
3	文化蓝皮书－中国文化消费需求景气评价报告	云南省社会科学院文化开发研究中心	9
4	文化科技蓝皮书	深圳大学文化产业研究院等	8
5	文化蓝皮书－中国文化产业供需协调检测报告	云南省社会科学院文化发展研究中心	7
6	文化建设蓝皮书	湖北大学高等人文研究院等	7
7	文化蓝皮书－中国公共文化投入增长测评报告	云南省社会科学院文化发展研究中心	6
8	影视蓝皮书	CC-Smart 新传智库	5
9	网络视听蓝皮书	CC-Smart 新传智库	5
10	媒体融合蓝皮书	北京市新闻工作者协会	5
11	文化贸易蓝皮书	北京第二外国语学院国家文化发展国际战略研究院	4
12	互联网与国家治理蓝皮书	中山大学国家治理研究院－互联网与治理研究中心	4
13	"三农"舆情蓝皮书	农业农村部信息中心	4
14	中国大运河蓝皮书	聊城大学运河学研究院、世界运河历史文化城市合作组织	3
15	文化金融蓝皮书	国家金融与发展实验室（NIFD）、中国文化金融 50 人论坛（CCF50）	3
16	未来媒体蓝皮书	厦门理工学院等	3
17	数字娱乐产业蓝皮书－游戏产业	北京电影学院中国动画研究院	3
18	网络评论蓝皮书	"网络评论蓝皮书"编委会	3
19	传播创新蓝皮书	武汉大学媒体发展研究中心	3
20	全球传播生态蓝皮书	中国社会科学院新闻与传播研究所等	3
21	互联网与国家治理蓝皮书	中山大学国家治理研究院－互联网与治理研究中心	3
22	电影蓝皮书	北京电影学院现代创意媒体学院	3
23	文化蓝皮书－中国文化发展研究报告	中国社会科学院文化研究中心	2
24	智库成果蓝皮书	社会科学文献出版社	2
25	海洋文化蓝皮书	自然资源部宣传教育中心、福州大学、福建省海洋文化研究中心	2

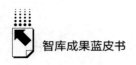

续表

序号	皮书系列名	研创单位	连续出版年数
26	文旅蓝皮书	清华大学文化创意发展研究院、CC-Smart新传智库	2
27	数字娱乐产业蓝皮书－虚拟现实产业	北京电影学院	2
28	产业安全蓝皮书－文化产业	北京印刷学院	中断后重新出版
29	广告主蓝皮书	中国传媒大学广告学院广告主研究所	中断后重新出版
30	媒介与女性蓝皮书	中国传媒大学媒介与女性研究中心	中断后重新出版
31	文化蓝皮书－中国区域文化产业发展报告	云南大学国家文化和旅游研究基地	首次出版
32	文化蓝皮书－中国普洱茶产业发展报告	云南大学国家文化和旅游研究基地	首次出版
33	传媒蓝皮书－中国音频传媒发展研究报告	暨南大学新闻与传播学院、中科网联数据科技有限公司	首次出版

数据来源：皮书研究院。

这次出版的3部新皮书更好诠释了高质量发展要义中的"特色化"。《文化蓝皮书－中国区域文化产业发展报告（2019～2020）》皮书关注中国区域文化特色，从七大区域文化产业入手，结合全国文化消费活跃上行的市场环境，从民族历史文化、非物质文化遗产、城市改造、科技与文化资源配置等角度入手，彰显出新准入皮书的时代价值和重要研究价值。与过去二十年文化传媒类皮书不同，按照分类来看应该属于行业类皮书的《文化蓝皮书－中国普洱茶产业发展报告（2020）》，在此次数据筛选时划归为文化传媒类皮书。该皮书为国内第一本研究中国普洱茶产业发展的文化蓝皮书，该皮书的研创立足于云南省的普洱茶产业，从关照古茶树、市场、产区入手，把普洱茶种植和饮用研究与茶马古道历史文化相结合，结合乡村振兴、精准扶贫的区域发展目标，让源远流长的中华茶文化深入到"以茶可雅志"的精神内涵中。

2. 文化传媒类皮书出版数量分析

2020年共出版文化传媒类丛书26种，其中三种丛书名下有两部或两部以上的皮书。《传媒蓝皮书》除了有来自清华大学新闻传播学院传媒经济与管理研究中心的《中国传媒产业发展报告（2020）》外，同时还有中科网联数据科技有限公司联合暨南大学新闻与传播学院研创的《中国音频传媒发展研究报告（2020）》。《数字娱乐产业蓝皮书》也沿用2019年的课题组，推出了虚拟现实产业和游戏产业两大主题的皮书。比较有影响力，且产生集聚效应的《文化蓝皮书》在2020年出版6部皮书，分别是《中国公共文化投入增长测评报告（2020）》《中国普洱茶产业发展报告（2019~2020）》《中国区域文化产业发展报告（2019~2020）》《中国文化产业供需协调检测报告（2020）》《中国文化发展研究报告（2017~2020）》《中国文化消费需求景气评价报告（2020）》（见表2）。这里提到的集聚效应（Combined effect）本身的含义是指各种产业和经济活动在空间上集中产生的经济效果以及吸引经济活动向一定地区靠近的效应，多发生在产业研发上的集聚效应。此概念延伸至文化传媒类皮书，可发现围绕《文化蓝皮书》这一领域，已经在近些年集中推出多部皮书，以上皮书原创性强，应用实证研究方法，找到了文化服务国家经济发展的切入点，能够很好拓展文化研究视域，转向更具有世界眼光的文化研究主题。

表2 2020年版文化传媒类皮书共用丛书名统计

丛书名	书 名
文化蓝皮书	中国公共文化投入增长测评报告（2020） 中国普洱茶产业发展报告（2019~2020） 中国区域文化产业发展报告（2019~2020） 中国文化产业供需协调检测报告（2020） 中国文化发展研究报告（2017~2020） 中国文化消费需求景气评价报告（2020）
数字娱乐产业蓝皮书	中国虚拟现实产业发展报告（2019） 中国游戏产业发展报告（2019）
传媒蓝皮书	中国传媒产业发展报告（2020） 中国音频传媒发展研究报告（2020）

数据来源：皮书研究院。

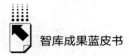

新增数量能够部分反映出某类皮书研创的活跃度（见图1），2018年皮书系列的出版量是33种，2019年是40种，到了2020年是33种。从2002年开始统计数据，涵盖中断后重新出版的皮书，筛选掉在数据统计时没有实现连续出版的旧有皮书品牌。2020年新增量上虽有所下降，但是高质量发展的必经之路便是淘汰、退出。对于新出版文化传媒类皮书变动情况分析，有助于了解该类皮书的连续出版情况。

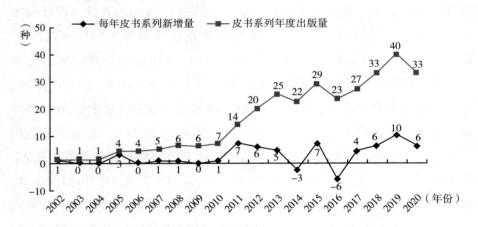

图1　文化传媒皮书系列新增量和年度出版量统计（2002～2020）

注："皮书系列年度出版量"与"每年皮书系列新增量"是包含关系，年度出版量的增减与皮书新增数量增减非对应关系。

数据来源：皮书研究院。

近两年社会科学文献出版社多次提出"高质量发展"的皮书出版机制，尤其是在结构化调整上，截止到2021年5月已经公布了六批淘汰、警示类皮书名单，共有434部。经过统计，文化传媒类皮书累计淘汰及警示皮书30部，2014年第一批淘汰5部文化传媒类皮书，第二批淘汰2部，一直到2021年5月第六批淘汰及警示皮书名单淘汰了4部（见表3）。淘汰及警示名单制度是确保高质量发展的基础和关键，也从另一方面推动了皮书出版的理论化、系统化。优秀的自然科学、人文科学、社会科学成果的留存，依靠的是在出版实践中的检验，这是一种人类知识文明演化的客观规律。

表3 文化传媒类皮书淘汰皮书总量统计（2014～2021年）

序号	淘汰批次	淘汰总量（部）	文化传媒类皮书淘汰总量（部）	文化传媒皮书淘汰量占比（%）
1	第一批（2014年）	44	5	11.36
2	第二批（2014年）	27	2	7.41
3	第三批（2016年）	46	2	4.35
4	第四批（2019年）	162	13	8.02
5	第五批（2020年）	47	4	8.51
6	第六批（2021年）	108	4	3.70
合 计		434	30	6.91

数据来源：皮书评价系统。

3. 文化传媒类皮书报告数量分析

2020年文化传媒类皮书出版的报告数量达到1378篇。从2015年至2020年，共出版4874篇文化传媒类皮书报告，平均每年812篇。通过图2可以看到，虽然在2019年文化传媒类皮书报告数量相较2018年增长了1.72倍，但是2020年皮书报告数量减少了13.77%。由此可见由于受到不可控因素影响，加上学术出版的高标准要求，2020年文化传媒类皮书报告数量有所减少。

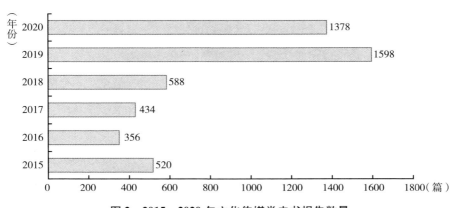

图2 2015～2020年文化传媒类皮书报告数量

数据来源：皮书研究院。

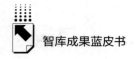

（二）文化传媒类皮书研创单位及作者整体分布

1. 研创单位数量分析及性质占比分析

高质量发展很重要的一个方面体现在研创单位的结构构成上。2020年研创单位分为中国社会科学院、高校和高校智库、地方社会科学院、党政部门智库、行业协会、社会智库、企业和企业智库、媒体和媒体智库、其他。2020年中国社会科学院研创的皮书有3部，高校和高校智库有21部，地方社会科学院有3部，党政部门智库有3部，行业协会有1部，社会智库有5部，企业和企业智库有2部，其他类智库有1部，媒体和媒体智库在此次统计中没有出现。由于皮书会由多家皮书研创单位参与，所以在总体研创单位数量上会超过皮书总量。

从研创单位数量占比分析来看（见图3），高校和高校智库的课题组占了一半多，达到54%。相较2019年，行业协会类智库参与程度也有所提升，从皮书的属性看对现实行业具有实践应用价值是其存在的重要意义，行业智库的加入能够起到对业界视角的补充，也能够提供更为翔实的数据，是高质量发展研创梯队中的重要组成部分。

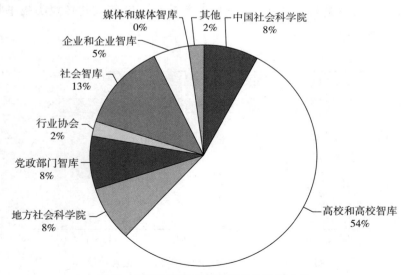

图3　文化传媒类皮书研创单位数量占比

数据来源：皮书研究院。

2. 作者数量、研创单位数量

2020 年版的文化传媒类皮书共有 1378 篇报告，其中有 1373 为个人署名，有 5 篇报告署名为课题组，如《中国音频传媒发展研究报告（2020）》的第 12 篇分报告《2019 年国内网络音频节目内容付费研究》的作者名称是"北京广播电视台广播发展研究中心"。在所有的报告中，有 30 位及以上作者参与一部皮书写作的共有 21 部皮书，占比为 63.63%。作者参与数量并不能绝对说明皮书质量的好坏，相对来说，更多作者参与能相对保障写作质量。从现有数据（表 4）看，云南大学国家文化和旅游研究基地研创了 3 部皮书，云南省社会科学院文化发展研究中心同样承担了 3 部皮书的写作，还有一个行业智库单位，CC-Smart 新传智库，研创了 2 部皮书。

表 4　研创单位的文化传媒类皮书数量

研创单位	书名	皮书研创数量（部）
云南大学国家文化和旅游研究基地	《中国普洱茶产业发展报告（2019~2020）》《中国区域文化产业发展报告（2019~2020）》《中国文化发展研究报告（2017~2020）》	3
云南省社会科学院文化发展研究中心	《中国公共文化投入增长测评报告（2020）》《中国文化产业供需协调检测报告（2020）》《中国文化消费需求景气评价报告（2020）》	3
CC-Smart 新传智库	《中国互联网视听行业发展报告（2020）》《中国影视产业发展报告（2020）》	2

数据来源：皮书研究院数据。

三　2020年版文化传媒类皮书的规范性及同行影响力分析

（一）2020年版文化传媒类皮书的规范性

在 2020 年版的文化传媒类皮书规范性统计中，有 33 部皮书的总报告执笔人得分达到 3 分，占 100%；在"署名规范性"这个指标中，有 32 部皮书做到了封面和单篇报告均有署名；在"皮书体例规范"这个指标中，只有 16 部皮书做到了完全符合皮书规范要求，占 2020 年版文化传媒类皮书的 48.48%，而其他皮书存在缺编委会名单、缺少全书的英文摘要和关键词、缺少单篇报告的英文摘要和关键词、缺英文目录、书名年份与版本不一致、著述方式表达有误等问题。

规范性是皮书质量提升的基础，也是衡量学术价值的重要参考指标。从学术写作规范性的历史来看，只有遵从规范的写作要求，才能促进整个领域写作水平的提高。

（二）2020 年版文化传媒类皮书的同行影响力分析

从已有的科学评价体系看，下载量是评价某个学术成果价值的较为有效的标准。尤其是在这个大数据时代，在成果的发布和接收更为便捷的情况下，下载量这个指标能充分说明某类成果在学术共同体中的地位。本报告将首次对 2010～2020 年的文化传媒类皮书的下载量进行统计，数据来源于皮书网即皮书数据库，该数据库是目前最大的皮书文献资料库。选取有下载记录的 273 部文化传媒类皮书，这些皮书分布在 54 种丛书当中（见图 4）。统计结果呈现出非常明显的不均衡性，如《文化蓝皮书》有 42 部皮书，排名第一，其中《中国文化产业发展报告（2014）》有 1124 次下载量，位列第 18 位。排名第二的是《传媒蓝皮书》，有 12 部皮书，这也得益于其是连续出版时间最长的文化传媒类皮书。《新媒体蓝皮书》《文化创新蓝皮书》分别有 11 部和 10 部皮书。

同时按照单本皮书的下载量进行排名（见表 5），前 20 部皮书分布在《传媒蓝皮书》《新媒体蓝皮书》《文化品牌蓝皮书》《文化蓝皮书》《文旅蓝皮书》《移动互联网蓝皮书》《影视蓝皮书》。可以看出对学术成果的关注集中在少数几种文化传媒皮书中，这些皮书由于数据翔实、研究方法科学、论证充分受到很高的同行关注。

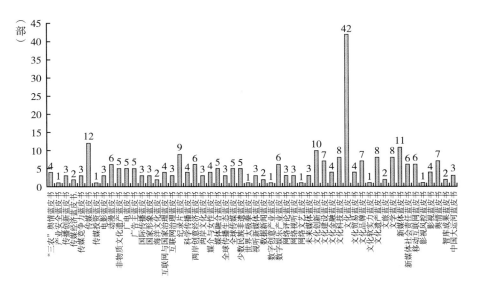

图4 2010～2020年下载记录的文化传媒类皮书丛书分布情况

数据来源：皮书研究院。

表5 2010～2020年文化传媒类皮书在皮书数据库中的下载量（TOP20）

丛书名	书　　名	下载量（次）	版本
传媒蓝皮书	中国传媒产业发展报告（2020）	3653	2020
新媒体蓝皮书	中国新媒体发展报告 No.11（2020）	3181	2020
传媒蓝皮书	中国传媒产业发展报告（2019）	2848	2019
	中国传媒产业发展报告（2015）	2716	2015
新媒体蓝皮书	中国新媒体发展报告 No.10（2019）	2013	2019
传媒蓝皮书	中国传媒产业发展报告（2014）	1980	2014
新媒体蓝皮书	中国新媒体发展报告 No.9（2018）	1925	2018
传媒蓝皮书	中国传媒产业发展报告（2018）	1870	2018
新媒体蓝皮书	中国新媒体发展报告 No.8（2017）	1809	2017
	中国新媒体发展报告 No.6（2015）	1758	2015
传媒蓝皮书	中国传媒产业发展报告（2017）	1748	2017
新媒体蓝皮书	中国新媒体发展报告 No.5（2014）	1727	2014
传媒蓝皮书	中国传媒产业发展报告（2016）	1691	2016
新媒体蓝皮书	中国新媒体发展报告 No.7（2016）	1568	2016
文化品牌蓝皮书	中国文化品牌发展报告（2014）	1327	2014

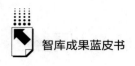
丛书名	书　名	下载量（次）	版本
文旅蓝皮书	中国文旅产业发展报告（2019）	1146	2019
文化蓝皮书	中国文化产业发展报告（2014）	1124	2014
文化品牌蓝皮书	中国文化品牌发展报告（2015）	1096	2015
移动互联网蓝皮书	中国移动互联网发展报告（2017）	1069	2017
影视蓝皮书	中国影视产业发展报告（2017）	1068	2017

　　数据来源：皮书研究院数据。

四　2020年版文化传媒类皮书研创内容分布

（一）2020年版文化传媒类皮书研创的主题分布情况

　　世界经济发展模式正由传统的"要素驱动"（factor-driven）和"效率驱动"（efficiency-driven）向创新驱动（innovation-driven）转型。在创新驱动的高级知识经济社会中，以多层次，多节点，多形态，多主体为组织结构特征和以共同演进、共同专属化、竞合为逻辑运行机理的多维协同创新，日益成为世界主流知识创新范式。[①] 在"万物皆媒"的新传播环境下，经济运行、社会生活、政府治理、文化交流等方面受到新媒介技术影响，正在发生深刻改变，并影响着全球资源的配置。2020 年 1378 篇文化传媒类报告中，人工智能、舆情、虚拟现实、直播、数字经济、城乡经济这六个主题成为区别于 2019 年皮书的新方向。传媒已经不是点对面单向输出的大众传播时代，而是进入了泛在化的新兴互联网传播时代。

　　1. 突发公共卫生事件的舆情研究

　　文化传媒类皮书研创主题在发生重大的转变。影响全球的重大公共卫生事件能让整个传媒业在传播布局、逻辑机制、实施效果等方面发生改变，催

---

　　① 武学超：《模式 3 知识生产的理论阐释——内涵、情境、特质与大学向度》，《科学学研究》2014 年第 9 期，第 1297～1304 页。

生了众多的新媒体业态。舆情的研究并非是新鲜的主题，尤其是当传媒接近权下放至普通民众手中后，社会在某种程度上体现了福柯的现代社会"规训性权力"（normalizing power），将人的行为纳入一张遍及权力的关系网络，潜移默化让自己行为合理化并影响日常生活。① 在互联网虚拟社会中，某事件一旦触发公共舆情，便迅速引起最热烈的讨论，甚至有可能导致舆论审判。2020年版文化传媒类皮书聚焦于网络舆情这个选题，体现出一种对于现实状况最直接的关照，"热点事件""舆情预测""舆情治理"等子选题在分报告中都有所分析；同时也产生新的跨学科研究范式，该范式集合社会学、管理学、新闻传播学、心理学、情报学等多学科理论，以互联网为研究媒介，以一个个虚拟社群的网民为研究对象，实现对公共事件舆情发酵过程的实时监督。

2. 虚拟社群传播

2020年版文化传媒类皮书对于虚拟社群传播加以关注。之所以如此分析是因为，虚拟社群是产生"KOL"（关键意见领袖）、"MCN"机构、"直播带货"等网络热词的基础，正是因为有了虚拟社群的存在才提高了信息传播的效率，也催生了大批马克·普伦斯基所命名的"数字原住民"。这些"数字原住民"在计算机、移动终端等新媒介平台生产、生活，活跃于多个社交媒体，因为某类的喜好或某个事件形成一定的关系圈层，尽管关系圈层有紧密和松散的区分，但是他们都拥有着共同的偏好，这是一种认同力量；虽然各种新媒介平台会发生转移，虚拟社群也会发生流动，但曼纽尔·卡斯特提到的集体认同作为社会行动始终存在，实现跨越时间和空间的自我维系。2020年版的文化传媒类皮书在视听媒介报告、影视报告、新媒体报告中都关注到这一新媒体文化现象。虚拟社群催生了Z世代、"饭圈"文化、偶像崇拜等新热点，这是传媒环境巨变的新产物，传播学、社会学、人类学研究都是新的热点话题。

---

① 〔法〕福柯：《规训与惩罚》，刘北成、杨远婴译，生活·读书·新知三联书店，2003，第330～349页。

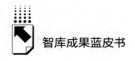

3. 智能算法治理

在 2020 年 1378 篇分报告中也有不少对于智能算法传播的关注。"算法"这一研究热点出现在《做自主的女性：智媒时代的媒介素养》《2020 年我国构建数字文明的可行性分析报告》《2000～2020 年我国新闻算法伦理研究回顾与展望》《2020 年算法范式对媒介逻辑的重构》等多篇报告中。根据大英百科全书定义，算法是在有限的步骤中生成问题答案或者解决方案的系统程序。文化传媒类皮书研究中不止于对算法技术层面的讨论，而是深入到算法带来的市场竞争问题和社会治理问题的层面展开分析。比如新闻算法带来的精准推送会引发对个人隐私权的侵犯，从而会产生一系列的伦理问题。没有大众媒体时代专业机构的审查环节，纯粹按照偏好产生的推送达到一定量级后将破坏网络生态安全。算法技术从来都不是一个"中立性"的工具，美国技术哲学家安德鲁芬伯格便提到商业、政治等非技术力量可能会操纵算法技术，互联网世界的数据流动产生的不对称、不准确可能会产生现实的社会冲突。因此企业、行业协会以及政府部门采取多元治理合作方式，弥补技术本身的传播漏洞，通过语义分析、图像识别以及人工判断等多环节措施，来对触犯法律的新闻算法行为采取措施，让技术服务于整个人类传播活动，回归新闻本身的真实性、客观性以及公正性。

（二）2020 年版文化传媒类皮书研究对象的热点词频分析

一份有价值的研究成果必定是符合科学写作规范的，通过文化传媒类皮书的 1378 篇分报告可以看出，一篇报告的创新点基本在关键词部分予以体现。比较规范的关键词虽然有 3～5 个，但是其具有高度的概括性，是一篇高质量报告的精髓，因此本报告提取出 2020 年版文化传媒类皮书报告的所有关键词，进行频次分析，这种基于文献词频分析的方法能够揭示或表达文献核心内容的关键词或主题词在某一研究领域文献中出现的频次，以频次的高低来确定该领域研究的热点和发展动向。[1] 关键词出现的词频越高，表明

---

[1] 罗式胜：《文献计量学概论》，中山大学出版社，1994，第 286～291。

研究成果越多，便可以确定该研究领域的热点。以下为分析步骤。

步骤一：基于词频分析方法，统计出 2020 年版文化传媒类皮书的关键词，共计 1535 个关键词。

步骤二：按照关键词的词性，参考停用词表，筛选掉动词、数字、区别词、副词、时间词等；

步骤三：再对词频过滤后的 1109 个词进行频次排序，然后选取使用频次比较高的关键词作为热点词。

步骤四：为了使发现的关键词具有较高的研究价值，与文化传媒类皮书前几年的冷点词进行对比研究，发现过去出现过的冷点词有部分成了今年的热点词，用词频分析法来判断可以认为过去冷点词成了现在研究的热点。

根据 2020 年版文化传媒类皮书单篇报告关键词输出的热点词频图（见图 5、表 6），"媒体"成为 2020 年最热的词，出现 137 频次；与去年相比单个热词的频次有所减少，这从侧面反映出有更多研究热点出现。多角度探讨"媒体"这个热词，发现它与第七个热词"数字"关联性较强。新技术的深度应用带来了全球传播媒介的变革，重大突发公共卫生事件又再次将媒体功

图5　2020 年版文化传媒类皮书热点词频

数据来源：本图使用微词云软件制作，数据来自皮书研究院。

能推到社会属性层面，新媒体形态重构了信息传播的价值和意义，专业传媒组织、自媒体、用户个人都成为内容生产者和传播者，文化传媒类皮书关注到媒体生态正在结构化调整这一重大问题。数字媒体带来了数字经济、数字产业的发展，区块链、大数据技术、AI 技术直接改变了文化传媒产业的方向，数字技术带来了文字、图像、声音等方面处理方式的改变。数字化转型成为文化类企业转型的大趋势，也催生了各种数字产品。33 部文化传媒类皮书无一例外都关注到数字技术带来的在媒体产业、社会生活、企业生产等方面的问题。被压缩的时间和空间改变了人的"在场性"，媒体不再只是中介角色，而是直接参与人类劳动实践，由此在文化传媒皮书中聚焦的"媒体"热词也由狭义的媒体机构延伸至广义的交往活动中。

表 6 2020 年文化传媒类皮书 TOP20 词频

关键词（词频）	关键词（词频）	关键词（词频）	关键词（词频）
媒体（137 次）	数据（40 次）	传媒（31 次）	技术（25 次）
产业（91 次）	数字（38 次）	游戏（31 次）	乡村（25 次）
电影（71 次）	市场（38 次）	内容（26 次）	生态（22 次）
文化产业（63 次）	新闻（37 次）	平台（26 次）	产品（21 次）
网络（60 次）	视频（35 次）	供需（25 次）	评价（20 次）

数据来源：皮书研究院。

在其他关键词"产业""电影""文化产业""网络""数据""视频""乡村""人工智能"的分析中发现，2020 年版文化传媒类皮书更多从文化经济、传媒经济视角去分析当前的市场状况，如文化产业＋科技旅游（《2020 年我国"科技＋旅游"历史、现状及未来应对策略研究》）、数字版权贸易＋产业价值链（《数字化时代中国版权贸易发展研究》）、网络音频＋产业生态（《2019 年国内网络音频节目内容付费研究》）互联网＋文化制造业（《2019 年国内网络音频节目内容付费研究》）等主题，这些皮书报告体现出对新的媒体产业布局的关注。2015 年 3 月 5 日，十二届全国人大三次会议上，国务院总理李克强在政府工作报告中首次提出"互联网＋"行动计划以来，互联网技术直接带来整个文化传媒产业的创新。"十四五"规划纲要也明确提出文化产业数字化概念，所以应推动整个产业在生产、传播、消费的各个环节顺应新趋势。

当然，通过与往年的冷点词对比发现，"乡村"这一关键词的关注度在2020年有所上升，在强化信息技术赋能乡村振兴的政策方针背景下，数字乡村是未来的战略发展方向，数字经济、新媒体传播手段都能丰富农村经济业态，满足人们对于高品质文化的需求。惠及广大农民群众的公共文化服务设施也通过多种新媒体技术直接应用于多种生活场景中。网络直播、非遗数字平台、数字出版等新的业态激发了乡村经济的内生动力，通过乡村内部生产方式的转型实现整个经济的振兴。

（三）2020年版文化传媒类皮书共词网络的可视化分析

共现词又称为共词，是科学知识图谱领域的重要方法，用词汇的共现情况，来反映关联强度，进而确定这个词所代表的研究热点情况。本报告通过分析关键词出现在同一篇报告中的次数，来判断两个主题关系的紧密程度，以此推演形成多个词语之间的共词网络。使用该方法不仅可以对文化传媒类皮书的研究热点进行结构化的分析，同时还可以展现知识领域的结构、合作等关系。

从已有的数据来看，如果仅是以2020年版文化传媒类皮书报告关键词为基础，存在数据信息量过少的问题，因此选择2010～2020年共11年中的3473篇文化传媒类皮书报告作为基础数据。[①] 筛选出每篇报告的关键词，使用COOC6.5软件进行关键词词频的统计并生成共词矩阵，使用Ucinet输出NetDraw所使用的共现矩阵表，对 .##h 格式文件使用 NetDraw 进行中心度分析，生成的可视化数据图反映的是依据中心度大小而显示的节点间的关系情况。

首先，通过 Centrality measures（中心度）分析功能发现，某个关键词的节点度越大意味着在整个关系网络的重要性越大。在图6中有"文化产业""新媒体""媒体融合""移动互联网""人工智能"等关键词属于整个关系网

---

① 皮书数据库中有关键词条目的文化传媒类皮书报告数量。

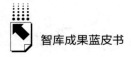

络的中心度较高的主题，处于边缘位置的如文化遗产事业、微信、文化金融、网络综艺等主题属于近 11 年文化传媒领域关注度相对较低的研究领域。

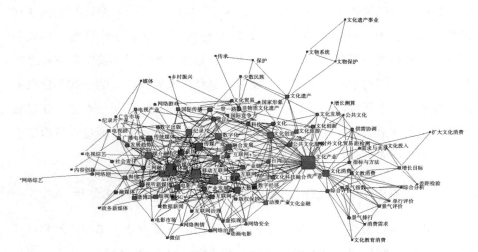

图 6　2020 年文化传媒类皮书共词网络中心度

数据来源：本图使用微词云软件制作，数据来自皮研院。

其次，从文化传媒类皮书共词网络中介中心度（图 7）中看到，文化产业这个主题词成为在整个研究关系网络中最重要的"中介"节点，在 11 年

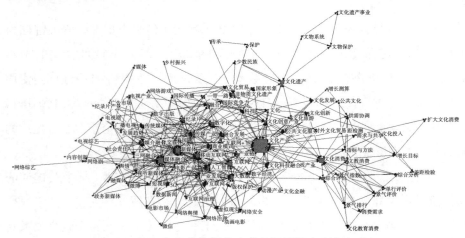

图 7　2020 年文化传媒类皮书共词网络中介中心度

数据来源：本图使用微词云软件制作，数据来自皮研院。

的文化传媒类皮书的研究热点共现图中，文化产业这个主题对整个研究的控制程度最高，换言之就是文化、传媒类内容中涉及文化产业相关分析的内容最多，这个结果也与过去文化的产业化之路不无关系。

最后，对3473篇文化传媒类报告的关键词使用 NetDraw 的"K-cores"（K－核）分析（图8），主要是生成一个子图，其中每个节点都至少与该子图中其他 K 个节点相邻，在此子图中加入任何一个其他点之后，该性质即不存在。K-cores 将包含一系列子网，能够体现出原始网络的中心区域架构。越大的 K 值产生的子网中的节点度越大，同时也更趋向于网络结构的中心位置。在图8中可看到，人工智能、互联网、移动互联网、新媒体、文化产业、媒体融合等主题词方形节点相对较大，说明其在所处的子网中最具影响力。当然也存在视频、5G、数字经济、文化旅游、公共文化服务等相对边

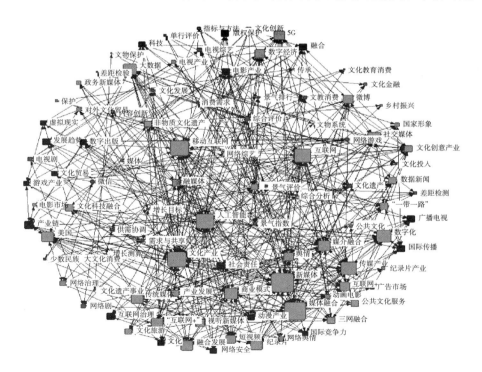

图8　2020年文化传媒类皮书共词网络 K-cores 分析

数据来源：本图使用微词云软件制作，数据来自皮研院。

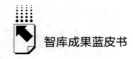

缘的互相联系的主题词，可见有些学者对这些方面也有了相应研究但还没有深入；也存在比如互联网治理、网络安全、国际竞争力等面积比较小的墨黑节点，这些概念是边缘化的词汇，说明文化传媒类皮书在这些主题方面研究薄弱，有待进一步加强。

五 "十四五"时期文化传媒类皮书高质量研创趋势

（一）技术战略创新，打造文化竞争力

人类文明发展史也是一部技术发展史，未来五年至十年，文化事业和文化产业改革将进入一个新阶段，文化管理体制和生产经营机制将凸显出现代文化产业体系中的制度优势。《中华人民共和国国民经济和社会发展第十四个五年规划和2035年远景目标纲要》就文化产业数字化战略这一议题，提出"加快发展新型文化企业、文化业态、文化消费模式，壮大数字创意、网络视听、数字出版、数字娱乐、线上演播等产业。加快提升超高清电视节目制播能力"。以云计算、大数据、物联网、区块链等技术为代表的数字时代正深入影响文化整体性竞争力的提升。文化和旅游部于2021年5月正式发布《"十四五"文化产业发展规划》，在文化产业高质量发展的目标下，文化创意、科技创新、产业融合都是未来文化产业建设重点，尤其是着力推动文化产业创新发展，推动线上线下融合，推动文化产业全面转型升级。新技术驱动的文化科技创新应用在《"十四五"文化产业发展规划》中列出了具体的数字，如培育100个以上线上演播项目，开发100个以上沉浸式体验项目，培育100个以上数字艺术体验场景。这些技术赋能的文化创意产业新业态是下一阶段皮书研创的新热点。

以"新技术""文化竞争力"等关键词为代表的文化创新研究议题，论及文旅融合突破偶然性与不平衡性的问题。通过新技术让影视融入文化旅游当中，数字文娱促进空间规划的可扩展性。① 城市文化的竞争力决定了国家

---

① 司若编：《中国文旅产业发展报告（2020）》，社会科学文献出版社，2020，第99~109页。

文化竞争力的高度，技术能够提升北上广深这些一线城市的数字创意产业竞争力，让信息技术更迭促进新兴产业融合。① 数字消费满足多样化的公共文化需求，这是具有现实意义的新议题。新媒介技术带动多地的融媒体中心的建设，区域主流媒体竞争力可以提升一个地区的经济效益和社会效益。② 主流媒体是实施数字化战略的组成部分，也是中国文化全球竞争力的重要手段。

（二）聚焦新文科建设，形成中国特色学术研究成果

以"新文科""一流本科教育""新闻教育"等关键词为代表，聚焦新文科建设以及人才培养领域，2020 年文化传媒类皮书报告已经对学科建设有所分析。中央全面深化改革委员会第十五次会议审议通过的《关于新时代振兴中西部高等教育的若干意见》指出，要打造特色优势专业，升级改造传统专业，淘汰不适应社会需求的专业。一个国家文化领域、传媒领域的持续创新离不开一流学科和专业的人才。在现代大学中社会与人文知识属于文科范畴，区别于自然科学的学科。德国曾经就自然科学与精神科学有过激烈的讨论，以区分社会科学与人文科学。③ 在美国的学科建制中，人文学科回归到历史的、哲学的层面去阐述人类行为的普遍性的规律，而社会科学具有的理性、科学的研究范式对社会进步、政治更迭有着更直接的研究。《中华人民共和国国家标准 学科分类与代码》（GB/T 13745—2009）把人文与社会科学类统合在一起作为五门学科之一。当下强调将中国文化传承与制度特色融入学科建设当中，形成新的文科特色，培养具有中国学派特色的哲学社会科学。在跨学科知识贯通的现实所需下，推进新文科建设，需要打破学科壁垒。④

① 李炎、胡洪斌主编《中国区域文化产业发展报告（2019~2020）》，社会科学文献出版社，2020，第 235~254 页。
② 梅宁华、支庭荣主编《中国媒体融合发展报告（2020）》，社会科学文献出版社，2020，第 150~160 页。
③ Michael Forster and Kristin Gjesdal，eds.，*Methodology of Sciences*，*Oxford Handbook of Nineteenth Century German Philosophy*，Oxford University Press，2015.
④ 王琼、徐园主编《中国数据新闻发展报告 2018~2019》，社会科学文献出版社，2020，第 141~163 页。

在学科交叉融合的时代背景下，文化传媒类皮书将从聚焦新文科建设入手，在经济全球化、世界多极化、文化交往等现实状况中，以新的学科体系为着力点，去研究文化传媒领域的变革，才能形成有中国特色的学术研究成果，才能使得皮书作为智库成果代表最前沿的研究。

（三）5G、区块链、AI等媒介技术赋能智慧社会治理研究

MIT人类动力学实验室主任阿莱克斯·彭特兰在《智慧社会》中通过研究数以万计的智能手机、GPS设备、互联网等终端发现，大数据应用成为无法被忽视的力量。整个社会网络的信息交换模式产生了惊人的生产力，不仅统计出了人类行为特征，同时可以应用于城市规划、疾病预测、公共健康等方面。① 以"数字化""5G""AI""8K""区块链"等关键词为代表的研究热点在2020年版文化传媒类皮书中尤为突出，在信息网络泛在化的背景下，5G给AR、LBS的技术应用带来了新的可能。传输速度快加上身临其境的娱乐享受，虚拟现实技术的这些优点使得内容运营的方式更加多元化，吸引更多用户来满足社交需求。中国将成为全球"5G + VR"产业规模最大的市场。② 虚拟与现实相融合，VR、AR、MR、XR等技术重新诠释了麦克卢汉的"人是媒介的延伸"的观点，人与人、人与世界交流的边界正在被打破，信息传输的高速化将让视频语言取代文字语言，占据交流的重要位置。因此，产生于4G时代的短视频，在5G时代将对社会运行、人类交流产生更大影响。

2020年有多篇皮书报告研究视频领域的新变化，主题有短视频直播、政务短视频、网络直播等热点，研究范围包括从行业竞争到内容输出，从用户沉淀到商业变现模式等。现在短视频成为研究焦点，下阶段在新技术驱动下，现有中长视频让渡出来的社会属性将重新成为热点。视频领域的研究也将由产业分析拓展至反垄断、内容监管、版权保护等社会

---

① 〔美〕阿莱克斯·彭特兰：《智慧城市》，汪小帆、汪容译，浙江人民出版社，2015，第33~39页。
② 孙立军主编《中国游戏产业发展报告（2020）》，社会科学文献出版社，2020，第1~34页。

治理议题。

从智能社会到智慧社会概念的转变将因为一系列对未来媒体的思考成为重要的研究热点。尽管现有的皮书已经在部分内容中涉及隐私安全方面的伦理争议、隐私及数据保护、未成年人保护、失业等问题，但是还没有从智慧城市的系统化治理的视角去探讨技术与人类生存的伦理。媒介感知技术等手段与智慧城乡信息平台相融合，智慧共享与治理应用并行，让技术不仅为个人生活服务，同时为新型社会关系网络提供智能化手段。

（四）多种数字媒介场景下的国际传播研究视野

国内传播者面临兼具中国语境和现代表达的传播环境，"国际传播能力"成为文化传媒研究在 2020 年突出的热点问题，接下来的三至五年将会有更多智库围绕这个主题展开研究。中国的新闻传播学界对国际传播的研究可以追溯至 1982 年，在 1980 年联合国教科文组织出版的《多种声音、一个世界——国际传播问题研究委员会的报告》中，中国学者积极讨论国际传播新秩序。[①] 国际传播（International Communication）成为当今世界不同民族和国家之间以及个人和组织之间跨文化的信息交流与沟通现象。[②] 进入 21 世纪，国际形势虽然仍存在不稳定、不确定因素，但是和平与发展仍是主旋律，文化交往也更加便捷。随着中国综合国力的提升，传播好中国故事，打造好国家形象的国际传播能力又成为重要的文化软实力。

从新中国成立之初到改革开放伊始再到 21 世纪的第二个十年，大众媒体、互联网平台、移动互联网社交媒体等多种媒介形态为当前的国际传播提供了前所未有的机遇，提升中国媒体的国际传播能力，面向海外用户调整方向和策略，都是具有时代价值的研究议题。国际政治经济格局在变化，国际传播环境也在发生结构性变化，短视频成为海内外主流媒体重要的信息传播

---

① 祝建华：《改革国际传播秩序的重要文件——读最近翻译出版的"麦克布赖德委员会最后报告"》，《新闻大学》1982 年第 5 期，第 85 ~ 86 页。

② 陈岳、雷伯勇：《国际传播在国际政治中的作用》，《国际新闻界》1997 年第 4 期，第 77 ~ 80 页。

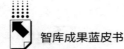

通道。^① 以中央广播电视总台为代表的主流媒体阵营开始积极布局国际传播业务，提升国际合作的综合实力。目前，文化传媒类皮书已经关注到原有外宣工作方式亟待转变的问题。2021 年 5 月 31 日中共中央政治局就加强我国国际传播能力建设进行第三十次集体学习，习近平总书记指出，要加强国际传播能力建设，构建具有鲜明中国特色的战略传播体系。^② 在广泛宣介中国主张、中国智慧、中国方案的历史任务下，社交媒体成为中国文化传播的新契机，尤其是民间力量成为重要的对外传播手段，巧妙展现了中国传统文化，产生了良好的国际传播效果。^③ 下一阶段的文化传媒类皮书的研创将围绕国际传播影响力的提升、新媒体矩阵的打造、民间文化交流与促进、电子媒介时代社群传播等议题展开研究，为增强国际传播能力、构建传播信息新秩序贡献智库成果和力量。

① 高伟、姜飞主编《全球传播生态发展报告（2020）》，社会科学文献出版社，2020，第 1～51 页。

② 《习近平在中共中央政治局第三十次集体学习时强调　加强和改进国际传播工作　展示真实立体全面的中国》，党建网，http：//www. dangjian. cn/shouye/zhuanti/zhuantiku/xuexihuo yewenxuan/202106/t20210607_ 6074863. shtml，最后检索时间：2021 年 8 月 15 日。

③ 唐绪军、黄楚新主编《中国新媒体发展报告（2020）》，社会科学文献出版社，2020，第 261～272 页。

规范与评价报告

Norm and Evaluation Reports

B.8
2020年版皮书内容评价分析报告[*]

丁阿丽[**]

摘　要：　新时代背景下，皮书进入了高质量发展阶段。2020年，实施
皮书目录管理，皮书的准入和退出机制更加严格。为了推动
皮书后端管理的高质量发展，社会科学文献出版社不断完善
皮书内容质量评价指标体系、评价流程。2020年版参与评价
皮书共416种，地方发展类皮书仍然最多，文化传媒类皮书最
少。从评价结果来看，各类别皮书内容质量原始得分均值都
在80分以上，2020年版全部皮书原始得分均值为81.8分，相对
来说，经济类、社会政法类皮书的得分较高。与2019年版相
比，客观性指标中，因评分标准做了调整，2020年版大部分
类别的实证性、时效性低于2019年版；规范性、内容重复率
好于2019年版，在要件的齐全性和规范性、报告的原创性方

＊　本文数据均来自社会科学文献出版社 ERP 系统、皮书在线评价系统。
＊＊　丁阿丽，社会科学文献出版社皮书研究院副院长，研究方向为皮书出版、智库成果评价。

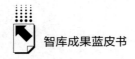

面改善得比较多。主观性指标中，大部分类别研究主题的价
值与意义、科学性低于2019年版，因此研究方法、对策建议
等方面还需要加强；前沿性、创新性高于2019年版，皮书主
题的研究深度和创新性表现比较好。对于每年使用同一指标
体系或社会调查的皮书报告，应注意皮书的原创性；相似主
题的皮书报告，应注意皮书的发布和影响力提升；同一研创
单位的皮书报告，应加强统一管理。提升皮书的内容质量，
建议：第一，在实证性、规范性、时效性、内容重复率客观
性指标尽量获得满分；第二，创新运用大数据等研究方法，
提升报告的数据处理能力和创新性；第三，突出问题意识，
提升研究报告的分析深度和资政性。

关键词：　皮书评价　同行评价　高质量发展

作为及时反映中国经济社会和国际形势热点问题的智库成果，随着社会
影响力的提升，皮书这一出版形态已经得到大众的认可。进入新发展阶段，
推动皮书的高质量发展成为社会科学文献出版社和皮书课题组的共识。从选
题上看，每年近200个课题组提交皮书准入申请，经过专家评审，只有90种
左右的皮书进入皮书系列，通过率约45%，如2020年，共申报皮书选题179
个，经过皮书评审委员会审议，87个皮书选题通过论证，通过率为48.6%。
此外，2021年5月，共108种皮书进入淘汰名单，退出皮书系列。2021年6月，
429种皮书进入2021年皮书目录。严把准入关，严格执行皮书淘汰机制，皮书
评价得分排名靠后的皮书将逐渐退出皮书系列，皮书结构将得到进一步优化。

一　2020年版皮书评价情况

（一）皮书内容质量评价指标

从第三方视角尽可能真实客观地反映每本皮书的内容质量和社会影响力

情况，是设置皮书综合指标体系的最终目的。不断优化皮书综合评价指标，也是皮书评价的一项重要工作。2020 年版皮书综合评价指标体系由"内容质量评价指标体系（70%）"和"社会影响力评价指标体系（30%）"构成，社会影响力评价指标又由媒体影响力指标（20%）、皮书数据库下载率指标（5%）、品牌贡献度指标（5%）构成。与 2019 年版相比，2020 年版皮书内容质量评价指标对评分细则进行了优化和调整，总体来看，兼顾了类别的差异性、过程的可操作性、结果的客观性（见表 1）。（1）实证性指标，删除了对全书使用同一指标体系、社会调查、模型分析或模型预测的方法进行实证分析的赋分情况，此种情况，按照单篇报告的规则进行打分；将使用大数据挖掘的方法进行实证分析的，单独作为一个评分标准。（2）前沿性指标，考虑到地方发展类皮书的研究对象主要是国内城市及相关理论，删除了评分标准"根据对国际学术前沿领域或其他国家学者对某一问题分析的关注程度"，评分标准"根据对与有关国家或地区进行对比研究的程度"满分提高至 5 分。（3）规范性指标，删除了评分标准"主要撰稿人是否为本研究领域的专家学者"，增加了"封面署名、单篇报告署名的规范性"。（4）时效性指标，"所用数据资料的年份是否最新"由主观打分修改为客观打分。

（二）评价流程

2020 年版皮书评价流程分为初评、复评、复核、终评四个环节。初评环节，主要是对客观指标进行评审。其他环节，均采用大同行评审。2021 年 4 月 27 ~ 28 日，"2020 年版皮书评价暨第十二届优秀皮书报告奖复评会"在京召开，会议邀请 28 位相关领域学者、行业专家、核心期刊编辑、资深媒体人作为评委参加了评审会。2021 年 6 月 8 日，2020 年版皮书评价复核会召开，对课题组提供的申诉补充材料进行复核评审。申诉环节的设置是对皮书同行评审的补充，进一步保证了评价结果的科学性。

表1　2019～2020年版皮书内容质量评价指标体系对比

指标性质	二级指标	2019年版	2020年版
	研究主题的价值及意义	—	—
基础项	科学性	评分标准： (1)强调通过社会调查、大数据挖掘等方法获取一手数据。①全书采用一个社会调查的方式获取数据，并进行规范的统计分析的，计为3分；②总报告采用社会调查的方式采取数据，并进行规范的统计分析的，计为3分；…… (2)强调构建原创的评价评级指标体系，并利用最新的数据体系。①全书使用一个原创的评价评级指标体系，评价排名的，计为3分；②总报告采用原创的评价评级指标体系，评价排名的，计为3分；…… (3)强调原创模型预测的方法对数据进行实证分析或模型预测的构建。①全书采用一个模型分析、实证分析的方法对数据资料采用模型分析或模型预测预测的方法进行实证分析的，计为3分；②总报告采用实证分析的方法进行模型分析的，计为3分；……	评分标准： (1)通过社会调查方法获取一手数据。①总报告采用社会调查的方式取数据，并进行规范的统计分析的，计为2分；…… (2)构建原创的评价评级指标体系，并进行实证分析。①总报告使用原创的评价评级指标体系，评价排名的，计为2分；①总报告对数据进行统计分析，并进行实证分析，并进行规范的统计分析的，计为2分。①总报告对数据进行实证分析。 (3)通过大数据挖掘，并利用模型预测预测的方法进行实证分析的，计为2分；②分报告采用大数据挖掘分析的，计为1分。 (4)通过大数据挖掘的方法获取数据，并利用模型分析或模型预测预测的方法进行实证分析的，计为2分；②分报告采用大数据挖掘的方法获取数据，并进行规范的统计分析的，计为1分。……
	实证性		
	应用性（国别与区域、国际问题与全球治理类）	—	—
	前沿性	评分标准： (1)根据对经济社会热点、重点问题的理论概括及阐述程度给0～5分，满分为5分。 (2)根据对有关国家或地区进行对比研究的程度给0～3分，满分为3分。 (3)根据对国际学术前沿领域或其他国家学者对某一问题分析的关注程度，包括对比分析给0～2分，满分为2分。	评分标准： (1)根据对经济社会热点、重点问题的理论概括及阐述程度给0～5分，满分为5分。 (2)根据与有关国家或地区进行对比研究的程度给0～5分，满分为5分。

续表

指标性质	二级指标	2019年版	2020年版
基础项	规范性	评分标准： (1)总报告执笔人是否为主编、副主编，满分为3分。 (2)主要撰稿人是否为本研究领域的专家学者，满分为2分。 (3)丛书名和书名、篇章节名、全书中英文摘要和关键词，编委会（课题组、研究组）名单，单篇报告中英文摘要和关键词、中英文目录、单篇报告作者署名、主要编撰者简介、参考文献来源，是否齐全、是否符合皮书体例规范。满分10分。一项不合格扣1分，扣完为止。	评分标准： (1)总报告执笔人为主编、执行主编或全书执笔人为总报告课题组成员，计为3分；总报告执笔人为其他作者（非主编、副主编、执行主编、全书或总报告执笔人为课题组成员），计为1分；总报告注作者署名，计为0.5分；无总报告的，计为0分。满分为3分。 (2)封面署名、单篇报告署名的规范性，满分为2分。封面署名信息规范的，计为1分；封面署名信息不规范的（主编超过3人，或副主编超过5人），计为0.5分。单篇报告署名信息完整、规范的（含报告署名为课题组、研究组成员或者署名执笔人），计为1分；报告有署名和执笔人的，一篇不规范的，扣0.5分，扣完为止；报告署名为课题组简介，或报告署名但无执笔人的，计为0分。 (3)丛书和书名、篇章节名、全书中英文摘要和关键词，单篇报告中英文摘要（课题组、研究组）名单、主要编撰者简介、中英文目录、参考文献来源等，是否齐全，是否符合皮书体例规范。满分10分。一项不合格扣1分，扣完为止。

续表

指标性质	二级指标	2019年版	2020年版
基础项	时效性	评审方式：主观 评分标准：所用数据或资料的时间能否反映本研究领域的最新动态	评审方式：客观 评分标准：所用数据或资料的时间能否反映本研究领域的最新动态 (1) 全书使用同一数据资料来源的，最终数据资料节点与出版时间间隔12个月及以内的，计为7分；间隔12～18个月的，计为5分；间隔18个月以上的，计为3分。 (2) 全书不使用同一数据资料来源的，单篇报告最终数据或资料节点与出版时间间隔12个月及以内的，不扣分；间隔12～18个月的，扣0.5分；间隔18个月以上的，扣1分，或无法判断数据资料年份或无数据资料的，扣完为止。满分为7分。 注： (1) 数据或资料来源为统计年鉴，①全书使用同一数据资料来源的，最终数据资料节点与出版时间间隔18个月及以内的，计为7分；间隔18～24个月的，计为5分；间隔24个月以上的，计为3分；②全书不使用同一数据资料来源的，单篇报告最终数据资料来源间隔18个月及以内的，不扣分；间隔18～24个月的，扣0.5分；间隔24个月以上的，扣1分，扣完为止。满分为7分。 (2) 数据或资料来源为连续性的重大社会调查，①全书使用同一数据资料节点为最新使用一次的，计为7分；②全书不使用同一数据资料节点为前一次的，计为5分；②全书不使用同一数据资料来源的，单篇报告最终数据或资料节点为最新一次的，不扣分；最终数据资料节点为前一次的，扣0.5分，扣完为止。

续表

指标性质	二级指标	2019 年版	2020 年版
	创新性	—	—
加分项	数据来源（国别与区域,国际问题与全球治理类）	评分标准： (1) 全书数据或资料来源于自建的数据库等,加 5 分。 (2) 总报告数据或资料来源于自建的数据库等,加 2 分。 (3) 分报告数据或资料来源于自建的数据库等,加 1 分。 (4) 未使用自建的数据库等,不加分。	不再使用该指标
减分项	内容重复率	—	—

注：①由于各类别皮书的内容质量评价体系大部分指标相同,所以对二级指标进行合并,未做说明的指标,均适用于宏观经济、区域与城市经济、产业经济、行业经济、社会政法、文化传媒、地方发展类皮书；②表中只列出两年对比发生变化的指标,指标未调整的,用"—"表示。

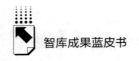

二 内容评价整体情况

（一）参评数量

作为连续性出版物，每年皮书的出版数量相对固定，受内部管理制度等影响，出版数量控制在450种左右。2020年1月1日至2020年12月31日，按照实际出版时间统计，共出版皮书440种。2020年以来，受新冠肺炎疫情防控常态化影响，皮书的写作和研创进度受到一定影响，考虑到实际情况，2021年3月31日前发稿的2020年版皮书也可参与皮书评价，参评书目共计416种（皮书评价按照版本统计）。从类别上看，地方发展类皮书仍然最多，占比超过1/3；行业类、社会政法类、经济类、国别区域与全球治理类数量差不多，占比均不超过20%；文化传媒类皮书最少，占比不到10%（见图1）。总量和各类别占比与2019年基本一致。

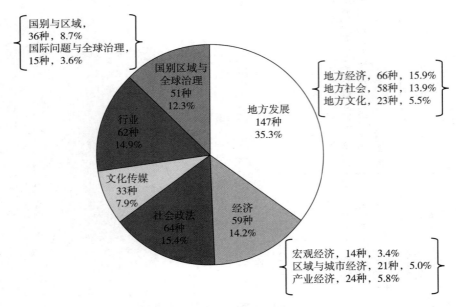

图1 2020年版各类别皮书数量及占比

说明：为便于分析，将经济类、地方发展类、国别区域与全球治理类分别做了合并。

（二）各项指标的均值分析

从评价结果来看，各类别皮书内容质量原始得分均值都在80分以上，2020年版全部皮书原始得分均值为81.8分，相对来说，经济类、社会政法类皮书的得分较高（见表2）。结合综合得分来看，地方发展类、行业类、国别区域与全球治理类皮书内容质量原始得分相差不大，与综合得分排序情况基本一致（见表3）。

表2 2020年版各类别皮书内容质量原始得分各指标均值

单位：分

类别	研究主题的价值与意义	科学性	实证性	前沿性	规范性	时效性	应用性	创新性	内容重复率	内容质量原始得分
地方发展	7.8	18.7	18.0	6.5	13.9	13.1	—	3.0	−0.5	80.5
经济	8.0	20.4	18.7	7.7	13.6	13.9	—	4.1	−0.8	85.6
社会政法	8.7	19.7	19.6	7.5	13.7	11.7	—	3.8	−1.5	83.2
文化传媒	8.1	19.1	17.5	7.3	14.1	12.9	—	3.8	−1.0	81.8
行业	7.8	18.6	17.7	7.1	13.8	13.3	—	3.5	−1.4	80.4
国别区域与全球治理	7.4	18.0	—	10.1	14.1	13.4	15.0	3.2	−0.5	80.9
总计	7.9	19.0	18.3	7.4	13.8	13.0	15.0	3.5	−0.9	81.8

表3 2020年版各类别皮书综合评价指标均值

单位：分

类别	数量	内容质量原始得分（70%）	品牌贡献度（5%）	下载率（5%）	媒体原始得分（20%）	综合得分
地方发展	147	80.5	23.9	54.6	40.3	69.9
经济	59	85.6	26.5	64.9	45.6	75.8
社会政法	64	83.2	27.0	63.1	47.3	74.1
文化传媒	33	81.8	26.2	57.9	44.8	72.4
行业	62	80.4	23.0	68.2	39.2	70.7
国别区域与全球治理	51	80.9	24.2	52.0	41.2	70.6
总计	416	81.8	24.8	59.4	42.4	71.8

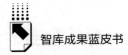
从 2019 年版、2020 年版两年的对比情况来看，客观性指标中，因评分标准做了调整，2020 年版大部分类别的实证性/应用性、时效性低于 2019 年版；规范性、内容重复率好于 2019 年版，在要件的齐全性和规范性、报告的原创性方面改善得比较多。主观性指标中，大部分类别研究主题的价值与意义、科学性低于 2019 年版，因此研究方法、对策建议等方面还需要加强；前沿性、创新性高于 2019 年版，皮书主题的研究深度和创新性表现比较好（见表 4）。

表 4　2019～2020 年版各类别皮书二级指标均值

单位：分

二级指标	2019 年	2020 年	2019 年	2020 年	2019 年	2020 年	2019 年	2020 年	2019 年	2020 年	2019 年	2020 年
	地方发展		经济		社会政法		文化传媒		行业		国别区域与全球治理	
研究主题的价值与意义	8.0	7.8	8.0	8.0	9.0	8.7	8.1	8.1	7.9	7.8	7.8	7.4
科学性	17.9	18.7	19.1	20.4	20.4	19.7	20.1	19.1	17.5	18.6	19.1	18.0
实证性/应用性	18.3	18.0	19.7	18.7	22.4	19.6	18.6	17.5	17.6	17.7	16.0	15.0
前沿性	7.0	6.5	7.0	7.7	7.3	7.5	7.7	7.3	6.1	7.1	10.3	10.1
规范性	13.8	13.9	12.9	13.6	12.9	13.7	13.0	14.1	12.6	13.8	13.9	14.1
时效性	13.4	13.1	13.1	13.9	13.3	11.7	12.8	12.9	13.5	13.3	12.6	13.4
创新性	4.0	3.0	3.4	4.1	3.1	3.8	3.5	3.8	4.1	3.5	2.9	3.2
内容重复率	-0.4	-0.5	-1.9	-0.8	-1.8	-1.5	-1.9	-1.0	-0.8	-1.4	-0.8	-0.5
内容质量原始得分	82.1	80.5	81.3	85.6	86.4	83.2	82.0	81.8	78.5	80.4	82.0	80.9

（三）各项指标的得分率

从各项指标的得分率来看，除内容重复率为反向指标以外，其他各项指标为正向指标，且在 60% 及以上。横向来看，经济类皮书各指标的得分率最高，大部分在 80% 及以上；地方发展类和国别区域与全球治理类皮书的前沿性、创新性的得分率较低，均在 70% 以下。纵向来看，规范性指标的得分率最高，均在 90% 以上，实证性/应用性、前沿性指标得分率较低，均在 80% 以下。内容重复率指标，社会政法类、行业类皮书的得分率较低，扣分较多，因此在皮书研创时应注重数据资料的原创性（见表5）。

表5　2020 年版各类别皮书指标得分率

单位：%

类别	研究主题的价值与意义	科学性	实证性/应用性	前沿性	规范性	时效性	创新性	内容重复率
地方发展	78	75	72	65	93	87	60	3
经济	80	82	75	77	90	93	83	6
社会政法	87	79	78	75	91	78	75	10
文化传媒	81	76	70	73	94	86	76	6
行业	78	74	71	71	92	88	71	10
国别区域与全球治理	74	72	75	68	94	89	64	3

注：内容重复率为反向指标，得分率越高，说明扣分越多。

三　2020年版内容质量评价得分前100名皮书结果分析

（一）类别分析

内容质量排名前 100 名的皮书中，地方发展类、经济类、社会政法类皮书最多，超过了 2/3（见图2）。一方面，与各指标均值及内容质量均值的分布一致，经济类、社会政法类皮书得分高，整体质量较高；另一方面，地方发展类各指标均值及内容质量均值在各类别中得分相对较低，但在前 100 名中数量较多，说明地方发展类皮书的内容质量存在两极分化的现象，结合表 3，地方发展类皮书的社会影响力也有待提高。

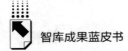

前100名中，文化传媒类、国别区域与全球治理类皮书数量较少（见图2）。一方面与各类别的总数较少有关，另一方面与这两种类别的内容质量、社会影响力较低有关，因此也是今后课题组需要努力提升的方向。

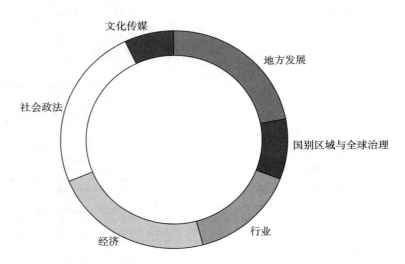

图2　2020年版内容质量评价得分前100名皮书品种

（二）研创机构分析

由于皮书的资政性特性，研创皮书的单位集中在社科院系统、高校系统及党政机关（含党校系统），2020年版内容质量评价得分前100名皮书的研创机构分布也呈现相同的特征（见图3）。与往年相比，2020年版皮书的研创单位中，高校和高校智库、党政部门及其智库增长速度较快，其中，高校和高校智库共23家，出版皮书27种，甚至超过了中国社会科学院智库，主要得益于高校和高校智库加强学科建设，研究领域得到拓展，更多好的成果通过皮书的形式呈现；而地方社会科学院智库质量下降较多，在前100名皮书中，仅有14种，北京市社会科学院、上海社会科学院、广州市社会科学院较多（见表6、表7），一方面与各社科院的重视程度有关，另一方面也与各社科院的研究力量有直接关系。

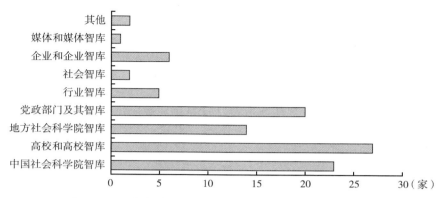

图3　2020年版内容质量评价得分前100名皮书研创单位

说明：以第一研创单位为准进行分析。

表6　内容质量评价得分前100名皮书研创单位中高校和高校智库分布

单位：种

研创单位	数量	研创单位	数量
安徽大学	1	南京特殊教育师范学院	1
北京第二外国语学院	1	清华大学	1
北京联合大学	1	深圳大学	1
北京外国语大学	1	首都经济贸易大学	2
北京中医药大学	1	同济大学	1
电子科技大学	1	武汉大学	2
对外经济贸易大学	1	西北大学	1
广东外语外贸大学	1	西南交通大学	1
广州大学	2	中国人民公安大学	1
湖北大学	1	中国社会科学院大学	2
华侨大学	1	中国政法大学	1
南京林业大学	1		

表7　内容质量评价得分前100名皮书研创单位中地方社会科学院智库分布

单位：种

研创单位	数量	研创单位	数量
上海社会科学院	4	甘肃省社会科学院	2
广州市社会科学院	4	四川省社会科学院	1
北京市社会科学院	3		

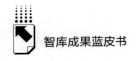

（三）研究主题分析

内容质量评价得分前 100 名的皮书中，地方发展类皮书主要集中分析各地经济、社会、城市建设、县域发展、乡村振兴、脱贫攻坚、人口等；社会政法类皮书主要集中在《民法典》等法律制度、政府治理能力、社会组织、社会群体（未成年人、青年、老龄人口、残疾人、大学生）、教育、就业等；经济类皮书集中在宏观经济、重要区域经济（京津冀、长三角、长江经济带、粤港澳大湾区等）、重点产业（汽车、房地产、文旅）等；行业类皮书集中在上市公司、养老金融、医疗、健康等；文化传媒类皮书集中在新媒体、传媒产业、传播创新等；国别区域与全球治理类皮书主要集中在美国、日本、欧洲等。

（四）出版年份分析

除了专业权威的研创团队以外，持续稳定出版也是皮书内容质量的重要保证。在 2020 年版内容质量评价得分前 100 名的皮书中，新皮书仅 7 种，出版 2 年的 10 种，出版 3 年及以上的皮书共 83 种，其中，5 年以上的皮书有 54 种，占了一半以上（见表 8）。

表 8   内容质量评价得分前 100 名皮书出版年份

出版年份	数量	出版年份	数量
1 年	7	3 ~ 5 年	29
2 年	10	5 年以上	54

连续多年进入内容质量前 100 名，或者位列分类排名前 10 名，可以充分说明皮书的内容质量得到不同年份专家的一致认可。从表 9 中可以看出，在 2016 ~ 2020 年版皮书中连续 5 年进入 100 名的共 13 种皮书，中国社会科学院研创的皮书内容质量较高，占据绝对优势。37 种皮书在 2016 ~ 2020 年版中至少有 3 年进入分类排名前 10，8 种皮书连续 5 年排名前 10（见表 10）。

表9 2016～2020年版皮书内容质量连续5年进入100名书目

序号	丛书名	书名	研创单位
1	安徽蓝皮书	安徽社会发展报告	安徽大学
2	城市蓝皮书	中国城市发展报告	中国社会科学院生态文明研究所
3	法治蓝皮书	中国法治发展报告	中国社会科学院法学研究所
4	甘肃蓝皮书	甘肃县域和农村发展报告	甘肃省社会科学院、甘肃省统计局
5	广州蓝皮书	中国广州社会形势分析与预测	广州大学广州发展研究院
6	京津冀蓝皮书	京津冀发展报告	首都经济贸易大学
7	美国蓝皮书	美国研究报告	中国社会科学院美国研究所、中华美国学会
8	日本蓝皮书	日本研究报告	中华日本学会、中国社会科学院日本研究所
9	上海蓝皮书	上海社会发展报告	上海社会科学院
10	社会蓝皮书	中国社会形势分析与预测	中国社会科学院社会学研究所
11	社会心态蓝皮书	中国社会心态研究报告	中国社会科学院社会学研究所
12	世界经济黄皮书	世界经济形势分析与预测	中国社会科学院世界经济与政治研究所
13	新媒体蓝皮书	中国新媒体发展报告	中国社会科学院新闻与传播研究所

表10 2016～2020年版皮书内容质量分类排名前10名书目

序号	内容分类	丛书名	书名	进入前10名的次数
1	经济	京津冀蓝皮书	京津冀发展报告	5
2	经济	城市蓝皮书	中国城市发展报告	4
3	经济	经济蓝皮书春季号	中国经济前景分析	3
4	经济	经济蓝皮书夏季号	中国经济增长报告	3
5	经济	西部蓝皮书	中国西部发展报告	3
6	经济	产业蓝皮书	中国产业竞争力报告	3
7	社会政法	社会蓝皮书	中国社会形势分析与预测	5
8	社会政法	社会心态蓝皮书	中国社会心态研究报告	4
9	社会政法	华侨华人蓝皮书	华侨华人研究报告	3
10	文化传媒	新媒体蓝皮书	中国新媒体发展报告	5
11	文化传媒	移动互联网蓝皮书	中国移动互联网发展报告	4
12	文化传媒	传媒蓝皮书	中国传媒产业发展报告	4
13	文化传媒	新媒体社会责任蓝皮书	中国新媒体社会责任研究报告	3
14	文化传媒	文化建设蓝皮书	中国文化发展报告	5

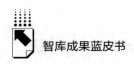

序号	内容分类	丛书名	书名	进入前10名的次数
15	文化传媒	"三农"舆情蓝皮书	中国"三农"网络舆情报告	3
16	文化传媒	传播创新蓝皮书	中国传播创新研究报告	3
17	行业	旅游绿皮书	中国旅游发展分析与预测	3
18	行业	中国上市公司蓝皮书	中国上市公司发展报告	4
19	行业	世界能源蓝皮书	世界能源发展报告	3
20	行业	数字经济蓝皮书	全球数字经济竞争力发展报告	4
21	行业	医院蓝皮书	中国医院竞争力报告	3
22	行业	双创蓝皮书	中国双创发展报告	3
23	国别区域与全球治理	德国蓝皮书	德国发展报告	5
24	国别区域与全球治理	美国蓝皮书	美国研究报告	5
25	国别区域与全球治理	日本经济蓝皮书	日本经济与中日经贸关系研究报告	4
26	国别区域与全球治理	日本蓝皮书	日本研究报告	5
27	国别区域与全球治理	俄罗斯黄皮书	俄罗斯发展报告	5
28	国别区域与全球治理	欧洲蓝皮书	欧洲发展报告	4
29	国别区域与全球治理	中亚黄皮书	中亚国家发展报告	3
30	国别区域与全球治理	世界经济黄皮书	世界经济形势分析与预测	4
31	地方发展	黑龙江蓝皮书	黑龙江社会发展报告	3
32	地方发展	上海蓝皮书	上海社会发展报告	4
33	地方发展	上海蓝皮书	上海资源环境发展报告	3
34	地方发展	北京蓝皮书	北京公共服务发展报告	3
35	地方发展	广州蓝皮书	中国广州社会形势分析与预测	4
36	地方发展	社会建设蓝皮书	北京社会建设分析报告	3
37	地方发展	广州蓝皮书	广州社会发展报告	3

注：本表格中显示的是 2016～2020 年版中至少有 3 年进入分类排名前 10 的书目。

四　典型皮书报告分析

（一）每年使用同一指标体系或社会调查的皮书报告

经过二十多年的探索，皮书已形成特有的写作规范，因研究主题和研究方法等不同，报告形式多样。作为智库报告，皮书既可以建立模型、描述现状，也可以探索规律、预测未来。有侧重发展现状分析，提出对策建议的发展报告；有在分析某一区域或领域现状基础上，对未来发展进行预测的分析报告；有通过构建模型、指标体系分析某一区域或领域的现状，揭示发展规律的评价报告；有利用科学研究方法对某一领域进行实证研究，提供智库观点的研究报告。[①] 皮书鼓励使用社会调查的方法获取一手收据进行实证分析、通过设置评价指标体系对某一领域或区域进行比较分析，特别是多年的追踪研究，有利于揭示研究对象随时间变化而发生变化的规律，但由于皮书是智库报告，应体现智库报告的资政性、前沿性、创新性，不能只改数据，不改表述，应在反映当年度或固定时间段的发展现状和特点的同时，设置专题，突出当年度或固定时间段的热点问题。

（二）相似主题的皮书报告

皮书具有唯一性，一个主题只有一本皮书，同一研究领域可以从不同侧面设置主题，进行分析，可以反映整个行业或者产业的状况。如汽车，按照国家标准 GB/T 3730.1—2001，可以按用途、动力装置、行驶条件、行驶机构等分成不同类型。[②] 当前，全球能源安全与环境保护正面临巨大挑战，汽车作为石油消耗和二氧化碳排放大户，节能减排、转型升级已势在必行。为此，国家大力提倡"推动节能与新能源汽车发展"。对节能汽车与新能源汽车的研究成为热点。《新能源汽车蓝皮书：中国新能源汽车产业发展报告》《节能汽车蓝皮书：中国节能汽车发展报告》两本皮书各有侧重，从评价结果来看，内容质量相差不大，主要差别在于《节能汽车蓝皮书：中国节能汽车发展报告》要件规范性和媒体影响力方面相对较弱，如前文所述，皮书出版后召开发布会是扩大皮书影响力最直接的方式，《新能源汽车蓝皮

---

① 谢曙光主编《皮书手册——写作、编辑出版与评价指南》（第四版），社会科学文献出版社，2020，第 11～12 页。

② https：//baike.baidu.com/item/%E6%B1%BD%E8%BD%A6%E7%B1%BB%E5%9E%8B/2393377？fr = aladdin.

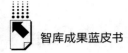

书：中国新能源汽车产业发展报告》则通过召开发布会，获得社会的关注，相关成果被应用于《关于"十三五"新能源汽车充电基础设施奖励政策及加强新能源汽车推广应用的通知》等。如果条件成熟，多本皮书可以一并发布，以扩大本行业皮书及智库的影响力。

（三）同一研创单位的皮书报告

皮书这一成果形式，越来越受到高校、社科院、党校等的重视和认可，将皮书纳入本单位的科研考核体系中，或将皮书作为成果形式之一在年度考核时进行加分，或将皮书（获得优秀皮书奖的皮书）作为职称评定的重要成果之一。鉴于各单位的重视程度、研究力量现状，皮书质量有所差别。如广州市社会科学院研创的广州蓝皮书系列，内容主要涉及广州市的经济、社会、文化，在每年的皮书评价中，均据各类别皮书前列，在内容质量研创、媒体影响力宣传、成果资政性等方面都比较突出。其他省份社会科学院、高校，有些皮书质量参差不齐：或因未召开发布会，影响力受到影响；或因经费、皮书负责人调整等，皮书的持续性较差；或因鼓励政策不够，皮书研创人员积极性不高。

五　提高皮书内容质量的对策建议

（一）理解和把握皮书评价的客观性指标

皮书评价是皮书品牌后端管理的重要方面。发挥皮书评价结果的引导作用，是设置皮书评价指标体系的重要价值所在。在皮书的内容质量评价体系中，实证性、规范性、时效性、内容重复率为客观性指标，可以说也是最容易得分的指标。第一，实证性指标，指的是通过对研究对象大量的观察、实验和调查，获取客观材料，从个别到一般，归纳出事物的本质属性和发展规律。皮书中的实证研究更侧重于定量分析。因此，皮书的报告中建议尽量通过构建模型、指标体系、社会调查等进行数理分析，通过多案例的研究分析其中的共性问题，或深入挖掘公开的权威数据。第二，规范性指标，包括全书和单篇报告基本要件，即单篇报告的署名、封面署名、丛书名、书名、中英文摘要、中英文关键词、著述方式等，建议主编约稿时对作者做统一要求，统稿时再做全书要件的自检。这些是一篇报告的基础要求，优秀的皮书报告，报告名、摘要、关键词、注释、参考文献等要件更应规范。第三，时效性指标，包含出版时间和所用数据资料年份的时效性，因此每本皮书应至少提前6个月约稿，尽量当年度出版，也保证下一年度皮书的正常出版，此外，皮书中所用数据应使用上一年或者当年度的数据，成稿时间较早的皮书，编辑出版前也应更新至最新数据。第四，内容重复率，则是保证皮书的原创性，其中，法律条文、政策法规应做好注释，本人已发表的文章不应放入皮书中。

（二）创新运用大数据等研究方法

大数据时代的到来，正在改变人们的生活方式，人们的每次购物、浏览网页、路线查询等都会成为大数据的信息源。养老、医疗、物流、气象预报、石油勘探、交通、金融等领域都在使用大数据，为人们的生活带来便利。大数据的出现，给社会科学研究带来研究方法的变革，通过挖掘大数据背后的价值，为公共政策和公共管理提供决策参考。这与皮书实证性、时效性的特征不谋而合。大数据挖掘，从规模上看是海量的，从技术上看涉及计算机、统计等多学科的融合。目前来看，或是因为数据量不够，或是受大数据技术限制，皮书中使用大数据挖掘分析的报告较少。因此，一方面需要建立本领域的数据库或数据平台，实现信息共享，同时保证数据的安全性；另一方面吸纳大数据分析和处理人才，将数据转化为非专业人士也能够清楚理解的有意义的见解①，与相关领域的研究专家，合作撰写皮书报告。

---

① 《最常用的四种大数据分析方法》，https：//blog. csdn. net/muyurenzheng/article/details/80611388。

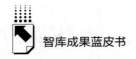

智库成果蓝皮书

（三）突出问题意识

智库是国家治理能力的重要体现，是国家软实力的重要载体。社会治理精准化、公共服务高效化，亟须国家智库强化问题意识，以科学咨询支撑科学决策，以科学决策引领科学发展。[①] 在国内新冠肺炎疫情防控常态化，国际环境错综复杂、不稳定不确定性因素增加的情况下，亟须智库建言献策，分析国内外形势的发展现状、存在的问题，提出可操作性的对策建议。因此，皮书报告一方面在分析现状和成绩的同时，应总结存在的问题，最后才能对症下药；另一方面在查找数据、资料的同时，应发现其背后隐藏的问题，分析原因，提升报告的深度。

参考文献

宋圭武：《如何客观公正评价智库成果价值》，网易，2021 年 6 月 26 日，https：//www. 163. com/dy/article/GDEOSOB605373HM2. html。

罗小燕、黄欣荣：《社会科学研究的大数据方法》，《系统科学学报》2017 年第 4 期。

陈婷：《智库建设重在提高研究质量》，人民网，2017 年 4 月 21 日，http：//theory. people. com. cn/n1/2017/0421/c40531 – 29225848. html。

[①] 李培林：《智库研究要强化问题意识、数据意识和社会责任意识》，新闻与传播研究网，2019 年 9 月 27 日，http：//xinwen. cssn. cn/sy_ 50320/zdtj/zdxslw/201909/t20190927_ 4979175. shtml。

B.9
皮书学术规范性考察报告（2021）

孙慧娟*

摘　要： 皮书学术规范是关于皮书研创的规范，其旨在通过提供科学、规范的研创标准，提高皮书作为应用对策成果的研究质量。本报告以2020年社会科学文献出版社出版的416种皮书为样本，以《皮书手册——写作、编辑出版与评价指南》（第四版）为标准，选取书名、署名规范、要件规范几个关键指标，来考察2020年皮书学术规范性情况。从数据来看，2020年皮书学术规范性较强，在选题方面表现为皮书作为一个整体既保持了延续性和相对稳定性，又与时俱进，通过及时更新选题不断回应社会发展新形势的需要；在署名规范方面表现为封面署名、单篇报告署名、编委会署名、主要编撰者简介规范率都达到了90%以上，整体学术规范性表现较强；要件规范中的中英文摘要、中英文关键词、中英文目录、资料来源、参考文献规范率均在80%以上，整体皮书要件的学术规范性较强。总体来看，整个皮书正在向高质量方向发展，只有极少数皮书或皮书的某些要素需要进一步提升。针对皮书学术规范性的发展现状，本报告从加强皮书流程管理和制度建设，进一步释放皮书目录管理的指引功能，加强皮书评价体系建设和建立差异化管理制度方面提出有针对性的建议，以期为提高皮书作为智库成果的思想理论分量、对策分

---

* 孙慧娟，法学博士，中国社会科学院法学研究所和社会科学文献出版社联合培养博士后，研究方向为家庭治理、国家治理、智库法治化。

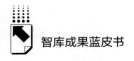

析质量、研究价值含量提供有益的借鉴。

关键词： 皮书　学术规范性　丛书名　署名规范

当今社会正处于百年未有之大变局时代，包括智库在内的决策参与机构如何从全球视野的战略高度出发，研究纷繁复杂的问题，提高决策咨询的质量，破解全球和国家治理的难题，是当前智库发展面临的重要课题。习近平总书记在 2016 年"5·17"哲学社会科学工作座谈会上的讲话中指出"智库建设要把重点放在提高研究质量、推动内容创新上"。作为重要的应用型成果，皮书已成为中国最具影响力的智库研究和智库成果发布服务的平台，皮书学术规范体系作为皮书品牌运营和建设的一个重要方面，在推动皮书规范化运作、提升皮书研究质量方面发挥着重要作用。本报告以数据来支撑，通过具体案例分析当前皮书在学术规范性方面的发展现状，推广重点单品皮书学术规范性运营经验，以期为未来提升皮书学术规范性、提高皮书研究质量提供借鉴。

一　皮书学术规范性是服务于智库成果研创的工作指南

作为智库工作的平台，皮书是中国智库探索如何将知识理论转化为公共政策的一种有效呈现方式。社会科学文献出版社研创的皮书写作学术规范，是服务于皮书研创的工作指南，其通过提供完善、合理、有效并经得住考验的皮书研创方案，为中国智库开发智库成果提供科学、规范的标准，从而实现将皮书打造为具有较高影响力智库产品的品牌定位。

（一）加强学术规范性建设是提高皮书研究质量的有效路径

皮书系列从寂寂无闻成为一种独立的出版形态和知名学术品牌，离不开不断发展完善的研创、编辑出版、推广评价制度体系的支持，其中研创规范作为整个品牌运作的起点，直接关系到皮书的内容质量，是皮书生命力所在。

1. 皮书学术规范体系建立的初衷——提升皮书研究质量

皮书学术规范体系的建立一方面源于各课题组和社会科学文献出版社对研创高质量研究成果的孜孜追求，另一方面更重要的是解决皮书在发展过程中的问题，提升皮书的研究质量。在皮书事业发展的初期，由于对智库成果以及皮书的认识尚不清晰，皮书在发展过程中出现了诸如内容质量参差不齐、原创性不足等一系列问题，这些问题严重影响了皮书作为应用型学术成果的质量，不仅直接关系到单部皮书的影响力，而且直接关系到整个皮书品牌的塑造和维护。如何破解这一难题，是实现皮书高质量发展的关键。实践证明，建立统一的、可操作的规则以便皮书研创者识别并使用是提升皮书研创质量的有效路径。

2. 皮书学术规范体系的构成——"制度 + 机制"

社会科学文献出版社制定的皮书学术规范在源头上可追溯于《芝加哥手册》，皮书学术规范体系的雏形——《皮书操作手册》（早在 20 世纪 90 年代末初创时期就有，作为内部规范不断完善，2009 年正式公开出版），就是从国际通行的学术出版物标准——《芝加哥手册》中挑选出合适的条目作为皮书编撰的规范。这决定了社会科学文献出版社皮书学术规范体系在制定之初就具备国际化的视野，为之后皮书的国际化以及皮书成为具有国际影响力的学术品牌奠定了良好的基础。在此基础上，皮书学术规范体系在运行中不断发展完善，自第一版《皮书手册——写作、编辑出版与评价指南》（简称《皮书手册》）于 2016 年颁布以来，历经几次修订，截至 2020 年，《皮书手册》第四版已发布，已形成成熟的版本。与《皮书操作手册》相比，《皮书手册》不仅在内容设置上更为科学、合理、完整，而且最重要的是使用群体不再局限于社会科学文献出版社内部和学术共同体普遍采用，而且逐渐成为其他智库报告和研究报告的写作编辑规范，并逐渐成为引领整个皮书行业发展的重要指南。

标准的意义和价值不仅在于制定和出台，更在于切实落实到皮书的实际运作过程中。为保证皮书学术规范体系切实发挥指引皮书研创、提升皮书研究质量的功能，社会科学文献出版社将皮书学术规范纳入整个皮书运作体

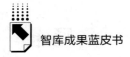

系，不仅贯穿于交稿程序、预审预处理程序、编校程序、质检程序等整个编辑出版流程之中，而且与编辑考核、皮书评价评奖制度、皮书目录管理制度等紧密相关联，通过流程管控和制度约束来保证皮书学术规范在皮书研创过程中切实发挥指南的作用。

截至目前，皮书学术规范不仅已进入皮书编辑出版和评价评奖工作体系，成为衡量皮书出版的基本要求和衡量皮书质量的重要指标，而且已成为课题组在皮书研创中自发自觉遵循的写作指南，这套标准和体系越来越被其他非皮书的研创者所接受和采纳，成为提升智库成果研创质量、塑造智库成果品牌的重要力量。

（二）本报告研究的重点——学术规范性

根据《皮书手册》（第四版），皮书研创学术规范性包括研究基础、研创主体、皮书名称、皮书报告、附录五个部分。基于本报告从书名、署名规范、要件规范三个方面对皮书学术规范性进行考察，之所以沿着这样的理路进行，主要是与皮书作为智库成果的运行方式有关。当前中国智库运行的模式主要是通过接受政府委托、承担各类项目、推进基地建设等途径为决策部门建言献策。从智库运行过程来看，主要涉及五个环节，即运行主体、运行目标、运行过程、运行结果和运行评价，书名、署名规范、要件规范直接关系皮书研究的方向和研创的质量，通过对其进行规范性考察，可以从智库研创的起点就实现良好的质量管控。

本报告通过重点分析2020年皮书学术规范性数据，结合对比2019年相关数据，来分析当前皮书在学术规范性方面的发展现状，并通过对学术规范性的解读和对重点单品皮书学术规范性运营经验的介绍，为更好解决当前皮书存在的问题和提升皮书研创质量提供有益的借鉴。

二　皮书学术规范性考察——丛书名规范性考察

皮书作为延续性的应用型成果，选题关乎课题组长期的研究领域，不仅直接影响单个皮书的质量，而且从长远来看关乎单个皮书的影响和品牌塑造。作为对某一地区或领域进行持续研究的应用型出版物，皮书选题既要保持连续追踪，深入对某一地区或领域问题进行深度挖掘，也要与时俱进，及时关注、反映和研究社会中的热点问题。丛书名是一种或几种研究领域相似、主题相近的皮书固定、专用的称谓，通过对其考察，可以很好地反映皮书是否符合高质量应用对策成果的要求。对此，本报告从丛书名入手，通过分析 2019～2020 年皮书丛书名，来对皮书研究领域进行考察。

（一）选题学术规范性之考察

研究领域是皮书研创工作的基础，丛书名和书名可以有效地反映研究课题所涉及的学术领域或实践领域，也就是课题的研究对象。一般来讲，丛书名所涵盖的范围应宽于书名所涵盖的范围，并且丛书名的表述应更为简略。一个丛书名可对应一个书名也可以对应多个书名。皮书丛书名和书名反映皮书研究领域和研究地域——选题，选题是否符合经济社会发展的需要，是否有意义和价值，直接关系到皮书研创的质量，皮书是对经济、社会、政治、文化、生态环境等现实生活诸多方面和领域的社会现状进行分析并预测未来发展趋势，因此皮书丛书名、书名除应遵循简短精练、便于传播的规范外，还应具有"原创性"，是智库"原创数据、原创思想、原创报告"的发声平台，同时还应及时、准确、连续地反映国家重点战略布局以及行业动态。基于这一规范，本报告通过 2020 年新增和淘汰的书名进行考察。

"原创首发、实证客观、专业权威、连续出版、注重前沿、更快更新"是皮书区别于一般学术图书的特征，其是塑造皮书高端智库产品的重要力量。本报告从研究主题、研究空间两个方面对皮书研究的领域进行结构化分析，来考察皮书是否具备"原创首发、连续出版、注重前沿、更快更新"的特征。

（二）2020 年新增和淘汰皮书

为了更为精准地反映皮书书名的变化，本报告通过考察 2020 年新准入的皮书数量和 2020 年淘汰的皮书数量来分析。

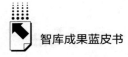

1. 2020年新准入皮书

2020 年 1～12 月共新准入皮书 146 种，共涉及 31 种经济类（11 种宏观经济、9 种区域与城市经济、11 种产业经济）、36 种行业及其他类、25 种社会政法类、9 种文化传媒类、37 种地方类（3 种地方文化、20 种地方经济、2 种地方发展 - 经济、12 种地方社会）、8 种国别区域（5 种国别与区域、3 种国际问题与全球治理）（见图 1）。

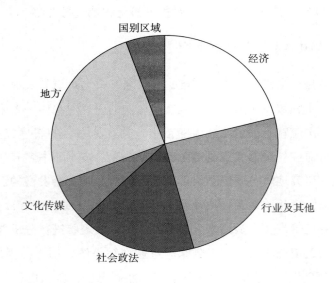

图 1 2020 年新增皮书名单

2. 2020年淘汰皮书

2020 年共淘汰 103 种皮书，共涉及 18 种经济类（5 种宏观经济、5 种区域与城市经济、8 种产业经济）、38 种地方类（7 种地方文化、23 种地方发展 - 经济、8 种地方社会类）、19 种行业及其他类、11 种社会政法类、8 种文化传媒、9 种国别区域（3 种国别与区域、6 种国际问题与全球治理）。

（三）丛书名的变化趋势符合皮书资政性要求

皮书是长期关注某一地区或领域的应用型研究报告，因此对皮书丛书名在形式和内容方面有以下要求：首先丛书名要保持相对稳定性，要求其相对固定，简短精练、便于传播；同时皮书作为应用型成果，是对经济、社会、政治、文化、生态环境等现实生活诸多方面和领域的社会现状进行分析并预测未来发展趋势，因此在内容上要求其及时、准确、连续地反映国家重点战略布局以及行业动态。从 2019 年版和 2020 年版皮书丛书名对比情况来看，当前皮书发展无论在形式上还是内容上大部分都符合皮书丛书名形式和内容规范性的要求，具有连续性、更快更新、原创首发的特征。

1. 大部分丛书名符合学术规范性要求

丛书名是进行成果推广的钥匙。在整个皮书后续的运营过程中，丛书名是媒体监测、图书引证系统中进行信息检索的关键词。作为智库成果，丛书名是决策者、投资者、同一领域相关专家学者、社会大众在查找和使用资料时的钥匙，因此丛书名的设计应尽可能地简短精练、便于传播。同时为了与同一领域内的皮书相区别，丛书名应具有一定的辨识度，以方便使用者快速、准确地检索和使用。

从 2020 年已出版的皮书中，可以看出当前大部分皮书的丛书名均符合这一要求，如社会蓝皮书、农村绿皮书、国际形势黄皮书等。另外，对于一些研究领域有较为深入的分析，进一步细分，如新能源汽车蓝皮书、新能源汽车大数据蓝皮书等，集中研究的力量很强，这主要表现为对一些发达地区、重点领域、重点行业、重点问题的研究。从皮书丛书名和书名的角度来观察，整个皮书发展比较成熟，不仅涵盖地方发展的经济、社会、文化等基本面，而且关于特别领域的报告都以整部书的方式来呈现，内容资料丰富而饱满。如对北京这一地区的研究，单从丛书名来看，有北京产业蓝皮书、北京传媒蓝皮书、北京交通蓝皮书、北京教师发展蓝皮书、北京教育蓝皮书、北京律师蓝皮书、北京科普蓝皮书、北京蓝皮书、北京律师蓝皮书、北京人口蓝皮书、北京人才蓝皮书、北京社会心态蓝皮书、北京体育蓝皮书 13 个系列。

对重点领域集中优势力量进行研究有其必要性和合理性，是研究领域本身所要求，有利于为从事北京地区政策研究、行业投资提供系统、全面、立体的资料信息，更好地从宏观和微观层面把握整个北京地区的发展情况。总体而言，当前对皮书的研究已有足够的深度和广度。

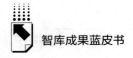
2. 皮书具有连续性的特征

从新准入皮书和淘汰皮书来看，每年新增和淘汰的皮书大概占总体皮书数量的1/4左右，皮书作为一个整体保持了相对的稳定性。以丛书名为例，每年增减变化的丛书书目并不多，如全球气候、国际问题等类别的皮书每年变化也不是很大，这些领域的丛书之所以呈现这样的发展趋势，一方面是课题组长期坚持可持续研究的结果；另一方面也说明这些研究领域是长期广泛存在的问题，需要长期跟踪、持续关注、深入挖掘，需要课题组投入长期的精力进行持续性的研究。从2019年和2020年丛书名情况来看，变化相对比较明显的主要集中在数字和媒体领域，主要是因为这两个领域本身受技术影响较大，随着智能时代的来临，技术的更新迭代直接影响到数字和媒体领域生产和消费方式的变革，与之相适应的则是这两大领域研究的焦点也在随之变化。从不同类别丛书名的变化来看，不同研究领域对丛书名的稳定性要求不同，这是研究领域本身属性所决定的，对于课题组来说，在选题之前要对所将要从事的研究领域进行是否可以长期研究的论证，以决定是应作为丛书名来设计，还是作为书名来设计。如果是可以长期性研究，则应按照丛书名来设计；如果是新兴热点问题，而这一问题不具有可持续性，但是还有研究的必要和价值，则应将其作为书名来灵活地设计。

总之，从2019年和2020年丛书名的对比中可以看出整个皮书的研究具有连续性，即通过皮书管理，有效地实现了"皮书是通过持续关注所研究领域，形成科学的理论与实践研究"的初衷，这也正是体现皮书价值、维护皮书品牌、保持皮书旺盛生命力的重要准则。

3. 皮书具有更快更新的特征

2019年、2020年皮书丛书目反映了社会发展的趋势，体现了皮书服务国家重点战略布局的定位。智库作为联结公共权力与知识理论的桥梁，应以国家战略发展方向为指引，这是皮书生命力所在。皮书的前沿性、时效性要求其在理论探讨上必须反映学术前沿问题，而且基于现有数据和事实分析推断它的趋势；在解决现实问题时，皮书作为应用型成果必须涉及当下现实生活中的重点和热点问题，核心内容紧扣政府、媒体和公众关注的问题。

2019 年和 2020 年皮书丛书名的变化很好地反映了这一点，如"十四五"规划明确提出深入实施区域重大战略，推进京津冀协同发展、长江经济带发展、粤港澳大湾区建设、长三角一体化发展、黄河流域生态保护和高质量发展，打造创新平台和新增长极。这些重大发展战略，是未来中国经济发展的最大潜力。2019 年和 2020 年皮书的选题紧紧围绕国家战略谋划发展，长江经济带产业蓝皮书、长三角经济蓝皮书、京津冀蓝皮书、京津冀教育蓝皮书、粤港澳大湾区蓝皮书、浦东新区蓝皮书等覆盖中国经济最活跃的区域，为有效服务京津冀协同发展、长江经济带发展、长三角一体化、黄河流域高质量发展、中部地区崛起等重大国家战略提供了智力支持。

此外，从皮书丛书名增减的变化可以了解中国各个领域的发展变化，为研究政策、行业变化提供了宝贵的资料。如健康杭州蓝皮书，反映了杭州是近年来少数发展抢眼的城市之一，杭州的快速发展为以新兴产业为支柱的数字城市的发展提供了参考；再如数字领域是丛书名变化比较快的领域之一，2020 年共新增三种数字类皮书，共淘汰二种。这一变化一方面反映了数字领域研究变化迅速，另一方面反映了数字领域向全球化与细分化的趋势发展。数字领域丛书名的变化与数字产业本身的特性有着直接的关系，通过数字领域丛书名的发展变化可以为相关从业者以及政策制定者提供数字产业发展的资料，不仅是了解数字产业发展现状的有价值的资料，而且通过纵向观察可以帮助业内人士判断数字行业发展的未来趋势，从而做出准确的判断。

三 皮书学术规范性考察——署名规范性考察

皮书作为重要的应用成果，其能否发挥资政建言和行业指南的作用，关键在于其能否提供有价值的资料、信息和指引。为实现皮书这一价值，对皮书署名有一定要求，具体表现为对封面署名、单篇报告作者、编委会、主要编撰者简介做了特殊要求，其目的就是强调皮书的作者须是由著名学者和权威研究机构所组成的团队。他们撰写的报告是从社会科学立场出发的研究成

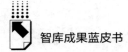

果，而非单个人的作品，只有凸显作者的集体智慧才能保证皮书的研究质量，才能使皮书具有权威性，发挥其作为智库成果应有的作用。

（一）封面署名规范性考察

皮书不同于一般学术专著，它是集体智慧的结晶。皮书一般由一个或多个单位的业务领导或学术带头人牵头组织撰写，他们一般为封面署名人。为保证整个皮书的质量，对封面署名有特殊要求。首先，封面署名主体为皮书的权利和责任主体，应由主编、副主编或者机构担任，其中主编不得超过3人，副主编不得超过5人，担任主编的个人为皮书研创的第一责任人，承担着皮书整体策划及审稿工作，负责皮书整体质量的把控。其次，鉴于皮书原创性的要求，在著述方式上一般采用"研创""主编""著""主审"的方式，一般不采用"编著"、"编辑"、"策划"、"数据分析"、"顾问"、"总编"、"名誉主编"（只在确有必要，经与出版社协商后才可使用）。下面本报告就从封面署名主体和封面署名著述方式两个方面进行考察。

1. 皮书封面署名主体规范性质量较高

2020年416种皮书封面署名主体规范的达到99.51%，封面署名主体规范性整体质量较高。两种皮书封面署名主体不规范的主要是主体数量超过了规定。之所以规定封面署名主体不能超过一定的数量，主要是因为如果封面署名主体人数过多，则不利于其权利责任的明确和统筹协调功能的发挥，建议之后严格按照规定予以规范。

2. 封面署名著述方式整体规范性强

从2020年416种皮书中可以看出，24种皮书采用"研创"形式，373种皮书采用"主编"形式，15种皮书采用"著"形式，7种皮书使用了"顾问"形式，2种皮书使用了"荣誉主编"形式，1种皮书采用了"编著"形式，1种皮书使用了"数据分析"形式（见图2）（由于有些皮书存在同时使用"主编""荣誉主编"等多种形式，因此上述合计相加并不等于416种）。从2020年皮书封面署名著述方式情况来看，其整体规范性比例达到99.03%。

封面署名著述方式不规范的仅为个别图书，主要是沿用"编＋主编＋执

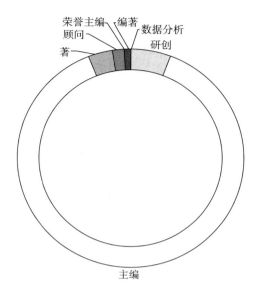

图2　封面署名著述方式情况

行主编"的方式，建议之后课题组和责任编辑不再采用"编"这种形式，理由在于"编"是整理现有资料、文献，不能很好地体现皮书的原创性特征，建议改为"主编"或"研创"；采用"数据分析"为封面署名著述方式的，建议放在编委会一页。著述方式是对皮书创作形式、责任主体及署名信息的界定。不同著述方式中，皮书报告的责任主体承担的责任不同，本报告建议，作为智库成果类报告，皮书的著述方式可以增加"研创"，突出报告的科学性。

（二）单篇报告署名规范性考察

皮书作为集体劳动的成果，整合了相关学科、相关领域知名专家的资源，因此单篇报告作者信息是论证皮书权威性的重要工具。皮书对单篇报告署名有特殊的要求，基于这一要求，2020年评价指标体系中关于署名规范性主要从总报告执笔人和单篇报告署名两个方面来考察。

1.总报告执笔人规范性考察

总报告是皮书的必备要素，是呈现皮书主要观点，体现皮书主要价值的首要报告。基于总报告在皮书中占有重要地位，2020 年将总报告执笔人纳入评价指标体系之中，并根据执笔人的不同给予不同的分数：执笔人为主编、执行主编或副主编的，计为 3 分；执笔人为全书或总报告课题组、课题组成员的，计为 2 分；执笔人为其他作者（非主编、副主编、执行主编、全书或总报告课题组）的，计为 1 分；未标注署名的，计为 0.5 分；无总报告的，计为 0 分。总体而言，皮书总报告执笔人的学术规范性较强，其中有398 种执笔人为主编或副主编，规范率达到 95.67%。

2. 单篇报告署名规范性考察

单篇报告署名的作者应是在报告形成过程中参与论证、研究、写作、答辩并承担责任的团体或个人，鉴于皮书是应用型的智库成果，因此对作者署名有特殊的要求，单篇报告署名须注明作者姓名、学历、职称、研究方向等，其目的就是证明作者对所撰写报告的领域具有一定的阅历和研究能力，其撰写的报告具有一定的权威性。

从 2020 年 416 种皮书评价结果中，可以看到单篇报告署名不规范的皮书共 385 种，皮书单篇报告署名规范率已达 92.55%，整体规范性较强。单篇报告署名不规范的皮书仅有 31 种，单篇报告署名不规范的可以分为无署名、有署名但无作者简介和作者简介不规范三类。

（三）编委会规范性考察

由于皮书是集体智慧的结晶，因此，必须有专门的机构进行皮书研创的组织和协调，这就是编委会或者课题组。一般来讲，编委会是皮书研创的学术指导机构，由学术声望或社会声望较高的专家学者担任编委会主任，如果不具备条件，可以不设立编委会，但须设立课题组，负责皮书研创的具体落实和执行，由皮书研创的实际负责人担任课题组组长，并一般担任主编或副主编。为了保证皮书研究的持续性，课题组主要成员应相对固定。

本报告从 2020 年参加评价的 416 种皮书中共发现有 399 种皮书在编委会规范性方面较强，规范率达到 95.91%。

与 2019 年相比，可知编委会不规范的皮书可分为三种情况：第一种为新皮书；第二种为2019年编委会规范性就欠缺，并且在皮书评价过程中已发现此类问题，但2020年依旧出现了此类问题；第三种为2019年编委会规范性就欠缺，但是在该年度的皮书评价过程中未发现此类问题，而2020年沿用的是2019年的做法。

（四）主要编撰者简介规范性考察

主要编撰者指的是实际参与到皮书全书的创作、对皮书的研创发挥了重要学术指导和协调作用的皮书主编、副主编、课题组负责人。其包括的信息应有姓名、单位、职务、职称、学术经历、主要社会兼职、主要研究方向、与本皮书相关的主要研究成果等，人数一般应限定在2~5人，并且编撰者简介的字数不能超过300字。①

本报告从2020年参与评价的416种皮书中发现，有402种皮书在主要编撰者简介规范性方面较强，规范率达到96.63%。

四　要件规范性考察

统一的要件规范有利于提高皮书整体研创质量，美国心理协会出版人格雷·范登博思博士在第六版《APA格式》前言中写道："统一的写作体例能够帮助我们迅速从文章中提炼出要点和研究发现……写作体例能够帮助大家恰当表述定量研究的结果，选择与分析方法最匹配的图表，以准确且体面的语言描述有关个体。"为了统一皮书要件，为皮书署名提供统一、科学的标准，社会科学文献出版社除了对丛书名、书名、署名方式予以明确的规定外，还通过规范篇章节名、全书中英文摘要、单篇报告中英文摘要和关键词、中英文目录、资料来源、参考文献要素，来实现构建科学、合理皮书要件规范的目的。

---

① 谢曙光主编《皮书手册——写作、编辑出版与评价指南》（第四版），社会科学文献出版社，2020，第31页。

从总体来看，整个皮书要件规范性较强，2020 年皮书要件规范性满分为 10 分。其中一项不合格扣 1 分，扣完为止。从图 3 可以看出，在 2020 年已出版的 416 种皮书中，共有 268 种皮书为满分，要件规范性满分率达到了 64.42%；要件规范性扣 1~2 分的皮书共 130 种，占比为 32.25%，扣 3~5 分的皮书共 18 种，占比为 4.33%。从总体来看，皮书的规范性较高，8 分以上的皮书占比 95.43%，本报告从以下几个方面对 2020 年的皮书要件规范性进行具体考察。

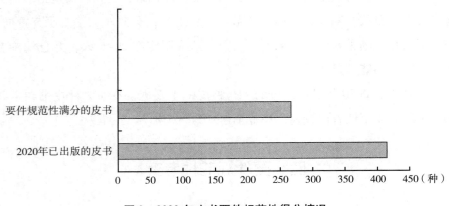

图 3　2020 年皮书要件规范性得分情况

（一）中英文摘要

摘要作为全书主要观点的总结，可以帮助读者迅速了解文章的内容。皮书编撰过程中应严格遵守中英文摘要规范，以与国际接轨。随着中国国际地位的提高，西方了解中国的需求越来越多，为了适应这一发展趋势，自 2006 年始，皮书就开始向国际化阶段迈进，通过蓝皮书这种成果发布形式，皮书成为世界各国了解中国的一个窗口，也成为我国社会科学工作者和国际社会科学领域以及西方主流社会进行对话的平台，英文摘要这一要素的设置就是为了满足皮书国际化的需求。

数据显示，在 2020 年已出版的 416 种皮书中，共有 415 种皮书中文摘要规范，皮书中文摘要规范率达99.76%。与中文摘要相比，2020年英文摘要规范性尚待加强，其中已规范的皮书共337种，英文摘要规范率为81%，这有79种皮书缺少英文摘要。因此在之后皮书研创过程中，要加强对英文摘要的重视程度，以使我国的学术成果不仅应用于国内，而且为国际社会所知、所用。

（二）中英文关键词

作为智库成果的必备因素，关键词对于科学归类、便捷检索具有重要的意义。鉴于关键词的重要功能，皮书关键词要求准确、全面。所谓"准确"，就是可以鲜明而直观地表达学术成果的主题，使读者在对全文以及摘要进行阅读之前，就能对该学术成果的研究主题进行了解，以方便使用者迅速、便捷地查阅、检索和使用相关资料，鉴于此建议皮书关键词在3~8个。所谓"全面"，指的是关键词应全面反映研究报告的整体内容。鉴于皮书对关键词的上述要求，在实际操作过程中不仅应在研究报告的题名和摘要中抽取，还应分析研究报告所隐含的概念。

按照这一标准对2020年皮书中英文关键词进行考察，发现共343种皮书在中英文关键词方面较为规范，规范率达到82.45%。

（三）中英文目录

皮书是对某一领域或某一地区进行研究的应用型成果，通常皮书是围绕相同或相近主题而展开的，关于不同主题、不同类别的研究，各篇应有相对清晰、严谨的区分，篇中研究报告应与篇名主题一致，整部皮书的篇章架构可以沿着"总报告－分报告－专题篇－案例篇"的方式进行，也可以沿着"总报告－行业篇－区域篇－中外比较篇"进行。为便于作者清晰、迅速了解皮书的篇章体例，皮书目录由总报告（含一级标题）、篇名、报告名、作者姓名以及相应的页码组成。

根据这一标准对2020年皮书中英文目录进行考察，发现共394种皮书在中英文目录方面规范性较强，规范率达到94.71%。

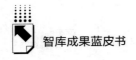

（四）资料来源

皮书与一般学术成果明显不同的一点在于：用数据描述和分析现实问题，获取、使用原始、真实、有效的数据是皮书在众多应用研究成果、智库成果中获取影响力、话语权的关键所在。基于此，为了引导皮书研创团队获取、使用数据的规范性，建议课题组在单篇报告开始时用文字介绍数据资料来源，或者在图表下方标注数据来源或通过脚注的方式标明引用的数据资料，通过规范资料来源，以标明自己使用的资料是来源于政府部门、统计部门的数据，还是自采的数据，通过资料来源来论证研究报告的权威性以及对同行的价值。

根据这一标准对 2020 年皮书资料来源进行考察，发现共 410 种皮书使用了数据并且标明了数据的来源，规范率达到 98.56%，这说明当前皮书在数据使用方面较为规范。

（五）参考文献

参考文献是在皮书研创过程中，对某一著作或论文观点或者内容的参考和借鉴。参考文献的作用，一是尊重已有成果，从而实现知识的不断创新和发展；二是可以为读者提供与本皮书研究有关的有价值的参考资料，从而扩大读者知识面并发挥传播知识的价值。鉴于参考文献在学术研究的价值，其不仅是皮书学术规范的必备要素，同时还要遵循其特定的格式和要求，具体可见社会科学文献出版社出版的《皮书手册》（第四版）。

根据这一标准对 2020 年皮书参考文献进行考察，发现共 380 种皮书在参考文献方面规范性较强，规范率达到 91.35%，这说明当前皮书在传播其他学术成果方面也发挥着重要作用。

（六）小结

皮书中文摘要规范率达 99.76%，中英文关键词规范率达到 82.45%，中英文目录规范率达到 94.71%，资料来源规范率达到 98.56%，参考文献规范率达到91.35%。从整体来看，皮书各要件规范率均达到了80%以上，整体皮书要件的规范性较强（见图4）。

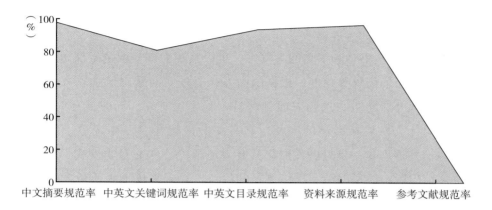

图4　皮书体例各要件规范率

五　当前皮书学术规范性发展现状及建议

从2020年数据分析可以看出，在各课题组、出版社及社会各界人士的共同努力下，皮书学术规范性不仅已得到了业界人士的广泛认可，而且也得到了自发遵循。在经历了这些年皮书规范化建设之后，截至2020年皮书在丛书名、署名规范和要件规范方面表现出了较强的学术规范性，有些指标甚至达到了满分。这说明在经历了多年发展运营之后，社会科学文献出版社建立的皮书学术规范已较为成熟完善。但同时也有少量皮书在这方面存在一些问题，未来在皮书学术规范化建设过程中，一方面要继续保持这种高水平的学术规范性建设；另一方面对存在的问题也应引起足够的重视，以更好地提升整个皮书的研创质量，维护整个皮书品牌的声誉和效应。

（一）皮书学术规范性强

通过对书名、丛书名、署名、要件学术规范性的考察，可以看出当前整

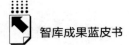

个皮书学术规范性已进入高质量发展的阶段，表现为学术规范性各个指标较以往都有较大的提升，并且有的指标经过近年来不懈的努力已发展得相当完善，如考察署名学术规范性，通过在研创过程中遵循学术规范性，符合皮书作为智库成果的定位。

从 2020 年丛书名和书名的考察中，可以发现大部分课题组都做到了从学术积淀、市场需求等角度，根据国内外社会现实问题确定选题方向，不仅如此大部分课题组在选题方面都保持了稳定、延续，同时又与时俱进，不断回应社会发展新形势的需要，有些皮书正朝着"专题定量 + 定性分析"方向发展。这一良好的发展势头有力地维护了皮书专业权威、原创首发、连续出版、注重前沿、更快更新的特点，是未来皮书高质量发展的重要保障。

通过对署名规范性的考察，可以看出 2020 年皮书在封面署名、单篇报告署名、编委会署名、主要编撰者简介体现署名规范性的四个要素方面学术规范性较强，规范率都达到了 90% 以上。署名的规范性有效地保证了皮书研创的专业性和权威性，为皮书高质量的运作奠定了良好的基石。

从要件规范的总体以及全书中英文摘要、单篇报告中英文摘要和关键词、中英文目录、资料来源、参考文献六个具体指标来看，皮书要件规范性较强，唯一有待提高的主要在英文摘要和英文注释方面，在今后的工作中课题组应重视多语言的皮书发展。

（二）极少数皮书学术规范性尚待加强

皮书选题和署名规范性在向高质量发展的同时，少数皮书的某些要素尚待加强。

在"控数量、调结构"的思想指导下，在皮书准入制度、皮书淘汰制度、皮书目录管理制度等的严格管控之下，当前皮书选题表现出长期、稳定、前沿的特征。首先经历了多年用心经营，皮书研究领域体现为较强的连续性和长期性，一些皮书已经成为"闪亮的明星"，如《社会蓝皮书》自1992 年始，已持续、稳定地运营了近三十年的时间，已成为研究中国社会发展形势的重要文本。此外，皮书作为一个选题结构也在不断发展优化中，近年来皮书紧紧围绕国家战略布局、行业发展开展，选题具有前沿性和计划性的特点，真正实现了皮书高质量应用成果的定位。这说明当前中国智库研究已经具有了相对比较稳定的运行模式，智库的研究成果质量也逐渐趋于稳定。当然也存在极少数重复和质量不高的皮书，此类皮书，必将随着优胜劣汰的竞争和淘汰机制而退出。

从对皮书署名规范性的考察，整个皮书署名的规范性也较强，符合署名稳定和权威的定位，如《社会蓝皮书》的编撰尤其是总报告的研究、创作多为集体智慧的结晶，总报告的执笔人均为蓝皮书主编，正是权威研创队伍保证了研创的质量。当然极少量皮书也存在一些问题，主要是：第一，新准入的皮书是学术规范性建设的薄弱环节；第二，皮书评价结果是帮助课题组发现问题、解决问题的有效手段，目前皮书研究院已建立了完善的皮书评价结果反馈体系，但是由于一些皮书未能及时出版、未能连续出版以及对皮书评价结果不重视等原因影响了皮书评价体系作用的发挥。

（三）皮书学术规范性建设的未来建议

鉴于当前皮书学术规范性的发展现状以及问题分析，本报告建议从以下几个方面着手来提升整个皮书的规范性水平。

1. 强化流程管控和制度约束

皮书学术规范性是否能真正落实到皮书运营中，直接关系到皮书规范化建设的效果。皮书学术规范化建设是一个长期的过程，实践证明，只有落实在每一部皮书中，做实做细，通过流程管控和制度约束才能真正发挥学术规范提升皮书研创质量的功能。鉴于此，在之后的皮书运营中，应继续加强流程管控和制度约束，将皮书学术规范化建设落实到交稿程序、预审预处理程序、编校程序、质检程序等整个编辑出版的每一个流程之中，不仅纳入编辑考核、皮书评价评奖、皮书目录管理等制度中，而且要不断推广相关的制度，真正地使课题组、编辑认识到学术规范性建设的重要意义，并自发自觉

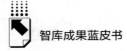

地遵循和完善这一制度，唯有如此才有利于皮书学术规范性在皮书研创过程中切实发挥指南的作用。

2. 进一步释放皮书目录管理的指引功能

针对当前皮书选题结构科学性尚有待加强的问题，须从皮书研创前的准备工作入手，借助皮书目录管理，做好选题论证，每一部皮书在选题之时，不能只局限于自身的视野，而应站在整个研究领域、整个皮书发展的视角，来看待和审视自己的选题，在此大前提下，结合自身的优劣势，确立研创的方向，唯有如此，才能实现整个皮书结构的优化升级。首先，应注重皮书研创前的准备，在此过程中皮书主编、编委会应发挥引领功能，主编团队要高度重视皮书的年度选题，鼓励编辑参与皮书的年度选题策划，不仅应从选题上突出皮书的前瞻性，结合当下经济社会的热点问题、难点问题展开深入严谨的论证，尤其是针对对策建议的内容要有科学性、长远性，从选题这一环节就进行高质量的把控，而且还要结合每年的目录，深入了解自己将从事研究领域的现状，结合自身的优劣势站在整个皮书的层面来看待自己的选题、定位自己的选题。其次，要借助目录管理，进一步优化皮书的结构。自2020 年始，皮书目录管理制度正式施行。这一制度是出版社通过推动皮书学术共同体的建设，发挥皮书学术委员会的评审功能，依据皮书内容质量评价、社会影响力评价等同行评审结果公布的"皮书目录"。皮书目录实施动态管理，每年调整、定期公布，其目的就是通过皮书目录将皮书品种数控制在500 种以内，把皮书目录管理与皮书前端管理、皮书审稿和皮书评价相结合，严格把控目录中皮书的内容质量，继续推进"控数量、调结构、补短板、提质量"的十二字管理方针。在之后的皮书运营管理中，应进一步发挥皮书目录管理的功能，从而在选题方面切实发挥指引功能，切实在选题这环上就严把质量关，切实将重复性等选题筛除和淘汰掉，除此之外，还应加强薄弱领域的研究，优化整个皮书的结构。

此外，还应加强皮书运营各环节中的协同合作，如皮书成果推广作为皮书运营的后端，对皮书研创工作具有指导功能，因此要利用皮书成果推广的结果反馈，以媒体监测的结果为指导进行选题策划等决策能更加科学、精准，更加贴近市场和消费需求，真正实现以研促推、以推促研协调发展的格局。此外，应使每一位研创者都树立智库运营的整体观，比如，应重视培养研创者从社会效果角度来思考和审视选题问题，使每一位皮书研创者从最开始写作时就充分考虑社会效果问题，只有这样，才能提升整部皮书的内容质量，从根本上提高皮书的影响力。

3. 进一步加强皮书评价体系建设

针对当前皮书学术规范性存在的问题，还要通过进一步加强皮书评价体系建设和实行差异化管理制度来实现。

截至目前，皮书学术规范性已进入皮书编辑出版和评价评奖工作体系，成为衡量皮书出版的基本要求和衡量皮书质量的重要指标，然而当前皮书评价体系的互动性还不够强，皮书评价工作需要课题组、编辑、皮书研究院的协同合作才能发挥最优的效应，皮书评价体系完善需要课题组、编辑团队和皮书研究院的共同努力才能实现和完成。首先，从皮书研究院来讲，要继续保持评价工作的"稳定、有效"。"稳定"指的是皮书学术规范性评价规则、评价团队、评价流程应保持相对固定，才能保证整个评价结果的连续、客观、严谨、准确，唯有如此才能真正建立皮书评价的权威，真正发挥加强皮书学术规范性的重要意义。"有效"指的是皮书学术规范性相关结果除了要及时反馈给相关的编辑和课题组外，还应进一步开发回溯性的分析报告，以便明晰当前哪些皮书尚存在学术规范性问题。此外，要加强皮书课题组、编辑、皮书研究院的协同合作，应通过多种形式实现与课题组和编辑的沟通交流，以更好地了解皮书，从而反观各自的工作流程和工作机制。其次，对于课题组来讲，应保持皮书出版的及时性和连续性，以便于参加当年皮书评价工作，对于皮书评价结果反馈的问题应及时纠正，以避免同样的问题反复出现，从而真正有效改正问题。

4. 对皮书实行差异化管理

鉴于当前皮书整体规范性较强，只有极少数新准入的皮书和少数皮书学术规范性存在问题，建议之后对皮书实行差异化管理，重点通过加强对新准入皮书、往年学术规范性存在问题皮书的管理；此外课题组还需加强对新进入皮书研创成员的学术规范性培训，以保证皮书的整体质量不因课题组成员的变化而受到影响。此外，针对当前大多数皮书规范性已经较强的现状，课题组、编辑团队除了在形式上继续保持皮书规范性外，更为重要的是要加强对皮书规范性实质内容的理解，通过分析借鉴《社会蓝皮书》《经济蓝皮书》等优秀皮书要件的实质内容，进一步从内容上提升皮书研创的质量。

参考文献

谢曙光主编《皮书手册——写作、编辑出版与评价指南》（第四版），社会科学文献出版社，2020。

谢曙光、吴丹：《智库成果蓝皮书：中国皮书高质量发展报告（2020）》，社会科学文献出版社，2020。

B.10
2020年皮书媒体影响力评价分析报告

孙慧娟　梁荣琳*

摘　要： 皮书作为一个重要的智库平台，由智库产品的研创、出版、成果交流、对外推广、发布、评价一系列环节构成。媒体推广作为扩大智库成果影响力的有效传播渠道，是智库成果走向公众的重要窗口，在智库成果交流、对外推广、发布、评价中发挥着重要作用。在历经了二十余年的发展之后，社会科学文献出版社已建立了独立、完善、专业的皮书媒体推广机制和皮书媒体评价指标体系，这一机制和体系不断发展和完善，成为皮书对外交流、推广、发布的重要手段，在扩大智库成果影响力方面发挥了重要功能。通过分析2016~2020年媒体影响力评价结果可以得出，近年来皮书媒体影响力不断增强，但仍存在公共媒体潜力尚未完全挖掘，自媒体运营能力较弱、皮书推广方式单一，皮书整体运营协调能力尚不强等问题。针对这些问题，本报告从深度挖掘公共媒体潜力、构建多样化的皮书成果推广方式、加强整个皮书运营流程的协调互动、进一步加强皮书媒体影响力评价体系建设和实行差异化管理五个方面提出有针对性的建议，以期为提高皮书的媒体传播效果、扩大智库成果影响力提供借鉴。

---

* 孙慧娟，法学博士，中国社会科学院法学研究所和社会科学文献出版社联合培养博士后，研究方向为家庭治理、国家治理、智库法治化；梁荣琳，硕士研究生，皮书评价研究助理，研究方向为皮书媒体推广、文化产业。

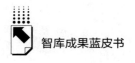

关键词： 皮书 媒体影响力 评价

皮书是对当前中国与世界热点问题进行年度监测并对中国经济社会发展起到积极推动作用的一种重要成果表达形式。[①] 随着皮书系列规模不断扩大，其美誉度和社会影响力也在不断提升、扩大。皮书系列已成为社会科学成果发布的重要平台，皮书不仅是海量信息时代引导知识话语的重要媒体，同时还是知识理论转化为公共政策的桥梁。为使研究成果更好地发挥应用对策的功能，使其更好地为公众、社会、政府接纳，智库成果宣传推广已成为智库建设的重要组成部分。本报告以社会科学文献出版社的媒体影响力为研究对象，结合 2016~2019 年皮书媒体影响力评价结果，重点分析 2020 年皮书媒体影响力评价得分，以全面、细致分析当前皮书媒体影响力发展现状，并结合现阶段存在的问题，提出有针对性的建议，以期为未来更好地推广智库成果提供借鉴。

一 媒体推广是扩大智库成果影响力的有效传播渠道

当今正处于百年未有之大变局时代，世界的动荡变革期与我国的战略机遇期不期而遇，错综复杂的国际形势、艰巨繁重的国内改革使公共决策的复杂性显著增加，为智库参与公共决策提出了更高的要求。然而现阶段中国智库对公共政策活动的影响力仍有限，主要表现为智库成果转为公共政策的比例仍待提高。因此如何有效地使智库成果为外界所知，并为外界所用，成为当前智库向高质量发展面临的重要问题。

国内外智库的发展经验表明，智库成果宣传推广尤其是媒体推广是扩大皮书影响力、实现知识理论转化为公共政策的重要路径。皮书通过媒体传播影响社会精英和社会大众，并进而引导社会舆论，凝聚大众共识，从而引起决策者的关注和吸纳，最终影响决策，实践证明，智库成果推广是知识理论

---

① 谢曙光等：《皮书研创与智库建设》，社会科学文献出版社，2014，第 1~4 页。

转化为公共政策即整个智库运营过程中不可或缺的环节。特别是进入21世纪以来，人工智能带来了媒体界的深刻变革，以自媒体为代表的新媒体发展迅猛，正在影响和改变着智库成果发声、传播的渠道。在这样的时代背景下，媒体推广日益成为智库成果为外界所知、为外界所用的重要渠道：智库成果是否被采纳、能否得到决策层的关注，都与智库的舆论影响力息息相关，智库成果需要借助媒体的曝光度和敏锐度提升影响力，否则难以形成决策影响力和社会影响力。也就是说，当前智库除了要提升研创质量外，还要重视皮书推广，即持之以恒地在媒体推广的内容、方式、方法、渠道上不断开拓创新，并定期对其影响力进行评价考核，才能对智库当前发展的现状进行定位，以不断提升整个智库运行的质量，从而不断提升知名度，获取更多公众关注，以便取得舆论的主动权，使智库成果进入应用层面，实现社会的可见性。

二　不断发展中的皮书媒体影响力评价监测体系

为了不断探索智库成果推广的方式和方法，近年来社会科学文献出版社在如何扩大皮书影响力传播渠道方面进行了有益的尝试和探索，经历了多年发展，其建立的媒体推广机制及媒体影响力监测体系日趋成熟，已得到业内人士的认可和自发遵循，成为扩大智库成果影响力的重要渠道。

（一）皮书媒体影响力评价体系的构成——"指标体系＋制度"

截至目前，社会科学文献出版社已建立了独立、完善、专业的皮书媒体推广机制和皮书媒体影响力评价体系，这一机制和体系不断发展和完善，成为皮书对外交流、推广、发布的重要手段。

皮书媒体影响力评价作为成果推广的一部分，该指标体系从皮书公共媒体影响力、自媒体影响力、学术期刊影响力等方面对皮书的媒体影响力和社会关注度进行监测分析，以期全面、客观、准确地掌握皮书的舆情动态，作为皮书社会影响力的重要组成部分，是分析皮书社会效应的重要指标。

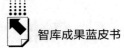

媒体推广和媒体关注是相辅相成、共同发展的。在品牌运作的初期，要通过有意识、有规划的媒体推广活动获得媒体关注，随着影响力的扩大，媒体会反过来对智库成果进行自发关注，从而形成良性的智库成果推广机制。社会科学文献出版社开展的成果推广工作机制也验证了这一规律。在成果推广的初期，社会科学文献出版社极注重与媒体的合作，利用国内有影响力的媒体对皮书进行推广。在多年的用心经营之下，社会科学文献出版社已建立了与新华社、中新社、中央电视台、中国网、人民日报、光明日报等国内主流媒体的合作关系，这些媒体多年来持续跟踪报道社会科学文献出版社出版的重点皮书，对扩大皮书影响力发挥了积极的作用。此外为保证媒体推广切实发挥扩大皮书影响力的功能，社会科学文献出版社还将媒体影响力评价体系纳入整个运作体系，贯穿于皮书发布、成果交流等流程之中，而且将其与皮书评价评奖制度紧密相连，通过流程管控和制度约束来保证媒体推广的效果。从近年来皮书成果推广情况来看，每年至少有一半以上的皮书正在使用这一体系来实现智库成果的推广，也就是说，社会科学文献出版社构建的皮书推广平台，已成为智库成果推广的重要渠道。通过这一渠道，皮书这类智库成果在社会上得以广泛推广，从而最大程度地提升了皮书作为对策类研究成果的影响力，为皮书进入公共决策、为投资者提供指南、引导大众舆论提供了基本的前提条件。①

（二）2010年和2021年媒体影响力评价指标体系介绍

自 2010 年社会科学文献出版社皮书研究院首次发布媒体评价指标以来，在业内各位人士的关注和支持之下，这一指标体系已经运行了 10 个年头，其间历经了几次修订完善，在保持这一指标体系相对稳定性的同时与时俱进。进入 21 世纪的第二个十年，人工智能带来了媒体界的深刻变革，以自媒体为代表的新媒体发展迅猛，正在影响和改变着智库成果发声、传播的渠道。在这样的时代背景之下，为全面、客观、科学反映皮书媒体影响力，皮

---

① 谢曙光：《皮书与当代中国研究》，《出版广角》2016 年第 13 期。

书研究院在专家论证和课题组建议的基础上，总结十年发展经验，对2010年皮书媒体影响力评价指标体系进行了修订。为方便各位业内人士使用这一指标体系，特在此报告中对2010年和2021年指标体系作出说明。

1. 2010年社会科学文献出版社皮书媒体影响力评价指标简介

2010年皮书媒体影响力评价指标体系主要由三个部分组成：传统媒体影响力、新媒体影响力和学术期刊影响力。总分100分。

传统媒体影响力满分65分，主要由传统媒体曝光率、网页检索量以及视频检索量三部分构成。其中，传统媒体曝光率满分45分，有三个评分标准，分别为：国际媒体、全国性一类媒体、皮书所涉领域的专业媒体或区域类皮书所涉及的地方媒体，每篇计2分；其他媒体，每篇计1分；纸媒专题报道，每篇计3分。网页检索量和视频检索量满分均为10分。网页检索量是指在百度新闻、搜狗新闻等检索皮书新闻报道数量，评分标准为每10条计1分。视频检索量评分标准为：网络媒体播放发布会视频或文字，每次计2分；文字访谈，每次计3分；采访视频，每次计3分；文字加视频访谈，每次计5分。

新媒体影响力主要包括微博传播能力和微信传播能力两部分。微博传播能力的评分标准为：开设与皮书内容相关的微博，计1.5分；统计期内每周至少更新一次与皮书有关的内容，或统计期内更新与皮书有关的信息总量超过50条，或统计期内有转发量超过1000的与皮书有关的微博，满足三者之一，计3.5分；新浪微博检索情况，每条计1分。微信传播能力的评分标准为：开设与皮书内容相关的微信订阅号，计1分；统计期内每周至少更新一次与皮书有关的内容，或统计期内更新与皮书有关的信息总量超过50条，或统计期内有转发量超过1000的与皮书有关的微信，满足三者之一，计1.5分；开设与皮书内容相关的微信群，计1分，微信群内成员的数量及活跃程度满足一定条件，计1.5分；搜狗微信检索情况，每条计1分。

学术期刊影响力是指皮书报告期刊发表情况。评分标准为被皮书收录的研究报告，在皮书出版发布后，主要数据或主要结论（20%）又被学术期刊刊发的，每篇计2.5分。

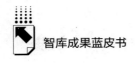
2. 智能时代下2021年皮书媒体影响力评价指标的修订

随着大数据、人工智能和语义技术的发展，智能时代正在重新塑造传播的路径和格局。在这样的时代背景下，为与时代同发展，不断开拓新的传播路径，通过打造多元化的媒体推广机制，全面、客观、科学地反映皮书媒体影响力，社会科学文献出版社对2010年皮书媒体影响力评价指标体系从总分值、指标体例、具体指标方面进行了修订，并对评价机制进行了进一步拓展，以与业内人士携手并进共同开拓智库成果传播的新渠道、新路径。

（1）对总分值进行了修订

2021年皮书媒体影响力评价指标体系总分值为105分，与2010年皮书媒体影响力100分的总分值设置相比，其变动主要体现为增加了加分项（5分）。之所以在分值上进行调整，目的在于鼓励创新，进一步拓展媒体影响力可行的路径。

（2）对指标体例进行了修订

2021年皮书媒体影响力评价指标体系共包括"公共媒体影响力、自媒体影响力、学术影响力、加分项"四大板块，与2010年由"传统媒体影响力、新媒体影响力、学术期刊影响力"组成的指标体系相比，对一级指标的名称进行了重新审视（"传统媒体影响力"修改为"公共媒体影响力"，"新媒体影响力"修改为"自媒体影响力"，"学术期刊影响力"修改为"学术影响力"），增加了一个一级指标加分项（包括APP流量和直播流量）。这些修订使整个指标体系的设置更为科学、合理，不仅符合当下自媒体迅速崛起以及疫情防控常态化的社会现实，而且可以对皮书课题组自建传播渠道抵御不确定风险、扩大皮书影响力提供有益的指导。

（3）对具体指标进行了修订

2021年皮书媒体影响力指标体系在具体指标设置方面做了如下修改。

首先是公共媒体影响力部分：将2010年"网络媒体播放发布会视频或文字，每次加2分"修改为"线下发布或线上发布，包括图文或视频直播，每次得4分"；将"进行文字加视频访谈，每次加5分"此项删除。

其次是自媒体影响力部分：将"统计期内每周至少更新一次与皮书有

关的内容，或统计期内更新与皮书有关的信息总量超过50条，或统计期内有转发量超过1000的与皮书有关的微博/微信，满足三者之一，加3.5分"修改为"统计期内在微博/微信上发布与皮书有关的信息，每条得0.1分；统计期内有1条转发量超过100次的与皮书有关的微博/微信，得3.5分"；将"开设与皮书内容相关的微信订阅号，加1分"修改为"开设与皮书内容相关的微信公号，得1.5分"；将"微信群运营能力"此项删除。

最后是学术影响力部分：增加了"被皮书收录的研究报告，在皮书出版发布后，被其他学术论文引用的，每篇得1分（以中国知网图书引证统计分析数据库为依据）"；将"被皮书收录的研究报告，在皮书出版发布后，主要数据或主要结论（20%）又被学术期刊刊发的，每篇加2.5分"修改为"被皮书收录的研究报告，在皮书出版发布后，由作者基于皮书报告内容（占篇幅的20%左右），重新修改后，在学术期刊、学术著作发表论文，且皮书报告列在参考文献中的得2分"。

（4）进一步拓展了协同合作的评价机制

2021年皮书媒体影响力评价指标体系进一步拓展了由皮书课题组和皮书研究院协同合作的评价机制。2010年皮书媒体影响力监测除了"学术期刊影响力"由皮书课题组提供相关资料外，其余部分主要由皮书研究院成果评价中心进行自主监测；2021年皮书媒体影响力监测加大了课题组参与评价的力度，"自媒体影响力中的微信流量（除微信检索外）"、"学术影响力（包括发表和引证两个部分）"和"加分项"需要课题组提供相关资料来支持。

（三）媒体影响力评价指标体系得到了业内人士的自发遵循

在十多年的发展过程中，媒体影响力评价指标体系日趋完善，不仅全面反映了皮书媒体影响力情况，对智库成果推动工作起到了引导作用，而且作为整个智库平台建设的后端，通过评估皮书的社会效果，对前端皮书的研创具有指导功能，有利于进一步提高皮书的内容质量，为从根本上提高智库成果的竞争力提供了一手资料。

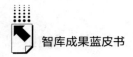

截至目前，社会科学文献出版社每年至少要举办百余场关于皮书的新闻发布会，其中不仅涉及国内各大具有影响力的媒体，还涉及国外媒体，有些发布会同时使用中、英、俄、日、韩等 12 个语种的版本。也就是说，皮书已成为智库成果向国内外发声的平台，通过成果推广，使皮书研创者的思想和声音得以在世界范围内传播，进而对内实现知识理论向影响社会的公共政策转变；对外，不仅成为国外了解中国的一个重要渠道，而且成为中国知识分子参与国际治理的重要手段，成为向世界传递中国声音、总结中国经验、争取中国国际话语权的重要平台。也就是说，经历了 20 多年的发展，社会科学文献出版社不仅仅是出版商，更是成果推广服务商，是一个吸引流量、蹭流量的数据平台。①

三　数说2016~2020年皮书媒体影响力的发展

美国管理学家、统计学家爱德华·戴明有句名言："除了上帝，任何人都必须用数据来说话。"数据是皮书研创的生命力，本报告通过立足 2016~2020 年皮书媒体影响力评价结果，这些数据来源于皮书研究院成果推广中心采集的一手数据，并得到了课题组的确认，数据具有准确、客观的特点，可以如实反映近年来整个皮书媒体影响力的现状。

（一）媒体成果影响力整体分析

从当前皮书成果推广的实践和指标设计来看，召开发布会是媒体成果推广的主要手段，同时包括微信、微博在内的自媒体成果推广已成为皮书成果推广新的路径和发展。本报告从是否召开发布会和媒体影响力各指标来综合分析媒体成果影响力的总体发展情况。

1. 利用发布会进行媒体成果推广情况分析

随着智能时代的来临，流量已成为衡量社会影响力的最为精准和最为重

---

① 谢曙光主编《皮书手册——写作、编辑出版与评价指南》（第三版），社会科学文献出版社，2018，第 1~3 页。

要指标之一，而社会影响力直接关系到皮书能否进入应用领域。实践证明，召开皮书发布会可以利用公共媒体的权威性在最短的时间内最大限度地汇聚流量，是皮书传播最有效的手段。

从2016~2020年皮书媒体监测数据结果可以得出，第一，公共媒体影响力仍是当前皮书扩大影响力最有效的方式。从数据来看，召开发布会的数量和比例与媒体总分均值呈正相关的关系，发布会召开比例越高，其媒体影响力分值越高，反之亦然。2017年召开发布会的皮书较多，占比达到63.9%，与之相应的整个媒体影响力得分也是五年最高值；2020年召开发布会的皮书最少，占比仅为51.44%，与之相应的整个媒体影响力得分也是五年最低值，跌至42.42分（见表1）。从2016~2020年已召开发布会和未召开发布会总分均分比较也可以看出，召开发布会的皮书媒体影响力得分明显高于未召开发布会皮书的得分，2016年已召开发布会皮书的平均得分为78.7分，未召开发布会的平均得分为13.69分，已召开发布会皮书和未召开发布会皮书的平均得分相差65.01分；2017年已召开发布会皮书的平均得分为72.74分，未召开发布会皮书的平均得分为20.30分，已召开发布会皮书和未召开发布会皮书的平均得分相差52.44分；2018年已召开发布会皮书的平均得分为70.22分，未召开发布会皮书的平均得分为8.64分，已召开发布会皮书和未召开发布会皮书的平均得分相差61.58分；2019年已召开发布会皮书的平均得分为68.89分，未召开发布会皮书的平均得分为12.61分，已召开发布会皮书和未召开发布会皮书的平均得分相差56.28分；2020年已召开发布会皮书的平均得分为66.95分，未召开发布会皮书的平均得分为16.43分，已召开发布会皮书和未召开发布会皮书的平均得分相差50.52分（见表2）。从数据比较来看，召开发布会是扩大皮书影响力有效的形式。第二，从数据来看，近五年召开发布会的比例大致保持在已出版皮书的50%左右，也就是说每年有大约50%的皮书尚未召开发布会，从整个皮书发展情况来看，利用公共媒体进行成果推广的潜力尚未完全发掘。第三，通过近五年召开发布会的比例来看，由于召开发布会对时间、空间和程序审批方面有一定的要求，利用公共媒体进行成果推广有其局限性。第四，通过对 2016~2020 年皮书召开发布会情况进行分析可以看出，除 2017 年召开发布会比例略有上升外，其他年份召开发布会比例呈逐年下降的趋势，2020 年召开发布会的比例首次下跌至 51.44%。这一方面与 2020 年的新冠肺炎疫情有关，另一方面也体现了有些课题组对发布会重视程度不足，或者有些新准入的皮书尚不了解皮书成果推广的重要性和流程。

表 1 2016~2020 年皮书出版总量与召开发布会情况统计

项目	2016 年	2017 年	2018 年	2019 年	2020 年
出版总量（种）	332	374	426	419	416
召开发布会数量（种）	197	239	263	253	214
未召开发布会数量（种）	135	135	163	166	202
召开发布会数量占比（%）	59.33	63.90	61.73	60.38	51.44
总分均值（分）	52.26	53.81	46.62	46.60	42.42

数据来源：皮书研究院。

表 2 2016~2020 年已召开发布会和未召开发布会总分均分比较

单位：分

年份	已召开发布会	未召开发布会	媒体平均
2016	78.70	13.69	52.26
2017	72.74	20.30	53.81
2018	70.22	8.64	46.62
2019	68.89	12.61	46.60
2020	66.95	16.43	42.42

数据来源：皮书研究院。

总之，召开发布会仍是扩大皮书影响力的首要标准，提升皮书的社会影响力的关键在于产生的流量大小。皮书课题组应该高度重视皮书发布会的召开，皮书只有通过媒体报道，增加曝光率，提升知名度，获得大众关注，形成了社会舆论和热点议题时，形成品牌影响力，才能将知识理论转换为公共政策，最终实现皮书的价值。

2. 媒体影响力各指标发展情况分析

2021 年皮书媒体影响力指标体系修改之前，媒体影响力各指标体系由传统媒体影响力、网页检索、视频检索、微博传播能力、微信传播能力、学术期刊影响力几大部分构成，正是这几大指标共同构建了现在多元化媒体传播渠道的发展格局。

对2016～2020年皮书单项指标得分进行分析，如表3所示，除2016年外，传统媒体曝光率指标平均分得分率均高于其他指标。2016～2018年网页检索量平均分得分率呈现逐年下降的趋势，2019年开始略有上升。2016～2020年微博传播能力和微信传播能力两项指标平均分及得分率总体呈波动下降趋势的特征。学术期刊影响力得分率除2016年外，其他均在10%左右浮动。学术期刊影响力得分较低，这说明皮书后续成果的转化率不高，之后课题组应进一步挖掘皮书的内容资源，一方面最大限度地提高成果的利用率和转化率，另一方面也有利于扩大皮书的学术影响力。

表3　2016～2020年皮书媒体影响力各项指标平均分及得分率

项目	传统媒体曝光率	网页检索量	视频检索量	微博传播能力	微信传播能力	学术期刊影响力
2016年(分)	29.14	6.83	3.14	11.99	1.16	
得分率(%)	64.76	68.30	31.40	59.59	23.20	
2017年(分)	31.74	4.07	2.78	7.12	7.65	0.45
得分率(%)	70.53	40.70	27.80	47.47	51.00	9.00
2018年(分)	26.48	3.35	2.53	6.58	7.31	0.41
得分率(%)	58.84	33.50	25.30	43.87	48.73	8.20
2019年(分)	26.20	4.04	2.70	5.78	7.42	0.45
得分率(%)	58.22	40.40	27.00	38.53	49.47	9.00
2020年(分)	24.83	4.31	2.23	4.00	6.41	0.65
得分率(%)	55.18	43.10	22.30	26.67	47.73	13.00
媒体影响力单项指标总分(分)	45	10	10	15	15	5

注：2016年媒体影响力单项指标中的"网页检索量"权重为15分，"微博传播能力""微信传播能力"权重各为10分，"学术期刊影响力"权重为10分。故个别指标体系对比时不纳入范围。（下同）

数据来源：皮书研究院。

基于此结果建议课题组在未来要重视与各类公共媒体、新媒体进行全方位合作，共同扩大皮书的品牌影响力和社会影响力，重视皮书微博、微信公众号的开通和运营，加强视频、微博、微信的宣传，重视皮书在学术共同体

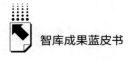

智库成果蓝皮书

中的同行影响力。

在此基础上，本报告对皮书按照是否召开发布会为标准进行媒体影响力各指标的分析。

从当前各指标的发展现状来看，是否召开发布会是影响传统媒体曝光率得分的重要因素。通过 2016～2020 年未召开和已召开发布会皮书媒体影响力各指标体系的对比来看，传统媒体曝光率主要受是否召开发布会影响，2016～2020年已召开发布会的皮书媒体影响力得分在 66.95～78.70 分（这里需要说明的是传统媒体曝光率满分为 45 分，但是在实际监测过程中，为了更全面地监测媒体成果推广情况，并不以满分为限，但是在计算分值时以满分为限）。2016～2020年未召开发布会的皮书传统媒体曝光率得分在 7.95～11.53 分，已召开发布会与未召开发布会皮书的媒体影响力平均得分分值相差较大（见表 4、表 5）。

表 4　2016～2020 年已召开发布会皮书媒体影响力各项指标平均得分情况

单位：分

年份	总分	传统媒体曝光率	网页检索量	视频检索量	微博传播能力	微信传播能力	学术期刊影响力
2016	78.70	43.67	10.78	4.96	17.74		1.55
2017	72.74	43.16	5.62	3.83	9.45	10.07	0.61
2018	70.22	40.38	5.14	3.96	9.57	10.54	0.62
2019	68.89	39.15	5.96	4.26	8.63	10.17	0.71
2020	66.95	38.99	7.01	3.85	6.63	9.40	1.07

数据来源：皮书研究院。

表 5　2016～2020 年未召开发布会皮书媒体影响力各项指标平均得分情况

单位：分

年份	总分	传统媒体曝光率	网页检索量	视频检索量	微博传播能力	微信传播能力	学术期刊影响力
2016	13.69	7.95	1.06	0.47	3.61		0.59
2017	20.30	11.53	1.32	0.92	3.00	3.37	0.17
2018	8.64	4.04	0.44	0.21	1.75	2.00	0.08
2019	12.61	6.46	1.11	0.31	1.43	3.24	0.06
2020	16.43	9.83	1.44	0.50	1.23	3.24	0.20

数据来源：皮书研究院。

250

3. 2016～2020年排名均在前50位的皮书媒体影响力分析

如表6所示，2016～2020年媒体影响力排名均在前50位的皮书共计7种，分别为《房地产蓝皮书：中国房地产发展报告》《法治蓝皮书：中国法治发展报告》《新媒体蓝皮书：中国新媒体发展报告》《移动互联网蓝皮书：中国移动互联网发展报告》《文化建设蓝皮书：中国文化发展报告》《就业蓝皮书：中国本科生就业报告》《就业蓝皮书：中国高职生就业报告》。观察7种皮书近5年召开发布会的时间，发现除2020年皮书以及《文化建设蓝皮书：中国文化发展报告》外，其他6种皮书2016～2019年召开发布会的时间间隔最长18天，最短仅为1天。其中，《新媒体蓝皮书：中国新媒体发展报告》《就业蓝皮书：中国本科生就业报告》《就业蓝皮书：中国高职生就业报告》召开发布会时间最稳定，《新媒体蓝皮书：中国新媒体发展报告》召开发布会的时间固定在每年6月21～26日，《就业蓝皮书：中国本科生就业报告》《就业蓝皮书：中国高职生就业报告》每年固定在6月10～12日召开发布会。

表6　2016～2020年媒体影响力排名均在前50位的皮书召开发布会时间情况

序号	丛书名	书名	2016年	2017年	2018年	2019年	2020年
1	房地产蓝皮书	中国房地产发展报告	2016.05.05	2017.05.09	2018.05.14	2019.05.23	2020.11.17
2	法治蓝皮书	中国法治发展报告	2016.03.18	2017.03.20	2018.03.22	2019.03.28	2020.06.08
3	新媒体蓝皮书	中国新媒体发展报告	2016.06.21	2017.06.26	2018.06.26	2019.06.25	2020.07.22
4	移动互联网蓝皮书	中国移动互联网发展报告	2016.07.06	2017.07.01	2018.06.19	2019.06.24	2020.07.14
5	文化建设蓝皮书	中国文化发展报告	2016.06.18	2017.05.20	2018.07.03	2019.09.06	2020.12.17
6	就业蓝皮书	中国本科生就业报告	2016.06.12	2017.06.12	2018.06.11	2019.06.10	2020.07.09
7	就业蓝皮书	中国高职生就业报告	2016.06.12	2017.06.12	2018.06.11	2019.06.10	2020.07.09

数据来源：皮书研究院。

由表7可知，2016～2020年媒体影响力排名均在前50位的7种皮书中，连续5年获得满分的只有《新媒体蓝皮书：中国新媒体发展报告》，媒体影

表 7 2016～2020 年媒体影响力排名均在前 50 位的皮书得分情况

丛书名	书名	时间	媒体影响力综合排名	分类排名	传统媒体曝光率得分	网页检索量得分	视频检索量得分	微博传播能力得分	微信传播能力得分	学术期刊影响力得分	总分
房地产蓝皮书	中国房地产发展报告	2016 年	7	1	45	15	10	20		10	100
		2017 年	27	1	45	10	10	10	11	0	86
		2018 年	33	12	45	10	10	10	11	0	86
		2019 年	25	3	45	10	10	10	11	0	86
		2020 年	32	4	45	10	10	10	11	0	86
法治蓝皮书	中国法治发展报告	2016 年	1	1	45	15	10	20		10	100
		2017 年	6	2	45	10	10	11.5	12	5	93.5
		2018 年	10	2	45	8	10	15	15	0	93
		2019 年	12	1	45	5	10	15	13.5	5	93.5
		2020 年	4	3	45	10	10	15	15	5	100
新媒体蓝皮书	中国新媒体发展报告	2016 年	2	1	45	15	10	20		10	100
		2017 年	1	1	45	10	10	15	15	5	100
		2018 年	1	1	45	10	10	15	15	5	100
		2019 年	1	1	45	10	10	15	15	5	100
		2020 年	1	2	45	10	10	15	15	10	100
移动互联网蓝皮书	中国移动互联网发展报告	2016 年	5	2	45	15	10	15		10	100
		2017 年	2	2	45	10	10	15	15	5	100
		2018 年	6	3	45	6	10	15	15	5	96
		2019 年	2	2	45	15	10	15	15	5	100
		2020 年	16	1	45	10	6	15	13.5	5	94.5

续表

丛书名	书名	时间	媒体影响力综合排名	分类排名	传统媒体曝光率得分	网页检索量得分	视频检索量得分	微博传播能力得分	微信传播能力得分	学术期刊影响力得分	总分
文化建设蓝皮书	中国文化发展报告	2016年	19	6	45	15	2	20		10	92
		2017年	4	3	45	8	10	15	13.5	5	96.5
		2018年	11	6	45	9	10	15	13.5	0	92.5
		2019年	5	3	45	10	10	15	15	0	95
		2020年	5	2	45	10	10	15	15	5	100
就业蓝皮书	中国本科生就业报告	2016年	48	25	45	15	10	20		0	90
		2017年	19	32	45	10	10	11.5	11	0	87.5
		2018年	2	33	45	8	10	15	15	5	98
		2019年	15	28	45	10	10	11.5	12	0	88.5
		2020年	39	9	45	10	10	10	10	0	85
就业蓝皮书	中国高职生就业报告	2016年	50	28	45	15	10	20		0	90
		2017年	20	37	45	10	10	11.5	11	0	87.5
		2018年	3	38	45	8	10	15	15	5	98
		2019年	16	29	45	10	10	11.5	12	0	88.5
		2020年	41	12	45	10	10	10	10	0	85

数据来源：皮书研究院。

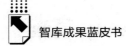
响力总排名和分类排名均为第一。从单向指标看，连续 5 年排名在前 50
位的 7 种皮书的传统媒体曝光率都得到了满分，除 2019 年的《法治蓝皮
书：中国法治发展报告》外，其他皮书网页检索量单项指标均达到及格
分；除 2020 年的《移动互联网蓝皮书：中国移动互联网发展报告》和
2016 年的《文化建设蓝皮书：中国文化发展报告》外，其他皮书视频检
索量该项均获得满分；微博传播能力和微信传播能力都在及格分以上，媒
体影响力综合排名在前 3 位的皮书这两项指标均获得了满分。深究这 7 种
皮书连续 5 年排名前 50 位的原因，不难发现，第一，重视发布会的召开，
有效地保证了公共媒体的得分。公共媒体推广是智库成果推广的有效途
径，是否召开发布会，何时召开发布会，如何召开发布会是皮书取得最佳
媒体推广效果的关键。这 7 种皮书都召开了发布会，并且每年的时间都较
为固定。从历年的监测报告得知，召开发布会的皮书都得到了多家一类媒
体、专业媒体的报道和转发，有效地扩大了皮书的社会影响力。受新冠肺
炎疫情影响，虽然 2020 年皮书召开发布会时间有所延迟，但是课题组仍
然召开了发布会，这是这些皮书在疫情之下传统媒体曝光率仍能获得满分
的重要原因。第二，课题组十分重视自媒体的运营，不仅加强公共媒体建
设，还积极构建自媒体宣传渠道，通过开设相关皮书公众号保持平台运营
的活跃度，不仅发布皮书有关信息，还发布或转发行业相关信息，通过构
建公共媒体 + 自媒体联合运营的机制，有效地避免了外界不确定因素带来
的风险。

（二）皮书各类别媒体影响力结果分析（2016～2020年）

皮书是对某一领域或地区进行持续研究的应用型出版物，为了便于研
究，社会科学文献出版社皮书研究院将丛书名按照研究领域、门类、地域为
标准分为经济类（包括宏观经济、区域与城市经济、产业经济）、行业类、
社会政法类、地方发展类（包括地方经济、地方文化、地方社会）、文化传
媒类、国际问题类。本报告借助这一分类对皮书各类别进行分析，以观察不
同类别皮书的发展趋势。

1. 2016～2020年各类别皮书媒体影响力总体发展现状

从2016～2020年皮书媒体监测数据结果，可以看出不同类别的皮书媒体影响力监测结果呈现不同的发展水平，其中经济类皮书长期以来一直保持着高水平的发展态势，行业类和社会政法类皮书媒体影响力表现也较为优异，地方发展类和国际问题类皮书媒体影响力发展不理想（见表8）。

表8　2016～2020年皮书影响力平均得分情况（按类别）

单位：分

类别	2016年	2017年	2018年	2019年	2020年
经济	71.14	62.28	55.15	55.02	45.58
行业	56.02	54.33	46.37	38.65	39.23
社会政法	57.03	54.74	58.77	53.86	47.27
地方发展	42.56	48.61	38.56	44.05	40.27
文化传媒	58.83	52.34	52.90	47.23	44.77
国际问题	54.13	61.78	49.69	49.40	41.21
总分	52.26	53.81	46.62	46.60	42.42

数据来源：皮书研究院。

2. 以经济类皮书为样本分析皮书媒体影响力发展现状及存在的问题

经济类皮书5年来一直保持了领先优势，这得益于其保持公共媒体成果推广的优势，并积极拓展以自媒体为代表的多渠道成果推广方式。但是在保持整体高质量发展水平的同时，也应注意经济类皮书总分均分呈现逐年降低的趋势。

（1）经济类皮书召开发布会情况

经济类皮书的领先优势首先表现为，召开发布会仍然是皮书的主要传播渠道，经济类皮书召开发布会占比较高。如表9所示，2016～2019年，已召开发布会的皮书均在70%以上，占比较高。2016年已召开发布会的皮书媒体影响力平均分为83.78分，为5年之中最高。在2016～2020年召开发布会的皮书中，其媒体影响力平均分均高于经济类皮书媒体影响力平均分10分以上。

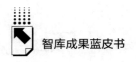

表9　2016～2020年经济类皮书召开发布会情况

年份	出版总量 （种）	已召开发布会 （种）	已召开发布会 占比（%）	已召开发布会 平均分（分）	媒体影响力 平均分（分）
2016	37	30	81.08	83.78	71.14
2017	47	37	78.72	73.98	62.28
2018	57	42	73.68	71.28	55.15
2019	59	42	71.19	72.88	55.02
2020	59	35	59.32	67.46	45.58

数据来源：皮书研究院。

通过分析2016～2020年皮书的出版总量和召开发布会的数量可以看出，出版总量呈现逐年增加的趋势，出版总量的增长量明显大于召开发布会的增长量是皮书媒体影响力得分连年下降的主要原因。2017年与2016年相比，出版总量增加了10种，但是召开发布会的增长量仅为7种；2018年与2017年相比，出版总量增加了10种，但是召开发布会的增长量仅为5种；2019年与2018年相比，出版总量增加了2种，但是召开发布会的增长量为0种；2020年与2019年相比，出版总量相同，但是召开发布会的增长量减少了7种。这说明，皮书媒体成果推广应加强对新准入皮书的重点管理，由于新准入皮书对皮书作为智库成果的运作尚未建立整体运营的理念，不明晰整个皮书的运作流程，因此极易成为皮书媒体成果推广的薄弱环节。

（2）经济类皮书成果推广发展情况

从2016～2020年经济类皮书媒体影响力各项指标分值可以看出：公共媒体曝光率得分高，遥遥领先于其他指标，在保持公共媒体进行成果推广的优势的同时，经济类皮书还应致力于多渠道传播机制的构建。

首先，经济类皮书持续利用公共媒体进行成果宣传。2016～2019年经济类皮书召开发布会的传统媒体曝光率平均分连续4年明显高于及格分（27分）。近5年（2016～2020年）的平均分均高于当年度的总均分，且2016～2019年经济类皮书连续4年保持最高分，2020年仅次于社会政法类皮书，排名第二。其中2016年传统媒体曝光率达到最高平均分，2016年媒体影响力平均分也为最高，明显领先（见表10）。

表10 2016～2020年经济类皮书媒体影响力各项指标平均分情况

单位：分

年份	传统媒体曝光率	网页检索量	视频检索量	微博传播能力	微信传播能力	学术期刊影响力	媒体影响力
2016	37.81	11.03	4.68	15.59		2.03	71.14
2017	37.10	5.15	3.30	7.90	8.35	0.43	62.28
2018	31.36	4.67	2.58	7.68	8.42	0.44	55.15
2019	31.03	5.32	2.93	6.93	8.17	0.64	55.02
2020	26.51	4.80	2.24	4.19	7.00	0.85	45.58

数据来源：皮书研究院。

其次，经济类皮书还致力于多渠道传播机制的构建。依据经济类皮书媒体影响力各项指标平均分可以得出：经济类皮书微博传播能力和微信传播能力两项指标运营得较好，2016～2019年连续4年两项指标都达到了单项指标的较高分；2017年网页检索量、视频检索量和微博传播能力三项指标达到单项指标最高分。

（3）行业类皮书成果推广发展情况

在六类皮书中，地方发展类和行业类皮书属于发展较为滞后的两类：地方发展类皮书连续3年（2016～2018年）平均分最低；行业类皮书媒体影响力总分呈现逐年下降的趋势，2018年开始低于媒体影响力平均分，连续两年（2019～2020年）平均分最低。

通过2016～2020年行业类皮书媒体影响力各项指标平均分情况，来分析媒体影响力得分低的原因。第一，行业类皮书连续3年（2018～2020年）传统媒体曝光率低于及格分（27分）；2019年行业类皮书有三项指标（传统媒体曝光率、网页检索量、视频检索量）是2016年以来皮书媒体影响力单项指标最低平均分；2020年行业类皮书新媒体传播能力（微博传播能力、微信传播能力）是2016年以来皮书媒体影响力单项指标最低平均分（见表11）。第二，行业类皮书召开发布会比例呈波动下降趋势，2019～2020年召开发布会的皮书比例均不到60%（见表12）。可见，召开发布会频次降低是行业类皮书媒体影响力平均分持续降低的主要原因。

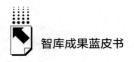

表 11 2016～2020 年行业类皮书媒体影响力各项指标平均分情况

单位：分

年份	传统媒体曝光率	网页检索量	视频检索量	微博传播能力	微信传播能力	学术期刊影响力	媒体影响力
2016	31.13	7.78	2.85	13.45		0.81	56.02
2017	32.90	4.62	1.78	6.95	7.89	0.20	54.33
2018	26.79	3.64	2.36	6.13	7.38	0.07	46.37
2019	22.12	3.16	1.63	5.17	7.08	0.07	38.65
2020	22.95	4.19	2.11	3.49	6.19	0.28	39.23

数据来源：皮书研究院。

表 12 2016～2020 年各类别皮书召开发布会占比

单位：%

年份	经济	行业	社会政法	地方发展	文化传媒	国际问题	召开发布会皮书占比
2016	81.08	63.24	65.79	45.99	60.00	77.42	61.18
2017	78.72	61.90	58.70	62.00	36.00	79.07	63.90
2018	73.68	62.67	72.09	51.79	58.82	73.47	61.73
2019	66.80	55.13	65.22	57.43	51.28	71.43	60.38
2020	59.32	45.16	57.81	44.22	48.48	64.71	51.44

数据来源：皮书研究院。

四 聚焦2020年皮书媒体影响力数据分析

除了从纵向观察皮书媒体影响力发展趋势以外，本报告通过重点分析 2020 年皮书媒体影响力数据，来发现和剖析当前皮书媒体影响力推广中可能存在的问题。

（一）从不同标准对2020年皮书媒体影响力数据进行分析

由表 13 可知，2020 年皮书媒体影响力单项指标平均分均未到及格分，且传统媒体曝光率、视频检索量、微博传播能力和微信传播能力 4 项指标均低于 2019 年得分。由此建议，在 2021 年皮书的媒体推广中，课题组应该重视公共媒体和新媒体的宣传推广，皮书出版后及时召开发布会，采取线上加线下多渠道发布的形式，邀请全国性媒体和专业类媒体，形成对皮书全方位的报道，增加媒体曝光度；在召开发布会之前准备好相关发布会文案，为媒体提供新闻素材；除此之外，课题组应该充分重视新媒体运营，在皮书发布之后，在皮书的微博和微信公众号上推送和转发皮书的相关内容，形成链条式传播。

表13　2019年与2020年媒体影响力单项指标得分情况

单位：分

指标	2019年单项平均分	2020年单项平均分	单项及格分	单项总分
传统媒体曝光率	26.2	24.83	27	45
网页检索量	4.04	4.31	6	10
视频检索量	2.7	2.23	6	10
微博传播能力	5.78	4	9	15
微信传播能力	7.42	6.41	9	15
学术期刊影响力	0.45	0.65	3	5

数据来源：皮书研究院。

从表14可以看出，社会政法类皮书有4项指标达到2020年皮书媒体影响力单项指标的最高分，行业类皮书、地方发展类皮书、国际问题类皮书均有2项指标达到2020年皮书单项指标最低分。经济类皮书媒体影响力平均分为45.58分，高出2020年媒体影响力平均分3.16分，行业类皮书媒体影响力平均分为39.23分，比2020年媒体影响力平均分低3.19分。

表14　2020年皮书媒体影响力各项指标平均分情况（按类别）

指标	传统媒体曝光率	网页检索量	视频检索量	微博传播能力	微信传播能力	学术期刊影响力	总均分
经济（分）	26.51	4.80	2.24	4.19	7.00	0.85	45.58
行业（分）	22.95	4.19	2.11	3.49	6.19	0.28	39.23
社会政法（分）	27.00	5.13	2.72	4.87	6.86	0.70	47.27
地方发展（分）	23.92	3.85	2.47	3.93	5.59	0.52	40.27

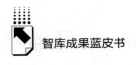

续表

类别	传统媒体曝光率	网页检索量	视频检索量	微博传播能力	微信传播能力	学术期刊影响力	总均分
文化传媒（分）	26.21	3.97	1.82	4.30	7.64	0.83	44.77
国际问题（分）	24.16	4.37	1.29	3.36	6.97	1.05	41.21
单项指标均分/总均分	24.77	4.29	2.22	3.99	6.39	0.65	42.42

数据来源：皮书研究院。

2020 年社会政法类皮书单项指标和总平均分得分最高主要体现在以下四个方面。第一，从表 15 可以得知，2020 年一共出版社会政法类皮书 64 种，其中召开发布会的皮书有 37 种，召开发布会的比例为 57.81%，占比较高。此外，召开发布会的皮书平均分为 70.07 分，高出此类别皮书平均分（47.27 分）22.8 分。第二，从表 14 可知，社会政法类皮书 6 项指标得分均高于单项指标平均分，且传统媒体曝光率指标得分达到了该项及格分（27 分）。第三，在召开发布会的 37 种皮书中，有 26 种皮书传统媒体曝光率得到满分（45 分）。这充分体现了课题组重视利用媒体对皮书进行宣传报道，不仅展现了课题组的研究成果，而且实现了皮书的价值，是课题组利用媒体推广将皮书的理论知识转化为公共政策的体现。第四，由表 14 看出，微博传播能力达到了 2020 年该项指标最高分（4.87 分）。从此项指标得分情况看，仅 4 种皮书该项拿到了满分（15 分），仅 22 种皮书微博检索量得到了满分（10 分）。此项指标虽高于其他类别的皮书，但课题组在微博和微信公众号方面表现欠佳。因此，加强皮书的新媒体运营能力刻不容缓。

结合表 14～表 15，得出行业类皮书总分低的三个原因。第一，行业类皮书各项指标平均分均低于 2020 年媒体影响力单项指标平均分。且传统媒体曝光率和学术期刊影响力这两项平均分均为该项平均分最低分，分别为 22.95 分和 0.28 分。第二，2020 年共出版 62 种行业类皮书，召开发布会的仅 28 种，占比只有 45.16%，占比较低。同时，召开发布会的比例也远远

表15　2020年已召开与未召开发布会的皮书影响力得分情况对比（按类别）

类别	出版数量（种）	已召开发布会（种）	召开发布会占比（%）	召开发布会平均分（分）	媒体影响力平均分（分）
经济	59	35	59.32	67.46	45.58
行业	62	28	45.16	60.21	39.23
社会政法	64	37	57.81	70.07	47.27
地方发展	147	65	44.22	72.08	40.27
文化传媒	33	16	48.48	65.91	44.77
国际问题	51	33	64.71	59.02	40.21

数据来源：皮书研究院。

低于2019年和2018年召开发布会的比例（55.13%和62.67%）。第三，2020年行业类皮书共出版62种，其中有43种皮书达不到及格分（60分），占比最高（69.35%），高出总体占比约12个百分点。第四，在召开发布会的28种皮书中，微博传播能力指标为满分的皮书仅1种，占比为3.6%，微信传播能力指标无皮书得到满分。2020年召开发布会的214种皮书中，共有23种皮书微博传播能力指标为满分，18种皮书微信传播能力指标为满分。由此得知，行业类皮书新媒体影响力满分率过低，行业类皮书应加大新媒体的运营、宣传力度。

表16　2020年各类别60分以下皮书统计情况

项目	总计	经济	行业	社会政法	地方发展	文化传媒	国际问题
出版数量（种）	416	59	62	64	147	33	51
60分以下数量（种）	239	31	43	33	85	17	29
占比（%）	57.45	52.54	69.35	51.56	57.82	51.52	56.86

数据来源：皮书研究院。

2020年的皮书中，召开发布会比例最高的是国际问题类皮书，占比为64.71%，召开发布会比例最低的是地方发展类皮书，占比为44.22%。但国际问题类皮书在召开发布会的皮书中得分最低，仅得到 59.02 分。从表17 看出，国际问题类皮书"传统媒体曝光率""网页检索量""视频检索量""微博传播能力"这四项得分均为各类别皮书中最低分。通过 2020 年的监测数据发现，国际问题类召开发布会的 33 种皮书中，有 23 种皮书"视频检索量"该项得分为 0 分，有 7 种皮书"微博传播能力"该项得 0 分，因而拉低了总体平均分。由此建议，国际问题类皮书应当加强发布会视频和新媒体的宣传力度。

表17　2020 年召开发布会皮书媒体影响力各项指标得分统计情况（按类别）

单位：分

项目	传统媒体曝光率	网页检索量	视频检索量	微博传播能力	微信传播能力	学术期刊影响力
经济	40.91	7.10	4.35	7.36	9.49	1.05
行业	35.18	6.61	3.75	5.66	8.39	0.63
社会政法	39.84	7.65	4.38	7.36	9.76	1.08
地方发展	42.06	7.00	4.78	7.78	9.53	0.92
文化传媒	35.38	7.13	3.63	5.91	9.63	1.25
国际问题	34.73	6.24	2.00	5.05	9.56	1.44
平均分	24.77	4.29	2.22	3.99	6.39	0.65

数据来源：皮书研究院。

（二）2020年媒体影响力排名前50位的皮书单项指标统计分析

从表18 可以看出，2020 年媒体影响力排名前 50 位的皮书平均分为90.71 分，远远高于 2020 年媒体影响力平均分。传统媒体曝光率为满分，网页检索量、视频检索量、微博传播能力、微信传播能力均高于及格分，其中网页检索量和学术期刊影响力接近满分。通过分析发现，排名前 50 位的皮书单项指标得分高的原因有以下几点。第一，召开发布会。在排名前 50位的皮书中，有 49 种皮书召开了发布会，占比达到 98%。第二，50 种皮书的传统媒体曝光率该项均为满分（45 分），网页检索量为满分（10 分）的有 37 种，占比 74%；视频检索量为满分（10 分）的有 39 种，占比 78%；微博传播能力为满分（10 分）的有 21 种，占比 42%；微信传播能力为满分（10 分）的有 18 种，占比 36%；学术期刊影响力为满分（5 分）的有 25 种，占比 50%。第三，在排名前 50 位的皮书中，90 分以上的有 26 种，比 2019 年多了 10 种。

表 18　2020 年皮书媒体影响力排名前 50 位各项指标平均得分情况

单位：分

媒体影响力得分	传统媒体曝光率	网页检索量	视频检索量	微博传播能力	微信传播能力	学术期刊影响力
90.71	45	9.14	8.96	12.2	12.51	2.9

数据来源：皮书研究院。

五　当前皮书媒体推广工作中存在的问题分析及建议

通过分析 2016～2020 年媒体影响力结果数据，可以发现绝大多数课题组意识到媒体推广已成为建设智库平台的重要组成部分，都在积极开拓媒体成果推广机制，整个皮书媒体影响力评价工作积极向好。但是当前媒体影响力推广尚存在一定问题，主要表现为公共媒体进行智库成果宣传的潜力尚未完全挖掘，自媒体运营能力较弱、皮书推广方式单一，皮书整体运营协调能力尚不强三大问题。

（一）公共媒体进行智库成果宣传的潜力尚未完全挖掘

从 2020 年皮书媒体影响力的监测结果来看，仍有部分皮书对媒体推广的重视程度不够，在发布会方面表现为：整个皮书推广呈现两极分化的情况，其中一部分皮书长年保持较高的媒体影响力水平，另一部分皮书媒体影响力则长期处于比较低的水平。是否召开发布会、发布会是否及时是影响皮书成果推广的重要因素。

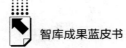

1. 超一半的皮书尚未利用公共媒体进行成果推广

从媒体运营的多年实践来看，召开发布会仍是皮书推广的重要渠道。皮书作为对某一领域或某一地域进行持续跟踪的应用成果，需要通过定期连续发布的方式，借助媒体话语进行转换和传播，发挥其影响社会精英，进而引导社会舆论，从而引起机关决策者的关注和吸纳，最终影响决策的功能。[①]皮书作为一种正式出版物，具有很明显的公共性，借助公共媒体的权威性，可以在最短的时间内实现最大化的传播效应。

目前，社会科学文献出版社已建立了与全国主流媒体如新华社、中新社、中央电视台、中国网、人民日报、光明日报等的合作，但是从 2016～2020 年媒体评价数据来看，利用公共媒体召开发布会的情况仍不乐观，2016～2020 年皮书召开发布会的比例分别为 61.18%、63.90%、61.73%、60.38%、51.44%，也就是说近五年每年大约有一半左右的皮书仍未召开发布会（见图 1）。

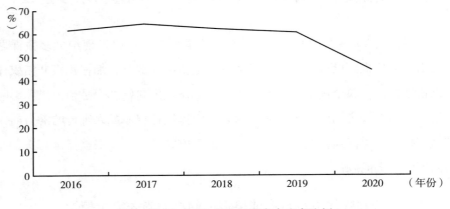

图 1　2016～2020 年召开发布会皮书比例

2. 皮书公共媒体推广时效性不强

与其他类型的出版物相比，皮书具有更强的时效性，作为资政性应用成

---

①　谢曙光等：《皮书研创与智库建设》，社会科学文献出版社，2014，第 32～44 页。

果的皮书的价值在于在最佳的时机给人们提供最有价值的信息。因此，及时进行成果推广是智库成果转化为公共政策的重要路径，在互联网时代，媒体推广的时效性显得尤为重要。这是因为互联网新闻的周期通常是以小时甚至是分钟来计算的，若在皮书出版后长时间未召开发布会，或未抓住重要的时间节点，皮书就错过了最佳推广时期。

受新冠肺炎疫情的影响，2020年皮书出版时间延迟，召开发布会的时间也受到影响，召开发布会时间总体比往年有所延迟，因此总体的平均分相对往年有所降低。2020年召开发布会的皮书有214种，其中有58种皮书媒体影响力得分未达到及格分（60分），占比27.1%（见表19）。在2020年媒体影响力得分60分以下的召开发布会的皮书中，29种皮书在出版后15天内未召开发布会，错失了媒体宣传的最佳时机，这也是这29种皮书媒体影响力得分低的重要原因。

表19　2020年媒体影响力得分60分以下召开发布会皮书情况

序号	丛书名	书名	出版时间	召开发布会时间	媒体影响力得分
1	欧洲蓝皮书	欧洲发展报告（2019~2020）	2020.10.28	2020.11.14	59
2	贵州蓝皮书	贵州社会发展报告（2020）	2020.08.20	2020.09.11	59
3	水利水资源蓝皮书	粤港澳大湾区水资源研究报告（2020）	2020.06.29	2020.06.13	59
4	企业国际化蓝皮书	中国企业全球化报告（2020）	2020.07.06	2019.11.2	58.5
5	集体经济蓝皮书	中国农村集体经济发展报告（2020）	2020.10.10	2020.11.3	58
6	国有企业党建蓝皮书	国有企业党建发展报告（2020）	2021.02.01	2020.12.27	58
7	深圳蓝皮书	深圳经济发展报告（2020）	2020.08.26	2020.11.5	57.5
8	青海蓝皮书	2020年青海经济社会形势分析与预测	2020.07.08	2020.07.24	57
9	可持续发展蓝皮书	A股上市公司可持续发展价值评估报告（2020）	2020.12.22	2021.01.7	56

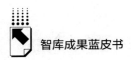
续表

序号	丛书名	书名	出版时间	召开发布会时间	媒体影响力得分
10	深圳蓝皮书	深圳社会治理与发展报告（2020）	2020.10.28	2020.11.5	56
11	中医文化蓝皮书	中国中医药文化发展报告（2020）	2020.09.23	2020.10.31	55
12	深圳蓝皮书	深圳文化发展报告（2020）	2020.08.24	2020.11.5	55
13	国际城市蓝皮书	国际城市发展报告（2020）	2020.06.16	2020.07.01	54.5
14	中国上市公司蓝皮书	中国上市公司发展报告（2020）	2020.10.22	2020.11.05	54
15	法治蓝皮书	中国地方法治发展报告 No.6（2020）	2020.12.08	2020.12.30	53
16	平安中国蓝皮书	平安北京建设发展报告（2020）	2020.12.16	2020.12.27	51
17	科普蓝皮书	国家科普能力发展报告（2020）	2021.01.12	2020.09.28	50
18	宏观经济蓝皮书	中国经济增长报告（2019～2020）	2020.11.20	2020.10.31	48
19	汽车工业蓝皮书	中国商用汽车产业发展报告（2020）	2020.06.17	2020.07.20	47
20	葡语国家蓝皮书	葡语国家发展报告（2020）	2020.11.18	2020.11.25	47
21	健康管理蓝皮书	中国健康管理与健康产业发展报告 No.3（2020）	2020.07.22	2020.08.25	46
22	电子政务蓝皮书	中国电子政务发展报告（2019～2020）	2020.12.15	2020.12.11	45
23	加拿大蓝皮书	加拿大发展报告（2020）	2020.12.15	2020.12.20	45
24	健康法治蓝皮书	中国健康法治发展报告（2020）	2020.11.05	2021.04.12	45
25	高质量发展蓝皮书	中国经济高质量发展报告（2020）	2020.09.29	2020.11.14	44
26	社会体制蓝皮书	中国社会体制改革报告 No.8（2020）	2020.09.29	2020.10.10	43
27	马来西亚蓝皮书	马来西亚发展报告（2020）	2020.12.16	2020.12.25	43
28	数据新闻蓝皮书	中国数据新闻发展报告（2018～2019）	2020.12.22	2020.12.29	42

续表

序号	丛书名	书名	出版时间	召开发布会时间	媒体影响力得分
29	数字娱乐产业蓝皮书	中国虚拟现实产业发展报告（2020）	2021.02.03	2021.04.10	42
30	品牌蓝皮书	中国旅游住宿品牌发展报告（2019~2020）	2020.06.08	2020.06.24	41
31	河南蓝皮书	河南城市发展报告（2020）：推进城乡融合发展	2020.03.11	2020.01.21	39
32	广州公益慈善蓝皮书	广州公益慈善事业发展报告（2020）	2020.12.07	2020.12.24	39
33	贵州蓝皮书	贵州法治发展报告（2020）	2020.08.12	2020.09.11	39
34	儿童蓝皮书	中国儿童发展报告（2020）	2020.11.18	2020.12.30	38
35	上海合作组织黄皮书	上海合作组织发展报告（2020）	2020.06.30	2020.07.29	37
36	养老金融蓝皮书	中国养老金融发展报告（2020）	2020.08.31	2020.09.06	36
37	广东外经贸蓝皮书	广东对外经济贸易发展研究报告（2019~2020）	2020.09.01	2020.09.12	36
38	俄罗斯黄皮书	俄罗斯发展报告（2020）	2020.07.08	2020.07.29	33
39	中东黄皮书	中东发展报告No.22（2019~2020）	2020.12.24	2020.12.29	30
40	民办教育蓝皮书	中国民办教育行业发展报告（2020）	2020.10.10	2020.10.18	29
41	文化蓝皮书	中国文化发展研究报告（2017~2020）	2020.09.18	2020.12.20	28
42	民族发展蓝皮书	中国民族发展报告（2020）	2020.10.22	2020.10.25	27
43	中东欧文化蓝皮书	中东欧国家文化发展报告（2020）	2020.12.29	2021.01.12	26
44	双创蓝皮书	中国双创发展报告（2019~2020）	2020.12.24	2020.12.19	23
45	扬州蓝皮书	扬州经济社会发展报告（2020）	2021.01.12	2021.01.15	20
46	自动驾驶蓝皮书	中国自动驾驶产业发展报告（2020）	2020.10.27	2020.11.06	18
47	全球信息社会蓝皮书	全球信息社会发展报告（2019~2020）	2020.04.21	2020年5月初	15

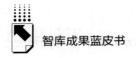
续表

序号	丛书名	书名	出版时间	召开发布会时间	媒体影响力得分
48	智库成果蓝皮书	中国皮书发展报告（2020）	2020.09.16	2020.09.25	13
49	拉美黄皮书	拉丁美洲和加勒比发展报告（2019~2020）	2020.11.13	2020.12.29	13
50	中国涉案财物制度改革蓝皮书	中国刑事涉案财物制度改革发展报告 No.1（2020）	2020.12.28	2020.12.26	13
51	制药工业蓝皮书	中国制药工业发展报告（2020）	2020.09.23	2020.10.13	10
52	法国蓝皮书	法国发展报告（2020）	2020.09.16	2020.09.26	10
53	管理蓝皮书	中国管理发展报告（2020）	2020.10.12	2020.11.29	9
54	人力资源蓝皮书	中国人力资源服务产业园发展报告（2019~2020）	2020.09.01	2021.01.12	8.5
55	欧洲移民蓝皮书	欧洲移民发展报告（2020）：移民群体与融合	2020.12.01	2020.12.12	7
56	长株潭城市群蓝皮书	长株潭城市群发展报告（2020）	2020.12.16	2020.12.25	4
57	大数据应用蓝皮书	中国大数据应用发展报告 No.4（2020）	2020.12.08	2020.12.12	3
58	粤港澳大湾区蓝皮书	粤港澳大湾区协同发展报告（2020）	2020.12.22	2020.12.19	1

（二）自媒体运营能力较弱、皮书推广方式单一

从数据来看，当前皮书媒体推广主要以公共媒体报道为主，媒体宣传推广渠道较为单一，皮书推广方式缺乏多元化。这种以公共媒体为主的媒体推广方式有其优势所在，也是这些年来皮书进行成果宣传的主要方式，可以利用官方媒体的权威性和强大的受众群体提高皮书的推广效果，是知识成果从学者走向社会的重要渠道。

但是这种公共媒体推广方式也有其劣势所在，主要表现如下。一是利用官方媒体进行宣传受限条件较多，形式不够灵活，无法抵御不确定性的风险，如2020年受新冠肺炎疫情的影响，很多皮书发布会都被迫推后甚至取消。二是随着大数据、人工智能、5G等技术的急速发展和推广，信息传播的方式和渠道正在发生变化，信息传播呈现社交化、快捷化的特点，微博、短视频、直播等移动媒体已形成了多维的信息传播矩阵，自媒体与公共媒体相比在传播的效率和针对性方面更强；随着传播方式的变革，受众了解和接受知识信息的渠道也在发生变化。《2021中国网络视听发展研究报告》显示，截至2020年12月，我国网络视听用户规模达9.44亿，网民使用率为95.4%，短视频用户的规模达到8.73亿，且持续增高。网民对网络直播的使用率持续上升，网络直播用户规模已经达到6.17亿。新媒体的兴起，给人们带来了许多新的媒体体验，同时知识信息的无序化、碎片化传播也改变了受众选择与接收信息的方式。此外随着信息时代的发展，在传统纸媒的阅览量呈现下滑趋势的背景下，单纯依靠公共媒体进行推广的方式已不能满足用户更快、更新、更易浏览和碎片化阅读的需要。

但是从2016～2020年媒体影响力数据来看，自媒体运营能力仍不强，表现为两个方面：第一，自媒体宣传方式仍较为单一，主要依赖微信、微博两种方式；第二，自媒体得分较低，微信、微博传播能力均低于及格分（见表20）。这说明课题组对自媒体在成果推广方面的认识尚不到位，未制定完整的自媒体运营方案和建立规范化的自媒体运营体系。因此，在未来的发展过程中值得思索的是，皮书研创者和出版者如何发挥社会科学文献出版社平台的功能，构建皮书学术共同体，进而全方位、最大限度地聚合流量。

表20　2016～2020年皮书自媒体影响力得分

单位：分

项目	微博传播能力平均得分	微信传播能力平均得分
2016年	11.99	
2017年	7.12	7.65
2018年	6.58	7.31
2019年	5.78	7.42

项目	微博传播能力平均得分	微信传播能力平均得分
2020 年	4	6.41
媒体影响力单项指标及格分	9	9
媒体影响力单项指标总分	15	15

数据来源：皮书研究院。

（三）皮书整体运营协调能力尚不强

媒体成果推广作为整个皮书平台建设的一环，其在信息、内容、途径上是相同的，但是目前媒体成果推广中整个资源尚未形成有效的合力，主要表现为以下几个方面。

1. 皮书课题组与皮书评价工作尚未形成有效率的协作互动

皮书成果推广是一项系统的工作，需要课题组与皮书研究院协同合作。当前很多课题组对皮书评价工作认识尚不够重视，主要表现为不能及时反馈媒体相关信息，从而导致有些媒体评价工作出现重复、迟延的情况，大大影响了皮书媒体评价的效率和效果。

2. 皮书媒体影响力推广与皮书研创尚未形成相互促进的态势

皮书媒体影响力推广作为皮书成果走向外界的窗口，有两个作用：第一，扩大皮书影响力，促使知识理论转化为公共政策，为外界所知、为外界所用，皮书媒体影响力推广这一作用已经得到了实践的检验；第二，皮书媒体影响力评价作为智库平台建设的后端，可以有效地对智库成果的社会效应进行评价，发现皮书在研创和运营中的问题，从而指导皮书更好地明确研创的方向和调整皮书研创的重点，以更好地发挥皮书资政性的功能。然而当前皮书媒体影响力评价并未发挥这一作用，主要表现为皮书媒体影响力评价报告的功能只停留在评价评级环节，而未真正进入皮书运营的整个体系中，从而无法产生从后端社会效应来调整前端研创生产的功能；皮书学术影响力得分偏低，也就是说皮书在出版发行之后，利用现有成果进行深化加工的转化率比较低，如 2019 年和 2020 年学术期刊影响力平均分分别为 0.45 分和

0.65 分，远低于满分 3 分，皮书媒体影响力对提升皮书研创质量方面的功能尚待开发。

3. 皮书媒体影响力尚未形成资源互补利用

皮书媒体影响力由公共媒体、自媒体和学术影响力三大部分构成，这三大部分各有优势，同时三大部分并不是完全割裂的，而是可以相互融合，取长补短，共同扩大皮书影响力：公共媒体与自媒体相比，更为专业、权威，更为符合皮书的资政性特征；自媒体与公共媒体相比，更具有灵活性和时效性，更易于点对点地传播；学术影响力是整个媒体影响力的升华。然而当前皮书推广中，三种成果推广方式各自为战，尚未形成合力，未实现资源互通，主要表现为三者在信息、内容、途径三个方面尚未实现融合。

六　未来提升皮书媒体影响力的建议

针对现阶段公共媒体进行智库成果宣传的潜力尚未完全挖掘，自媒体运营能力较弱、皮书推广方式单一，皮书整体运营协调能力尚不强，皮书媒体成果推广存在两极分化的问题，本报告从深度挖掘公共媒体的潜力、构建多元化的皮书成果推广方式加强整个皮书运营流程的协调互动、进一步加强皮书媒体影响力评价体系建设和实行差异化管理五个方面提出有针对性建议，以期为未来提升皮书媒体影响力提供借鉴。

（一）深度挖掘公共媒体的潜力

鉴于当前皮书公共媒体的潜力尚未完全挖掘，建议从严格规范皮书出版时间、严格规范皮书发布时间和抓住媒体宣传黄金期三个方面来进一步释放公共媒体在智库成果推广中应有的潜力。

1. 严格规范皮书出版时间

皮书的时效性体现在数据最新、及时出版、适时发布三个方面，因此出版时间是影响皮书推广效果的重要因素。每年的 11 月至次年的 3

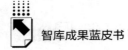

月是皮书出版的高峰期，这个时期也是国内外重要会议召开的时间，这个时间出版皮书可以与社会热点高度契合。因此，皮书出版的时间一定要从市场的角度出发，特别是使用者的角度出发。每种皮书的最佳出版时间都不一样，需要出版社与课题组进行论证，形成一个周期性的出版时间。

2. 严格规范皮书发布时间

合适的发布时机，如重要会议前后、行业论坛期间等，能够获得更多的关注度，引起社会大众舆论。在当前的社会语境下，皮书的发布时间显得尤为重要：发布时间恰当才能获得最大的宣传效果。从历年的监测数据看，皮书的最佳发布时间是"两会"前后；行业类皮书的最佳发布时间在行业年会、重要行业会议召开前后；国别类皮书的最佳发布时间是外交领域的重要时间点。只有在特定的时机发布才能够扩大皮书的宣传力度。如《社会蓝皮书》作为优秀皮书的代表，已经持续发布25年了，之所以一直保持较高的质量水平和影响力，为皮书规范的出版时间和发布时间有密切的关系，自1998年起，《社会蓝皮书》的出版时间均稳定在当年的1月或上年的12月，发布时间均在其出版后半个月内。

3. 抓住媒体宣传黄金期　提升智库成果推广效果

在融媒体时代下，要保证媒体推广的时效性，必须抓住媒体宣传的黄金期，才能提升智库成果推广效果。媒体宣传的黄金期体现在对实事的把握、对时机的拿捏上。媒体宣传要立足社会全局，审时度势、顺势而为地开展舆论宣传。再者，媒体宣传要把握宣传规律，抓住社会关注与舆论宣传意图高度契合的窗口期，找准舆论宣传的切入点和落脚点。秉持及时性原则，以重要时间节点为抓手，及时向社会大众进行宣传推广，营造良好的舆论氛围，从而获得皮书舆论宣传的主动权和主导权，提升智库推广效果。

（二）构建多元化的皮书成果推广方式

针对当前皮书成果推广方式单一的问题，未来要构建公共媒体、自媒体协调发展的多元化的皮书成果推广方式，以更好地应对未来社会的不确定性和迎接智能时代的挑战。

1. 继续抓好线下发布会

流量是衡量皮书影响力的重要指标，这也是皮书召开发布会的原因之一。召开发布会不仅体现了皮书是得到领导批示的智库成果，也体现了皮书对参考决策的重要性，因此，社会影响力是评价皮书的首要标准。社会影响力的关键在于能够获得多大的流量，是否获得大众的关注，是否产生社会舆论。有些皮书出版后并未及时召开发布会，没有产生足够的社会影响力，与召开发布会的皮书相比，在传统媒体曝光率、新媒体影响力等方面都有所欠缺。因此，未来课题组应当继续抓好线下发布会，合理规划发布时机、主体、方式等，提升皮书的社会影响力。

2. 开拓线上发布会等多渠道皮书发布形式

在新冠肺炎疫情影响下，线下发布会受到局限，面对未来社会的不确定性，皮书媒体推广应树立新媒体意识，善于利用新媒体进行推广，提升自媒体运营能力。课题组应将自媒体作为一个重要的宣传平台，用更高效、便捷的方式宣传皮书。例如创建微博、微信公众号，召开线上视频或语音会议，利用短视频、微信公众号文章等形式在线发布皮书成果，积极使用企业微信、腾讯会议等线上会议工具，推进皮书线上发布。通过平台向已关注的用户推广皮书以及行业的相关信息，这样不仅能够增强课题组与大众之间的互动性，也能提升宣传效果。在融媒体时代下，单一的媒体推广方式让受众感到枯燥乏味，受众更青睐于娱乐化的接受过程。课题组应当充分利用新媒体，拓宽传播渠道，创新宣传模式提高受众的关注度。例如以视频、直播等形式进行皮书宣传，这些形式都能使传播效应最大，获得社会舆论。

总之，课题组与皮书研究院应携手并进，积极探索皮书进行后期推广的方式，构建由公共媒体、自媒体、学术影响力等多种渠道组成的传播机制，除了召开发布会外还可采用网络访谈或在微信公众号上发布等多种形式进行传播，从而最大效应地提升皮书成果的传播效果。

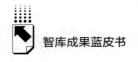

（三）加强整个皮书运营流程的协调互动

针对当前皮书运营流程协调互动较弱的现状，未来要加强不同资源的协调互动，以提升整个皮书运营效率和质量。

1. 实现皮书成果推广与皮书研创环节的协同发展

皮书运营过程是由智库产品的研创、出版、成果交流、对外推广、发布、评价一系列环节构成的整体，因此，为了发挥皮书运营的整体效应，应加强皮书运营各环节中的协同合作。皮书研创与皮书成果推广是相辅相成、协调发展的，唯有研创质量高的皮书才能获得社会的认可，同时皮书只有通过成果推广才能为外界所知、所用，才能真正实现皮书研创的价值。因此在未来皮书发展过程中，课题组应将皮书成果推广和皮书研创同时纳入皮书发展规划之中，真正使皮书成果推广落实到皮书整个运营体系之中，通过挖掘皮书媒体评价报告有价值的信息，为未来皮书研创工作提供指南，真正实现以研促推、以推促研协调发展的格局。

2. 加强皮书媒体推广内部各环节的协调互动

鉴于皮书媒体影响力三大部分构成各有优势，建议在未来发展中，三者相互借鉴，在推广内容和传播方式上不断实现创新。例如，公共媒体成果推广的内容可以经加工处理后，转化为更为亲民、活泼的表达方式为自媒体所用，同时公共媒体推广具有专业性、学术性强的成果可以进一步深化加工形成学术成果；再如，在途径方面，可以将学术影响力放到公共媒体和自媒体上进行传播，促进学术成果多渠道的传播，从而实现三者资源互通，从而提升整个皮书传播的效率。

（四）进一步加强皮书媒体影响力评价体系建设

皮书媒体影响力结果不仅可以扩大智库成果的影响力，而且作为社会效应的一个方面，媒体影响力结果对选题策划、印数、馆配发行、营销推广等决策发挥指引功能。通过分析媒体影响力监测的结果，可以使选题策划、印数、馆配发行、营销推广等决策更加科学、精准，从而更符合市场和消费需求。当前社会科学文献出版社不但已建立了完善的皮书媒体影响力评价体系，由编辑、学术传播中心和皮书研究院共同完成，而且皮书媒体影响力监测结果已进入皮书编辑出版和评价评奖工作体系，成为衡量皮书出版的基本要求和衡量皮书质量的重要指标，然而当前皮书评价体系的互动性还不够强，皮书评价工作需要课题组、编辑、皮书研究院的协同合作才能发挥最优的效应，皮书评价体系完善需要课题组、编辑和皮书研究院的共同努力才能实现和完成。

首先，从皮书研究院来讲，要继续保持媒体监测工作的"稳定、及时、准确、全面"。"稳定"指的是皮书媒体影响力的评价规则、评价团队、评价流程应保持相对固定，才能保证历年监测结果的连续、客观、严谨、准确，只有这样的监测结果，才便于分析媒体影响力的发展趋势和不足，从而更好地为未来扩大媒体影响力提供有价值的指引。"及时"指的是皮书媒体监测工作应及时进行，并且监测结果应及时反馈给相关的编辑和课题组。媒体推广工作有一定的时效性，错过一定的监测时间，有些信息就会下沉，监测出来的结果就会不全面、不完整，从而有损监测结果的权威性，对此，媒体监测团队应严格在规定的时限内进行监测，以保证监测结果的时效性和完整性。此外，对于媒体影响力结果，应及时、有效地反馈给课题组，往年一些信息之所以无法有效地进行反馈，是因为部分课题组反馈的邮箱、联系人已陈旧，因此，对于皮书研究院来说，应定期对收发邮件进行整理，以对反馈的结果进行持续的跟踪，避免无效信息的反馈。

其次，媒体监测工作是一项系统的工程，需要皮书课题组、编辑、皮书研究院加强协同合作，基于当前媒体评价体系由公共媒体、自媒体、学术影响力三部分构成，因此一些媒体评价素材具体的评价人员无法获取，需要课题组成员提供，才能保证数据的完整性；此外，对于当前有些皮书因邮箱、联系人陈旧而导致的反馈无效问题，课题组应及时将相关变动信息反馈给皮书研究院相关工作人员以便于工作人员及时更新信息，保证反馈信息的及时有效。

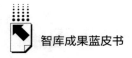

最后，课题组应重视皮书媒体影响力反馈结果，一方面，课题组对于收到的反馈结果应及时确认、核查，并及时与皮书研究院沟通，以便于保证媒体监测结果的准确性和完整性；另一方面，课题组应对媒体监测的结果进行分析，不仅清晰地认识到自己的媒体影响力发展现状，而且应将其切实应用到皮书研创等环节中，以更大限度发挥媒体监测结果的效应。

（五）对皮书实行差异化管理

从 2016 年至 2020 年媒体影响力评价结果可以看出，当前皮书媒体影响力存在两极分化的情况，一部分皮书媒体影响力很强，并且持续几年都保持着较高水平发展的趋势；另一部分皮书媒体影响力则一直都处于低水平发展的状态。鉴于当前媒体影响力发展的这种现状，在之后的皮书媒体监测管理过程中一定要实行差异化管理的策略。

首先，对于长年保持媒体影响力高水平发展的皮书，要引导其向高质量发展迈进。要加强对皮书媒体推广的理解，一方面通过分析借鉴《新媒体蓝皮书》等优秀皮书的推广经验，进一步从质量上提升皮书传播的效应；另一方面综合分析当前皮书媒体影响力的效果，探索如何才能进行更为有效的传播，从而为未来皮书媒体影响力推广机制及监测体系的改进提供可行的建议。

其次，面对当前皮书媒体推广的薄弱环节，主要是新准入的皮书和少数长期以来媒体影响力较弱的皮书，要着重加强对这部分皮书的管理。加强对新准入皮书的培训管理，新准入的皮书普遍对皮书运作路径尚不清晰，因此要发挥编辑的指引功能，在出版过程中就使课题组提前对接皮书媒体推广和监测的部门和人员，以便及时了解皮书媒体推广的机制，顺利做好新皮书的媒体推广工作。对于少数长期以来媒体影响力就较弱的皮书，应从以下几方面着手：一是应使课题组充分认识到皮书媒体推广是整个皮书运作的重要组成部分，只有不断强化成果推广，智库成果才能真正为外界所知、为外界所用，才能实现其真正的价值；二是皮书研究院在有余力的情况下可对每年的媒体影响力结果进行分析，以明晰当前皮书媒体影响力推广的薄弱环节和需要重点管理的皮书，通过培训、沟通等方式加强这部分皮书的媒体推广；三是通过皮书评价和评奖机制以及皮书目录管理制度淘汰那些质量不高、社会影响力较弱的皮书，从制度上倒逼课题组重视媒体推广。

参考文献

谢寿光：《大数据时代的学术出版》，《中国编辑》2017年第4期，第17～21页。

谢曙光主编《皮书手册——写作、编辑出版与评价指南》（第三版），社会科学文献出版社，2018。

梁文宏：《新时代舆论宣传的新情境、新要求与新策略》，《山东干部函授大学学报（理论学习）》2021年第5期，第24～26页。

魏树娇：《融媒体时代新闻宣传面临的挑战和应对策略探讨》，《中国传媒科技》2021年第6期，第43～45页。

程唯珈：《全媒体时代如何打造爆款新闻产品》，《文化产业》2021年第18期，第163～164页。

B.11
皮书内容重复率检测分析报告（2021）

张铭晏[*]

摘　要： 原创性是皮书最重要的性质之一。皮书内容重复率检测分为
印前内容重复率检测、印后内容重复率检测两种。本报告基
于对2020年版416种皮书的印前和印后内容重复率检测结果数
据，从总体情况、内容分类、研究功能等角度对2020年版皮
书的内容重复率结果和扣分情况进行分析，同时分析未达标
皮书的单篇报告的内容重复率情况，得到造成内容重复率偏
高的主要原因有每年框架雷同、非作者首发、引用公开发表
资源、与政府工作报告和政策文件重复等。本报告提出皮书
作者应在皮书预审环节加强降低内容重复率意识、加强原创
性和作者首发性、加强皮书报告体例的创新性、明确皮书报
告作为智库报告的决策参考性定位等建议。

关键词： 内容重复率　学术原创性　体例创新性　决策参考性

一　皮书内容重复率评价指标说明

（一）皮书内容重复率评价

皮书内容重复率是指皮书正文中对于他人论文、著作、政府公文、媒体

---

* 张铭晏，社会科学文献出版社皮书研究院助理研究员，主要研究方向为智库成果评价、项目
评价与可持续发展。

报道，以及作者本人已发表的或部分发表的文章的引用字数占该报告正文中总字数的比例。原创性是皮书最重要的性质之一。皮书内容重复率检测分为印前内容重复率检测、印后内容重复率检测两种。印前内容重复率检测在皮书预审阶段进行，其检测参照核心期刊的标准，即低于15%执行，是皮书顺利发稿和出版的前提；印后内容重复率在每本皮书正式出版后进行，是皮书评价、评奖的依据。

（二）内容重复率检测标准和得分说明

部分皮书内容重复率过高，影响了皮书的质量和社会影响力。为进一步提升皮书内容质量，社会科学文献出版社严格执行内容重复率检测标准。

（1）皮书内容重复率检测的范围为皮书报告正文，不包括序言、目录、主要编撰者简介、附录和大事记等。

（2）在印前、印后的内容重复率检测中，目录之前的领导讲话等部分，不进行单篇检测，如放在正文中，则需进行检测，但应不超过2篇。

（3）皮书附录大多为年度性总结、年度性最新行业规定，可能多数已发布，但是皮书将其统一整理，具有很高价值。因此，皮书附录不作为印前和印后的内容重复率检测范围，但附录字数不应超过全书内容的10%。

皮书内容重复率合格标准为：印前整本皮书和单篇报告内容重复率不超过15%（地方发展类皮书不超过20%），印后整本皮书和单篇报告内容重复率不超过20%（地方发展类皮书不超过25%）。

（三）检测内容重复率的技术工具

皮书内容重复率检测统一使用中国知网学术不端文献检测系统5.3，并对知网检测结果进行人工加工和计算后，得出最终的内容重复率报告。人工加工和计算规则如下。

（1）为增强印前和印后内容重复率检测的科学性、可操作性和准确性，皮书出版后的检测中，凡连续标红字数不超过50字的，不算重复内容。但连续标红50字以上的部分，均累计算作重复内容。

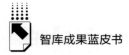

（2）皮书相关报告内容如出版前在学术期刊发表的，发表时间不早于皮书出版日期前15天的，不计入内容重复率范围。

（3）在出版日期前提前在期刊、报纸、网络发表的内容，应计入内容重复率范围，但出版社为皮书发布进行新闻预热的除外。

（4）皮书出版后，被其他期刊、报纸、网络引用的内容，不计入内容重复率范围。

（四）皮书内容重复率与核心期刊学术不端检测的区别

国内核心期刊同样使用中国知网学术不端检测系统，在进行学术不端检测时，侧重检测论文作者引用他人学术成果的情况，此种情况为学术不端现象；部分期刊对于引用论文作者本人曾经出版的成果，不算作学术不端检测的重复比例。一般国内核心期刊的学术不端检测标准为重复率在15%或20%以下。

皮书的内容重复率概念由社会科学文献出版社皮书研究院在皮书管理中首先提出，皮书的内容重复率检测是在使用中国知网学术不端检测系统的基础上，进行人工加工和计算，皮书报告作者引用作者本人出版的成果，在皮书内容重复率检测中也算作重复内容，相较于中文核心期刊，皮书研创更加注重作者的首发性以及原创性，鼓励作者依据社会热点和社会形势，提出个人思考和论证，避免引用或大篇幅加入本人曾经公开发表的文章和著作。

二　皮书印前内容重复率检测结果分析

（一）2020年版皮书印前内容重复率总体情况统计

2020年版皮书在发稿之前均进行了皮书预审环节的印前内容重复率检测，2020年版皮书共有416种，印前内容重复率均值为14.4%，与印前内容重复率合格线15%较接近。其中，印前内容重复率范围为0～10%和11%～20%的皮书占多数，分别为149种和201种，占2020年版皮书的35.8%和48.3%；印前内容重复率范围为21%～30%的皮书有52种，占比

12.5%；印前内容重复率范围为31%～40%、41%～50%、51%～60%和61%及以上的皮书均在10种以下（见表1和图1）。由此可见，在预审阶段提交的皮书书稿，大多数内容重复率较低，表明作者已经逐渐重视皮书的原创性，同时，在皮书进入高质量发展阶段，皮书编辑也越来越注重皮书的前端管理，在皮书预审的初期就与作者共同把控内容重复率，以免重复率较高。但是依然有部分皮书印前内容重复率较高，在预审阶段重复率较高的皮书需要作者退改降重，使其达到印前内容重复率合格标准后再进行编校流程。

表1　2020年版皮书印前内容重复率检测结果

印前内容重复率范围	品种数（种）	占比（%）
0～10%	149	35.8
11%～20%	201	48.3
21%～30%	52	12.5
31%～40%	9	2.2
41%～50%	1	0.2
51%～60%	2	0.5
61%及以上	2	0.5

数据来源：作者根据皮书研究院数据整理得到。

（二）2020年版皮书印前内容重复率按内容分类统计

皮书按照主题和内容分为11类，分别是宏观经济类、产业经济类、区域与城市经济类、行业及其他类、社会政法类、地方发展－经济类、地方发展－社会类、地方发展－文化类、文化传媒类、国别与区域类、国际问题与全球治理类。各内容分类的皮书印前内容重复率均值相差不大，其中宏观经济类、社会政法类、文化传媒类、地方发展－文化类的皮书印前内容重复率较高，均高于15%，宏观经济类皮书印前内容重复率均值最高，达19.4%；印前内容重复率均值在10%以下的只有国别与区域类皮书，为7.1%；其余类别的皮书印前内容重复率均值均在10%～15%。

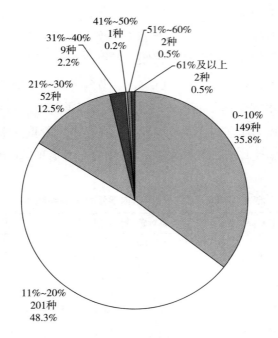

图1 2020年版皮书印前重复率检测结果占比

数据来源：作者根据皮书研究院数据整理得到。

表2 2020年版皮书印前重复率按内容分类统计

内容分类	品种数（种）	印前内容重复率均值（%）
宏观经济	14	19.4
产业经济	24	14.3
区域与城市经济	21	12.2
行业及其他	62	12.8
社会政法	64	18.1
地方发展－经济	66	14.1
地方发展－社会	58	14.1
地方发展－文化	23	16.8
文化传媒	33	18.0
国别与区域	36	7.1
国际问题与全球治理	15	13.5

数据来源：作者根据皮书研究院数据整理得到。

三 皮书印后内容重复率检测结果分析

（一）2020年版皮书印后内容重复率总体情况统计

2020年版的416种皮书在2021年评价中，均进行了印后内容重复率检测，其印后内容重复率均值为9.8%，其中，印后内容重复率范围为0～10%的皮书有288种，占所有2020年版皮书的69.2%；印后内容重复率范围为11%～20%的皮书有105种，占2020年版皮书的25.2%；印后内容重复率范围为21%～30%的皮书有17种，占2020年版皮书的4.1%；超过30%的皮书共有6种，共占2020年版皮书总数的1.5%。印后内容重复率检测结果比预审阶段的印前内容重复率检测结果要好，绝大多数皮书的结果在合格线20%以下（见表3和图2），且随着内容重复率数值的增加，2020年版皮书的频数大幅减少，印后内容重复率越高，皮书的频数越小，且均为个位数。

表3 2020年版皮书印后重复率检测结果

印后重复率范围	品种数（种）	占比（%）
0～10%	288	69.2
11%～20%	105	25.2
21%～30%	17	4.1
31%～40%	2	0.5
41%～50%	0	0.0
51%～60%	2	0.5
61%及以上	2	0.5

数据来源：作者根据皮书研究院数据整理得到。

（二）2020年版皮书印后内容重复率评价扣分情况统计

在皮书评价过程中，内容重复率超过要求会做相应的扣分处理，内容重复率得分总分15分，扣至0分为止，扣分规则如下。

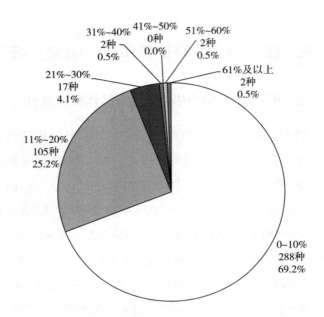

图2 2020年版皮书印后重复率检测结果占比

数据来源：作者根据皮书研究院数据整理得到。

地方发展类皮书扣分规则如下。

（1）全书内容重复率小于25%（含）的，不扣分。

（2）全书内容重复率在26% ~ 35%的，扣10分；全书内容重复率在36%及以上的，扣15分。

（3）总报告内容重复率在26% ~ 35%的，扣3分；总报告内容重复率在36%及以上的，扣5分。

（4）分报告内容重复率在26% ~ 35%的，扣1分；分报告内容重复率在36%及以上的，扣2分。

除地方发展类以外的其他皮书扣分规则如下。

（1）全书内容重复率小于20%（含）的，不扣分。

（2）全书内容重复率在21% ~ 30%的，扣10分；全书内容重复率在31%及以上的，扣15分。

（3）总报告内容重复率在21%～30%的，扣3分；总报告内容重复率在31%及以上的，扣5分。

（4）分报告内容重复率在21%～30%的，扣1分；分报告内容重复率在31%及以上的，扣2分。

全书内容重复率和单篇报告内容重复率扣分需累计，但每本皮书最高扣15分。

其他规则如下。

（1）全书使用评价评级或社会调查方法进行分析，每年仅更新数据的（与联合对比库重复），不计算单篇报告的内容重复率，全书内容重复率在21%～60%的，扣5分；在61%～80%的；扣10分，81%及以上的；扣15分。

（2）在皮书的所有报告中，允许有10%的文章内容重复率超过20%，不计入扣分范围。

2020年版的416种皮书在内容重复率检测评价中，扣分为0分的皮书占绝大多数，有395种，占所有2020年版皮书的比重为95%；扣1～5分、10分、15分的皮书分别有5种、14种、2种，占比分别为1.2%、3.4%、0.5%（见表4）。

表4　2020年版皮书内容重复率评价扣分情况

扣分范围	品种数（种）	占比（%）
0	395	95.0
1～5	5	1.2
10	14	3.4
15	2	0.5

数据来源：作者根据皮书研究院数据整理得到。

（三）2020年版皮书印后内容重复率按内容分类统计

在2020年版11类皮书中，宏观经济类的品种数较少，有14种，但其内容重复率均值和扣分均值均最高，分别为14.3%和1.8分；内容重复率均值较高的类别为文化传媒类、社会政法类、地方发展－文化类，均超过了10%；国别与区域、国际问题与全球治理类皮书的内容重复率均值较低，分别为5.4%和6.9%。

在扣分均值方面，除了宏观经济类皮书超过了1分，其他类皮书的扣分均值均低于1分，其中产业经济类、区域与城市经济类、地方发展－经济类、国际问题与全球治理类皮书在评价中均没有进行扣分处理（见表5和图3）。

表5　2020年版皮书内容重复率和扣分情况按内容分类统计

内容分类	品种数（种）	内容重复率均值（%）	扣分均值（分）
宏观经济	14	14.3	1.8
产业经济	24	9.5	0.0
区域与城市经济	21	8.9	0.0
行业及其他	62	9.6	0.6
社会政法	64	11.9	0.8
地方发展－经济	66	9.5	0.0
地方发展－社会	58	8.7	0.3
地方发展－文化	23	10.6	0.9
文化传媒	33	13.3	0.8
国别与区域	36	5.4	0.3
国际问题与全球治理	15	6.9	0.0

数据来源：作者根据皮书研究院数据整理得到。

按照内容分类统计皮书印后内容重复率范围的频数如图4~图14所示，11类皮书的印后内容重复率在20%以下的皮书频数均较高，只有极少数皮书印后内容重复率较高，其中，宏观经济类有1种皮书印后内容重复率范围为51%~60%，文化传媒类皮书有2种印后内容重复率范围为61%~70%，1种印后内容重复率超过了70%。

（四）2020年版皮书印后内容重复率未达标分析

按照印后内容重复率检测规则，地方发展类皮书的全书内容重复率超过

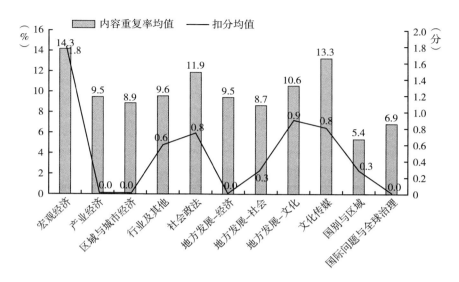

图3 2020年版皮书印后内容重复率和扣分情况按内容分类统计

数据来源：作者根据皮书研究院数据整理得到。

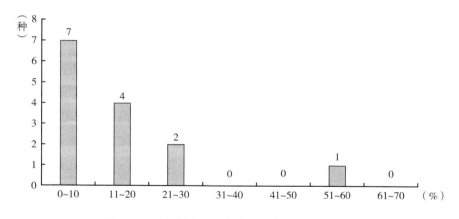

图4 2020年版宏观经济类皮书印后内容重复率

数据来源：作者根据皮书研究院数据整理得到。

25%为未达标，其他类皮书的内容重复率超过20%为未达标。在参与评价的2020年版皮书中，有22种皮书印后内容重复率未达标，其中，行业及其他、社会政法类皮书分别有5种未达标，占2020年版所有未达标皮书的比

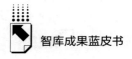
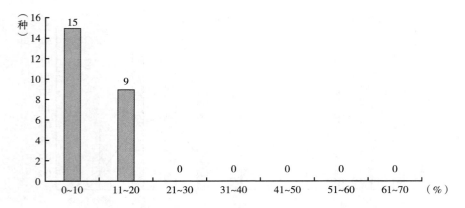

图5　2020年版产业经济类皮书印后内容重复率

数据来源：作者根据皮书研究院数据整理得到。

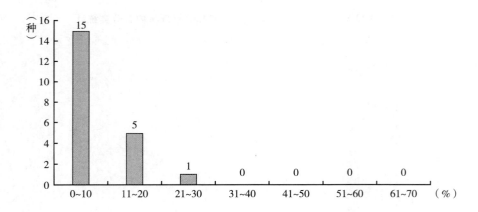

图6　2020年版区域与城市经济类皮书印后内容重复率

数据来源：作者根据皮书研究院数据整理得到。

重均为22.7%；宏观经济类、文化传媒类皮书分别有3种皮书未达标，占2020年版所有未达标皮书的比重均为13.6%；地方发展–社会类、地方发展–文化类分别有2种未达标，区域与城市经济、国别与区域类分别有1种未达标，产业经济类、地方发展–经济类、国际问题与全球治理类皮书情况较好，所有皮书均达到了合格（见图15）。

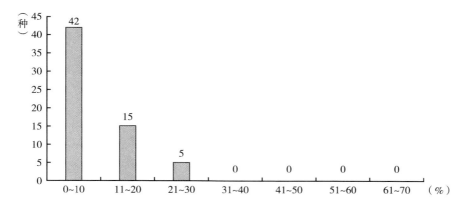

图7 2020年版行业及其他类皮书印后内容重复率

数据来源：作者根据皮书研究院数据整理得到。

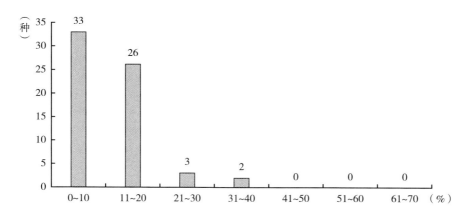

图8 2020年版社会政法类皮书印后内容重复率

数据来源：作者根据皮书研究院数据整理得到。

（五）2020年版皮书印后内容重复率按研究功能统计

皮书按照报告的研究功能、研究方法进行分类，可以分为四类，分别为分析预测型、评估评价型、发展报告型、研究报告型。其中，分析预测型主要是对上年度经济、社会、行业等的发展形势进行回顾，并对

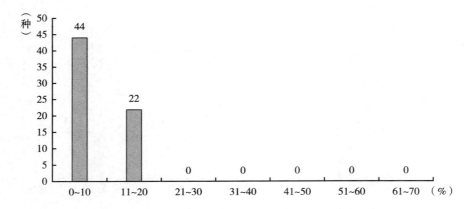

图9　2020年版地方发展－经济类皮书印后内容重复率

数据来源：作者根据皮书研究院数据整理得到。

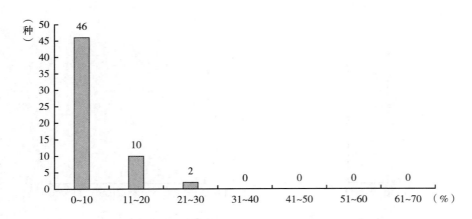

图10　2020年版地方发展－社会类皮书印后内容重复率

数据来源：作者根据皮书研究院数据整理得到。

下一年的发展形势进行预测和展望，并由此提出对策建议。评估评价型报告是进行模型构建和评价指标体系构建，采用调查或实证分析的方法对该领域的发展情况进行分析、揭示其特征，根据结果和特征，对该领域提出对策建议。发展报告型侧重于对区域（或领域）整体状况的描述，以问题为导向进行分析，并对该区域或领域提出相应的对策建议。

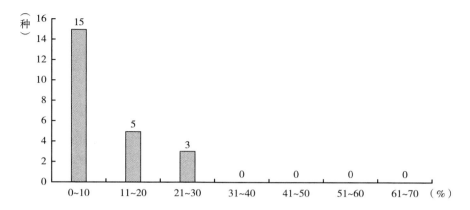

图11　2020 年版地方发展－文化类皮书印后内容重复率

数据来源：作者根据皮书研究院数据整理得到。

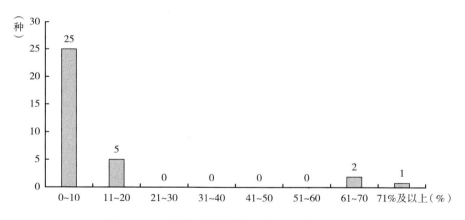

图12　2020 年版文化传媒类皮书印后内容重复率

数据来源：作者根据皮书研究院数据整理得到。

研究报告型的皮书，是指从科学研究、学术研究的角度对某一行业和领域进行调查研究，通过调查研究结果对该行业、领域未来发展提出相应的对策建议。

2020 年版的 416 种皮书中，发展报告型占绝大多数，有 355 种；其次是研究报告型和分析预测型，分别有 27 种和 26 种；评估评价型皮书最少，

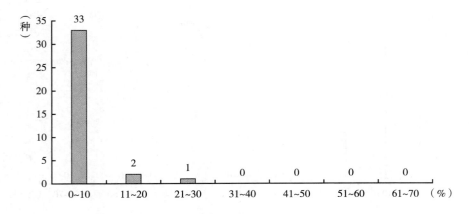

图13　2020年版国别与区域类皮书印后内容重复率

数据来源：作者根据皮书研究院数据整理得到。

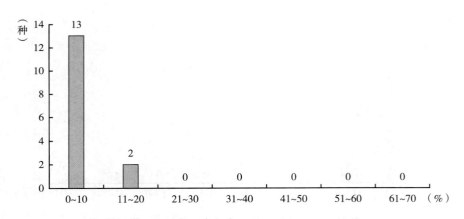

图14　2020年版国际问题与全球治理类皮书印后内容重复率

数据来源：作者根据皮书研究院数据整理得到。

只有8种。统计各研究功能的皮书的内容重复率均值和扣分均值，评估评价型报告虽然品种数最少，但其内容重复率均值最高，为19.6%，扣分均值也最高，为1.9分。这是因为多数的评估评价型皮书有特定的一套模型或评价指标体系，每年每部皮书均使用同样一套模型或指标体系，内容框架多沿用上一年度框架，只修改当年度的数据，所以造成了评估评价型报告内容重

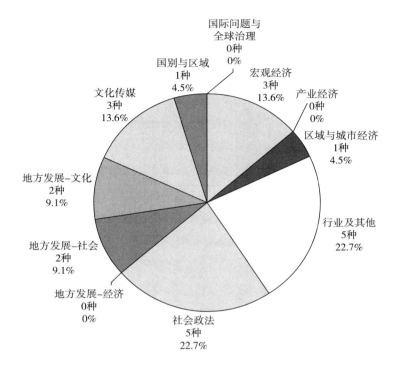

图15　2020年版皮书内容重复率未达标情况按内容分类分析

数据来源：作者根据皮书研究院数据整理得到。

复率偏高的结果。分析预测型、发展报告型、研究报告型皮书的内容重复率均值分别为8.8%、9.7%、9.4%，扣分均值分别为0分、0.4分、0.7分（见表6和图16）。

表6　2020年版皮书内容重复率和扣分情况按研究功能统计

研究功能	品种数（种）	内容重复率均值（%）	扣分均值（分）
分析预测型	26	8.8	0
评估评价型	8	19.6	1.9
发展报告型	355	9.7	0.4
研究报告型	27	9.4	0.7

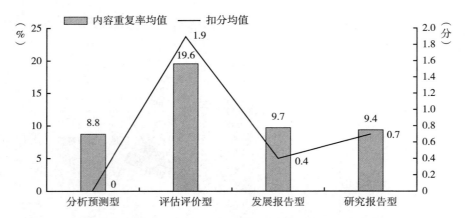

图16　2020年版皮书内容重复率和扣分情况按研究功能统计

数据来源：作者根据皮书研究院数据整理得到。

四　皮书印前和印后内容重复率对比分析

（一）2020年版皮书印前和印后内容重复率对比分析

对2020年版的416种皮书印前和印后内容重复率检测结果进行对比分析，2020年版皮书印前内容重复率均值为14.4%，印后为9.8%，印后比印前内容重复率检测结果降低了4.6个百分点；印前内容重复率中位数为13.0%，印后为8.0%；印前内容重复率不合格皮书有114种，占比27.4%，印后不合格皮书有22种，占比5.3%，说明有92种皮书在预审后对重复率较高的部分进行了修改和降重。但是对于印前和印后内容重复率检测结果的最大值，均为77%，且是同一本书，说明个别皮书作者没有形成较好的降低皮书内容重复率的意识，未来应加强对皮书内容重复率的重视（见表7）。

（二）2020年版皮书印前和印后内容重复率按内容分类对比分析

2020年版皮书按内容分类的印前和印后内容重复率均值对比如表8所示，11类皮书的印后内容重复率均值，比印前均有所下降，其中国际问题

表7　2020 年版皮书印前和印后内容重复率对比

指标	印前内容重复率（%）	印后内容重复率（%）
平均数	14.4	9.8
中位数	13.0	8.0
最大值	77.0	77.0
不合格品种数	114	22
不合格品种占比	27.4	5.3

数据来源：作者根据皮书研究院数据整理得到。

表8　2020 年版皮书印前和印后内容重复率按内容分类对比

内容分类	品种数（种）	印前内容重复率均值（%）	印后内容重复率均值（%）	对比（个百分点）
宏观经济	14	19.4	14.3	-5.1
产业经济	24	14.3	9.5	-4.8
区域与城市经济	21	12.2	8.9	-3.3
行业及其他	62	12.8	9.6	-3.2
社会政法	64	18.1	11.9	-6.2
地方发展 - 经济	66	14.1	9.5	-4.6
地方发展 - 社会	58	14.1	8.7	-5.4
地方发展 - 文化	23	16.8	10.6	-6.2
文化传媒	33	18.0	13.3	-4.7
国别与区域	36	7.1	5.4	-1.7
国际问题与全球治理	15	13.5	6.9	-6.6

数据来源：作者根据皮书研究院数据整理得到。

与全球治理类、社会政法类和地方发展 - 文化类皮书内容重复率均值下降较多。

五　皮书单篇报告内容重复率未达标分析

（一）2020 年版皮书单篇报告内容重复率未达标原因分析

皮书评价的内容重复率指标标准，与皮书印后内容重复率合格指标相

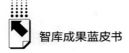
同，地方发展类皮书单篇报告内容重复率超过 25% 即为未达标，其余类别皮书单篇报告内容重复率超过 20% 即为未达标。在参与评价的 2020 年版 416 种皮书中，有 22 种皮书的内容重复率检测结果未达标，在这 22 种未达标皮书中，共有 181 篇报告的检测结果未达标，其中，有 7 篇总报告，占所有未达标报告的比重为 3.9%，有 174 篇分报告，占比 96.1%。

对皮书单篇报告内容重复率未达标的原因进行分析，将重复率较高的原因分为四类，分别为每年框架雷同、非作者首发、引用公开发表资源、与政府工作报告和政策文件重复。每年框架雷同，是指部分皮书或皮书报告与该系列上一年度皮书框架雷同，只修改当年数据的情况，这种情况常见于使用评价评级方法、构建统一模型的皮书；非作者首发，是指皮书报告作者在该皮书出版前，优先将报告内容发表在其他公开出版的期刊、报纸或网络上，或将自己本人已经公开发表过的文章经过加工修改或数据更新等，重新以皮书报告的形式出版；引用公开发表资源，是指根据中国知网学术不端文献检测系统结果分析，皮书报告引用其他期刊文章、报纸文章、媒体报道和网络资源等内容；与政府工作报告和政策文件重复，是指根据中国知网学术不端文献检测系统结果分析，皮书报告直接将政府工作报告、政策文件、规划文件等大段内容作为皮书报告的一部分，从而导致重复率较高的情况。

在 2020 年版皮书内容重复率未达标的报告中，每年框架雷同的报告最多，有 90 篇，占所有未达标报告的 49.7%，其内容重复率均值也最高，为 68.3%；引用公开发表资源从而导致内容重复率偏高的报告有 66 篇，占所有未达标报告的比重为 36.5%，但其内容重复率均值最小，为 44.4%；非作者首发和与政府工作报告和政策文件重复的报告较少，分别有 16 篇和 9 篇，占比分别为 8.8% 和 5.0%，虽然这两种原因造成未达标的报告数量较少，但是内容重复率均值分别为 55.2% 和 54.0%（见表 9）。

每年框架雷同和非作者首发所造成的内容重复率偏高，从作者本身出发来讲是可控的，未来可以避免这两种情况发生；引用公开发表资源、与政府工作报告和政策文件重复，是皮书报告撰写过程中必不可少的，皮书报告的核心是智库报告，是为重要热点事件和问题提供对策建议的，因为皮书的

表9　2020年版皮书单篇报告内容重复率未达标情况

重复原因类型	篇数（篇）	占比（%）	内容重复率均值（%）
每年框架雷同	90	49.7	68.3
非作者首发	16	8.8	55.2
引用公开发表资源	66	36.5	44.4
与政府工作报告和政策文件重复	9	5.0	54.0
合计	181	100.0	—

数据来源：作者根据皮书研究院数据整理得到。

这一功能性，皮书作者需要在报告中解读社会事件、政策文件或政府工作报告，或必要地引用前人已发表的部分观点成果等，所以这也是皮书作者未来在研创皮书时应关注并适当避免重复率过高的方面。

（二）2020年版皮书单篇报告内容重复率未达标按研究功能统计

在181篇内容重复率未达标的皮书单篇报告中，按照报告的研究功能分类，其中有143篇为发展报告型，内容重复率均值为55.8%，其次是评估评价型，有27篇报告，内容重复率均值为73.8%；研究报告型有11篇，内容重复率均值为43.6%；所有的分析预测型报告的内容重复率均达标（见表10）。

表10　2020年版皮书单篇报告按研究功能和未达标原因交叉分析

单位：种，%

研究功能	品种数	内容重复率均值	每年框架雷同	非作者首发	引用公开发表资源	与政府工作报告和政策文件重复
分析预测型	0	—	—	—	—	—
评估评价型	27	73.8	26	0	1	0
发展报告型	143	55.8	63	12	59	9
研究报告型	11	43.6	1	4	6	0
合计	181	—	90	16	66	9

数据来源：作者根据皮书研究院数据整理得到。

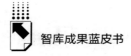

对 181 篇未达标皮书报告从未达标原因类型和研究功能交叉分析，评估评价型的 27 篇未达标报告中，有 26 篇均存在每年框架雷同的问题，这些报告有固定的评价指标体系或固定的模型，每年只更新数据，从而使内容重复率过高，评价评估型报告未来可以根据每年的分析重点，寻找每年的评估重点，突出当年度重点问题，避免报告框架雷同。发展报告型的皮书报告，在143 篇未达标报告中，每年框架雷同和引用公开发表资源的报告分别为 63 篇和 59 篇，非作者首发的报告有 12 篇，在非作者首发造成未达标的 16 篇报告中，发展报告型占 3/4；与政府工作报告和政策文件重复造成的未达标报告有 9 篇，均是发展报告型；发展报告型的皮书报告基数较大，覆盖了各类研究功能报告，也覆盖了各主题、各分类的皮书报告，四类未达标情况均存在，发展报告型多数需要对政府工作报告进行总结或对最新的政策文件进行解读，所以难以避免重复内容过多，但皮书作者应有意识地避免大幅度引用政策文件，只引用和解读重点内容，在可控的范围内实现降重。未达标的研究报告型的报告最少，有 11 篇，其中 4 篇报告非作者首发，6 篇报告引用公开发表资源，1 篇报告每年框架雷同。这可能是由于研究报告型的作者多是研究机构、高校或各类智库机构的科研人员和专家学者，作者的科研成果发表较多，研究领域相同，由于其科研工作的性质，对于其他同领域专家学者的研究内容和进展也较多关注，无法避免地会在皮书报告中引用自己的研究成果或借鉴他人的研究结论，从而造成非作者首发或引用公开发表资源的情况。

六 降低皮书内容重复率的对策建议

（一）在皮书预审阶段加强降低内容重复率意识

在皮书研创过程中，社会科学文献出版社鼓励皮书编辑提前进入皮书的前段管理，加强编辑与皮书作者的沟通，从皮书选题、皮书内容框架、皮书规范等多个角度与作者讨论沟通，为作者提供多角度的建议，协助作者顺利完成皮书书稿的撰写。在作者完成书稿后进入编辑流程之前，需要进行皮书预审，皮书预审包括内容重复率检测和内容预审，这也是一部皮书书稿第一次进入出版社编辑们的视野。预审阶段的内容重复率检测结果是作者修改书稿的重要参考，在进入编校流程之前，皮书作者可以根据预审时的内容重复率检测结果找到书稿中内容重复率较高的报告和段落，及时修改降重；如果遇到内容重复率过高的情况，皮书编辑应与作者沟通修改降重后进行第二次内容重复率检测；若书稿中部分报告缺失，皮书编辑也应在后续书稿补齐后自行进行内容重复率检测。在预审阶段皮书编辑和皮书作者保持充分的沟通和积极的态度进行书稿的完善和修改，提前增强降低内容重复率的意识，在皮书评价的内容重复率检测中，也会得到一个满意的结果。

（二）加强原创性和作者首发性

自启动皮书评价中的内容重复率检测起，便强调皮书最注重的是原创性和作者首发性，这也是学术出版中最基本的要求，所以皮书作者在进行皮书研创的时候应优先明确皮书报告的首发性。这要求作者禁止一稿多投，如本人早期曾经发表过的学术论文、著作和智库报告，经过加工整理或重新整合放在皮书中作为一篇新的报告发表，均属于非首发性。同时，皮书作者应明确报告的性质，皮书是围绕当今中国乃至世界中的经济、社会、文化、行业、生态文明、健康医疗、教育等多领域热点话题，及时对该领域进行现状分析或未来预测，从而对该领域的未来发展提出对策建议的智库报告。智库报告不同于传统的学术论文和著作，智库报告注重实效性和对策性，所以应该是作者在当前阶段针对当前时期所写的对策性报告，而非历年学术著作的"回炉再造"。

皮书作者中研究机构、高校、政府部门研究人员等占比较大，均是各个科研领域的重要研究人员和学者，这类作者具有较丰富的科研经验和较多的学术成果，也对该领域研究现状和同领域其他学者的研究成果了解透彻，所以建议这类皮书作者避免借鉴过多本人发表的成果和过多引用他人成果，对于他人公开发表的学术成果，如有引用的必要，也建议在不影响他人论点和

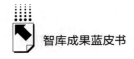

表述逻辑的情况下，尽量缩短引用篇幅，提炼重要观点，从而降低内容重复率。

（三）加强皮书报告体例的创新性

每年使用评价评级或社会调查方法的皮书均占一定的比例，这类报告有固定的目录框架，每年的报告均延续以往的框架，只修改更新该年度的数据，从而使得其内容重复率过高，这类报告缺乏体例的创新性。建议这类皮书报告，在保留原有评价指标体系和方法的基础上，对皮书的体例和内容框架进行创新，寻找每年的热点，突出当年热点话题并及时修改框架和目录，以达到皮书报告的创新性和年度性。

皮书作者应加强与出版社编辑的全流程沟通交流，关注一年一度的皮书评价，了解皮书评价指标体系的设置和评价结果。在历年的评价中，因为使用评价评级或社会调查方法的皮书具有评价指标体系的自创性和创新性，出版社鼓励作者进行评价评级指标的原创，可以作为加分指标处理。但随着皮书的逐步发展，部分此类皮书在多年的研创中，过于注重固有的评价指标体系，而忽略了研究内容和体例的创新性，由此造成目录框架雷同，内容重复率高的情况，所以自2019年皮书评价开始，取消了使用评价评级或社会调查方法的加分指标。建议此类皮书作者在未来的皮书研创过程中，在保证研究方法的自创性和原创性的基础上，尽量在每年的报告中凸显年度性，以年度热点话题修改内容框架，不断提高此类皮书的内容质量。

（四）明确皮书报告作为智库报告的决策参考性

皮书是智库报告的重要形式之一，皮书从专业的角度对某一领域进行分析预测，体现的是专家的第三方观点，是中央及地方政府部门、相关企事业单位、社会组织乃至个人行为的决策参考，具有决策参考性。根据皮书的定义和功能，皮书作者应明确皮书的定位，皮书与一般学术论文和著作不同，其重点不是成果发表，而是希望皮书作者作为第三方，通过发布智库报告为政府机构等决策部门建言献策，所以皮书报告应服务于政府决策。所以这就无法避免在皮书报告中出现政府工作报告和政策文件的解读等内容，但是皮书报告不应是大篇幅政策文件的堆叠和介绍，而是应在介绍现有政府工作报告和政策文件的基础上，解读现有政府工作报告和政策文件，并对未来该领域的发展态势进行预测，或对现有政策进行分析并提出新的对策建议，这才是皮书作为智库报告的一大作用。皮书作者明确了皮书作为智库报告具有的决策参考性这一定位后，便可以避免大篇幅引用政府工作报告和政策文件，找到皮书研创和撰写的新方向，从而降低皮书报告的内容重复率。

参考文献

谢曙光主编《皮书手册——写作、编辑出版与评价指南》（第四版），社会科学文献出版社，2020。

谢曙光主编《中国皮书发展报告（2020）》，社会科学文献出版社，2020。

专题报告
Special Report

B.12
皮书数字化发展报告（2021）

江 山[*]

摘　要：　自新冠肺炎疫情发生以来，学术生产与消费大规模向线上转
　　　　　移，以皮书数据库为核心的皮书数字化迎来新的发展机遇，用
　　　　　户规模及平台流量增长迅猛。同时，用户日益旺盛的使用需求
　　　　　也对皮书数字化及皮书研创提出了新要求。内容回应用户关
　　　　　切；用权威、连续、原创的数据说话；呈现形式和营销方式更
　　　　　为多样化的成果受到更多关注。未来，皮书数字化将继续立足
　　　　　内容本质，大力整合、深度开发分析解读当下中国发展变迁的
　　　　　优质智库研究成果，扩大内容规模及提升质量；加快新技术运
　　　　　用，推进数据能力建设，面向皮书研创、教学科研、智库成果
　　　　　评价等多场景提供精准知识服务；与更多智库机构、官方媒体
　　　　　深入合作，积极发展"走出去"业务，充分发挥平台效应，延
　　　　　伸数字时代皮书品牌社会影响力的深度与广度。

＊　江山，社会科学文献出版社数字出版分社数字编辑，研究方向为数字出版、编辑出版。

关键词： 皮书 数字化 皮书数据库 皮书研创

数字化已经成为当下主要的生活方式、生产方式，甚至治理方式。对于皮书研创和出版传播来说，也越来越离不开数字化的赋能。2020年以来，社会科学文献出版社把握住新冠肺炎疫情背景下用户在线研究需求加深的机遇期，坚持精品导向，以皮书数据库为核心，打造有规模有深度的智库成果整合发布与知识服务平台，持续提升皮书品牌数字时代的影响力。

一 皮书数字化发展现状

2020年新冠肺炎疫情发生以来，学术生产从线下大规模向线上转移，研究者对数字内容供给也提出了更高要求。总体来说，数字时代的知识生产、传播方式的变革主要体现在四个方面。一是数字化阅读渐成主流，2020年，我国数字化阅读方式的接触率达到79.4%[①]。在学术研究领域，数据库成为查找资料的主要渠道。二是在海量内容中，快速精准获取专业深度内容、细分领域内容的需求成倍增加。三是计算思维普及促使科研范式转型，数据密集型科研成为重要趋势[②]。四是借助互联网，知识传播范围和速度不断提升，网络影响力成为成果评价的重要方面。

与此同时，我国进入两个百年奋斗目标的历史交汇期，改革发展稳定任务之重、矛盾风险挑战之多都前所未有，急需各方智库积极贡献智慧。

在这样的时代背景下，社会科学文献出版社继续以皮书系列为核心打造融合发展典范，已形成以皮书数据库为核心，中国皮书网、皮书电子书、皮书音视频、皮书知识付费共同服务于用户的皮书数字化业务格局，发展效能不断提升。

---

① 第十八次全国国民阅读调查成果发布，http：//www.nppa.gov.cn/nppa/contents/280/75981.shtml。
② 贺威、刘伟榕：《大数据时代的科研革新》，《未来与发展》2014年第2期。

皮书数据库是皮书数字化的核心成果。2020 年以来，项目组面向用户需求，以内容深度开发、运营和服务精细化为抓手，不断推动服务模式从产品到平台的转变，借力技术运用，广泛聚集专家学者和产品受众，打通内容整合、学术生产和知识服务等生产服务链条，助推研创成果的价值最大化和科研服务的平台化。

截至 2021 年 4 月 30 日，皮书数据库总字数达到近 50 亿，收录图书 1.2 万本、报告 21.5 万篇，"一网打尽"中国经济、社会、行业、区域、文化传媒及世界经济与国际关系六大主题，涉及 41 个一级学科 100 多个行业，覆盖 80 余个国家以及中国的 34 个省级行政区。紧扣当下重大理论与实际问题、经济社会热点，新上线全面建成小康社会之精准扶贫经验专题库、康养专题库等 3 个特色专题子库，用户反响热烈。累计机构用户超过 1500 家，遍及 13 个国家。积极履行企业社会责任，策划并推出线上战疫、建党百年等主题限免活动，累计 PV 量①达 2934 万次，同比增长 39.2%。

二　皮书数据库年度运营数据分析②

2020 年 4 月，中共中央、国务院印发《关于构建更加完善的要素市场化配置体制机制的意见》，明确将"数据"列为生产要素之一。数据已经成为一种资产，一种驱动决策的核心要素。

皮书数据库经过 10 余年的发展和积累，已形成了生产数据、销售数据、营销数据和运营数据（包含用户数据和使用数据）4 类基础数据，以及影响力指数报告、月度数据分析、专项数据分析等数据使用机制，以期为皮书研创者提供皮书写作的量化参考，为研究机构提供学术成果评价新视角和数据依据，为项目组内容深度开发和精准营销决策提供信息支撑。

其中，运营数据是最能反映用户评价、用户需求和使用行为的数据。故

---

① PV 量即页面浏览量，是评价网站流量最常用的指标之一，页面被刷新一次计算一次，多次打开同一页面则浏览量累计。
② 除特别说明外，本报告关于皮书数据库的数据均来自皮书数据库后台统计分析系统。

本报告以 2020 年 5 月 1 日至 2021 年 4 月 30 日期间的运营数据来进行分析解读。

（一）用户数据

历经多年发展，皮书数据库形成了针对自身核心用户的用户画像，用户群体涉及智库研究从业者、党政领导干部、相关专业师生、新闻工作者、投资者等。一般为知识分子阶层，硕博士为主，以研究为业，科研经费来自所在单位，具备较强的支付能力。具有一定专业性，对专业知识，包括但不限于特定主题研究报告、基础数据、政策梳理解读有较强需求，使用皮书数据库的用户一般也是应用对策型智库成果的生产者。

本报告从购买主体、区域两个维度对皮书数据库用户进行划分，分为机构用户和个人用户，国内用户和海外用户，分别对其数据进行分析。

1. 国内机构用户分析

（1）用户规模及特征

截至 2021 年 4 月 30 日，皮书数据库共有国内机构用户 1502 家。其中，正式机构用户 255 家，试用机构用户 1247 家，遍及全国 34 个省份，覆盖高校图书馆、公共图书馆、科研机构、社科院系统、党校系统、政府机构、军警机构及院校、企事业单位八大用户类型。

2020 年 5 月 1 日至 2021 年 4 月 30 日，皮书数据库新增正式机构用户 19 家，续费正式机构用户 124 家，新增试用机构用户 62 家。随着新冠肺炎疫情在全国范围内得到有效控制，成交量同比增长 5.6%。新增正式机构用户主要分布在华东、华中区域，而新增试用机构用户则在全国各地"多点开花"。

皮书数据库在高校用户中的影响力连续多年稳步提升，科研机构用户市场开拓初见成效。目前，皮书数据库国内机构用户类型仍以高校为主，占比达 66.1%（见图 1）。本年度①新增高校用户 58 家，占年度新增国内机构用

---

① 下文若无特别说明，本年度均指 2020 年 5 月 1 日至 2021 年 4 月 30 日。

户数的 71.6%。2021 年，中国城市规划设计研究院、河南省情报研究所等 7 家机构用户开始使用或试用皮书数据库。

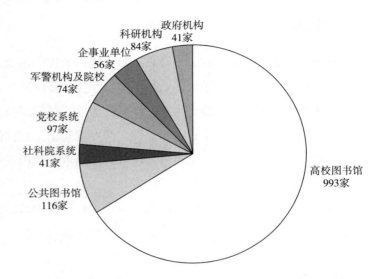

图 1　截至 2021 年 4 月 30 日皮书数据库累计国内机构用户类型分布

数据来源：社会科学文献出版社数字出版分社。

重点市场占有率在同类产品中处于领先地位。截至 2021 年 4 月 30 日，皮书数据库正式机构用户中"985"高校覆盖率达 46.2%，"211"高校覆盖率达 34.3%，"双一流"高校覆盖率达 45.2%，皮书研创单位覆盖率达 8.0%，集刊出版单位覆盖率达 19.8%，出版社学术资源建设基地覆盖率达 47%。皮书数据库受到众多知名高校和科研机构的关注和认可。

（2）使用偏好

①高校用户关注热点话题、具体问题，从微观角度了解中国与世界发展

从教学科研、项目申报到论文写作、知识学习，高校用户使用皮书数据库的场景相对丰富，需求内容主题广泛，对当下热点话题、具体问题等微观内容有着很高的关注度。以北京大学为例，选取其本年度访问的全部资源名称进行词频分析，排名前 50 的关键词覆盖经济、社会、政治、文化等各个领域，对特定国家、区域及新兴产业发展具有浓厚兴趣（见表 1）。

表 1　北京大学资源访问频次排名前 50 的关键词

排名	关键词	排名	关键词
1	文化	26	日本
2	产业经济	27	投资
3	养老	28	长株潭
4	京津冀	29	大数据
5	金融	30	舆情
6	健康产业	31	人工智能
7	北京市	32	广州
8	旅游	33	新媒体
9	扶贫	34	医疗
10	粤港澳大湾区	35	外交
11	城市竞争力	36	疫情
12	科技	37	儿童
13	互联网	38	老年人
14	市场	39	农业
15	政治	40	青少年
16	农村	41	贫困
17	乡村振兴	42	能源
18	美国	43	海洋
19	文化产业	44	黑龙江省
20	生态治理	45	俄罗斯
21	就业	46	家庭
22	中亚	47	欧盟
23	贸易	48	消费
24	人口问题	49	电商
25	新能源	50	城市群

数据来源：皮书数据库。

②社科院系统用户从宏观层面观测中国发展，对国际局势关注度高

中国社会科学院及各地社会科学院，作为国家智库、政府智囊，撰写资政报告、完成政府课题委托是其主要使用场景，关注内容以宏观层次为主。以中国社会科学院为例，其除关注国内宏观经济、社会形势、人口、生态保护、教育财政等社会治理重点问题外，还特别关注全球政治、国家安全及重

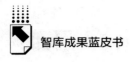

要国家的国内局势，以确保研究具备国际视角与国际视野，切实发挥资政作用（见表2）。

表2　中国社会科学院皮书数据库图书访问量排行榜 TOP20

排名	书籍名称
1	中国社会组织报告（2020）
2	2021年中国经济形势分析与预测
3	中国未成年人互联网运用报告（2020）
4	意大利发展报告（2019~2020）
5	中国法治发展报告 No.18（2020）
6	全球政治与安全报告（2021）
7	2020年中国经济前景分析
8	拉丁美洲和加勒比发展报告（2019~2020）
9	黄河流域生态保护和高质量发展报告（2020）
10	2019~2020年中国旅游发展分析与预测
11	中国人口与劳动问题报告 No.21
12	中国传媒产业发展报告（2020）
13	中国教育财政政策咨询报告（2015~2019）
14	中国新能源汽车产业发展报告（2020）
15	集成电路产业发展报告（2018~2019）
16	国家中心城市建设报告（2019）:全两册:英汉对照
17	欧洲发展报告（2019~2020）
18	2021年中国社会形势分析与预测
19	美国研究报告（2020）
20	珠海法治发展报告 No.1（2019）

数据来源：皮书数据库。

③党校系统用户关注政府现代化管理模式，对国内外宏观形势有一定了解需求

党校作为党中央培养全国中高级领导干部及优秀中青年干部的重要场所，除发挥资政功能外，也承担着培训教学内容。基于上述使用场景，党校系统用户对国家治理、中国及世界发展等内容有特定需求。以中共中央党校（国家行政学院）为例，体现国家治理能力的电子政务获得了极高关注度

（见表3），对中国经济社会形势、中国改革情况及世界经济情况等，作为领导干部必须了解的内容也有可观需求。

表3 中共中央党校（国家行政学院）皮书数据库图书访问量排行榜 TOP20

排名	书籍名称
1	中国电子政务发展报告（2019～2020）
2	中国电子政务发展报告（2018～2019）
3	2020 年中国社会形势分析与预测
4	雄安新区金融发展报告（2019）
5	中国社会组织报告（2020）
6	2021 年世界经济形势分析与预测
7	2021 年中国经济形势分析与预测
8	拉丁美洲和加勒比发展报告（2019～2020）
9	见证重大改革决策:改革亲历者口述历史
10	中国电子政务发展报告（2017）
11	主体功能区制度建设的合作机制
12	中国产业竞争力报告（2020）No. 9
13	中国大数据发展报告 No. 4
14	中国电子政务年鉴（2017）
15	"一带一路"建设发展报告（2019）
16	意大利发展报告（2019～2020）
17	中国电子政务发展报告（2015～2016）
18	德国发展报告（2020）
19	中国跨境电商发展报告（2020）
20	泉州文化与海上丝绸之路

数据来源：皮书数据库。

④皮书研创是使用皮书数据库的主要场景之一

本年度使用量[①]排名前 10 的国内非公共图书馆机构如表 4 所示，全部为皮书研创机构，且研创皮书数量相对较多，皮书研创和皮书数据库使用量

---

① 指皮书数据库用户通过浏览、在线阅读或下载阅读任何一种方式阅读使用报告的次数统计，即：使用量 = 浏览次数 + 在线阅读次数 + 下载阅读次数。

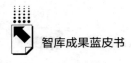

呈现正相关关系。可见，皮书研创是用户使用皮书数据库的主要场景之一，皮书数据库也对皮书研创具有较强的资料支撑作用。

除传统人文社科优势学科所在高校外，清华大学、浙江大学等理工类学科更具优势的高校使用量也相当可观。这一定程度说明，皮书数据库不仅能很好服务人文社科领域科研教学，在辅助高校学生了解中国发展现状、透彻经济社会现象等方面也发挥着重要作用。

表4　2020年5月1日至2021年4月30日国内机构

使用量TOP10（不含公共图书馆）

排名	机构名称	机构性质	皮书研创情况		
			皮书系列数量（种）	2020年出版皮书数量（种）	累计出版皮书数量（种）
1	清华大学	高校	7	3	35
2	浙江大学	高校	4	2	14
3	北京大学	高校	10	3	25
4	中国人民大学	高校	8	2	14
5	中国社会科学院	社科院	140	68	936
6	深圳大学	高校	4	4	36
7	厦门大学	高校	3	1	9
8	兰州大学	高校	1	2	3
9	北京工商大学	高校	1	0	2
10	西南政法大学	高校	1	1	3

数据来源：社会科学文献出版社数字出版分社、皮书研究院。

2. 海外机构用户分析

截至2021年4月30日，皮书数据库拥有近百家海外机构用户，遍布美国、加拿大、英国、德国、法国、荷兰、澳大利亚、日本、新西兰、新加坡、比利时、以色列、丹麦13个国家，用户类型以高校图书馆、政府机构和公共图书馆为主。其中，正式用户27家，在本年度海外疫情形势严峻、经费持续紧缩的情况下全部续费，展现了对皮书数据库质量及专业度的高度认可。

皮书数据库海外正式用户主要分布在美国，共19家，占海外正式用户总数的 70.3% （见图 2）。美国高度关注中国发展问题，是当下中国研究的海外重镇，也是皮书数据库"走出去"的重点市场，哈佛大学、密歇根大学等高校，美国国会图书馆、美国外交关系协会等政府机构，都是持续购买皮书数据库的忠实用户。2021 年，美国市场新增美国海军战争学院 1 家正式用户，军校渠道实现重大突破。

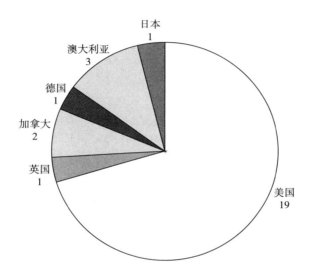

图 2　截至 2021 年 4 月 30 日皮书数据库海外正式用户区域分布

数据来源：社会科学文献出版社数字出版分社。

得益于 2020 年以来与中国国际图书贸易集团有限公司、中国教育图书进出口有限公司达成的数据库海外销售代理合作，本年度在海外试用用户方面新开拓了丹麦市场，展现出更多销售可能。

本年度使用量排名前 5 的海外机构如表 5 所示，其中美国市场用户占比80%，且大多为多年稳定续费的忠实客户，平均使用时间超过 5 年，加利福尼亚大学圣地亚哥分校更是连续购买 8 年。此外，南加州大学连续 3 年使用量位居前 3、哈佛大学试用量进入前 5。可见，皮书数据库内容资源能够较好满足海外一流高校的研究需求，这也为皮书研创机构及作者的研究成果扩大海外影响力提供了很好的渠道。

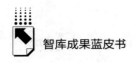

表5 2020年5月1日至2021年4月30日海外机构使用量TOP5

排名	用户名称	所在地区	机构类型
1	德国柏林图书馆	德国	公共图书馆
2	加利福尼亚大学圣地亚哥分校	美国	高校
3	南加州大学	美国	高校
4	约翰斯·霍普金斯大学	美国	高校
5	哈佛大学图书馆人文科学分馆	美国	高校

数据来源：社会科学文献出版社数字出版分社。

3. 个人用户分析

（1）用户规模及特征

①用户规模快速扩张，消费潜力逐步显现

截至2021年4月30日，皮书数据库个人用户注册数达21.5万人，本年度新增6.7万人，同比增长45.3%，增长率连续3年超过40%。

本年度共有1万余名个人用户发生购买行为，同比增长53.9%，产生充值订单2771条，同比增长47.2%，实际消费金额同比增长71%，个人用户的消费潜力进一步显现。

从终端设备看，PC端仍然是专业类数据库产品的主要使用终端，本年度通过PC端注册的个人用户数为6.5万人，占全部新增个人用户注册数的97%。

②营销活动有效提升注册与消费转化率，提高用户留存度

皮书数据库2020年3～5月进行的"居家抗疫"限免活动、2021年4月进行的"建党百年"限免活动吸引了更多用户来访。本年度PV量月度分布与个人用户注册数月度分布大体重叠，营销活动有效提升了注册转化率（见图3）。

2020年11月进行的"双十一"主题营销、12月进行的重磅图书推荐主题营销及2021年3月进行的"两会"主题营销，以定时折扣、充值返现等形式促使用户产生更多购买行为，对应销售额也出现明显上扬（见图4）。

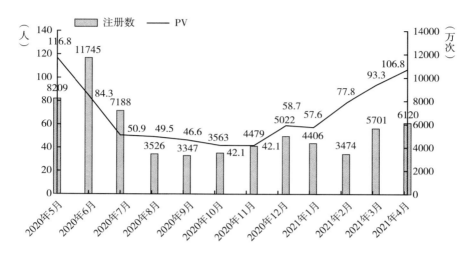

图3 2020年5月至2021年4月皮书数据库PV量、个人用户注册数月度分布

数据来源：皮书数据库。

皮书数据库在限免活动结束后设置主题营销，有效盘活了因限免涌入的新注册的个人用户，提高消费转化率，整体提升用户留存度。

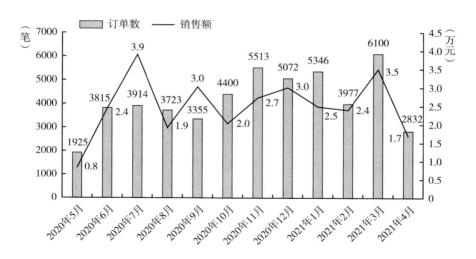

图4 2020年5月至2021年4月皮书数据库订单数、销售额月度分布

数据来源：皮书数据库。

313

（2）用户偏好

本年度，个人用户共发起检索13.2万次，产生检索词3.5万个。其中20%的检索词贡献了70%的检索次数，整体向头部集中趋势明显，关注内容同一性较高。依据被检索次数对检索词进行排名，排名前20的检索词如表6所示，除就业、教育、旅游、公共服务等贴近百姓生活的社会民生话题外，个人用户也对乡村振兴、一带一路等国家政策、倡议，数字经济、新能源汽车等热点领域很感兴趣。北京、上海、广州、京津冀作为关键词集体上榜，一定程度上说明了个人用户的主要来源区域或对经济发展地区的关注程度。

表6　2020年5月至2021年4月皮书数据库个人用户检索词排名TOP20

排名	检索词	排名	检索词
1	就业	11	文化产业
2	体育	12	京津冀
3	数字经济	13	医疗器械
4	汽车	14	旅游
5	上海	15	新能源汽车
6	乡村振兴	16	广州
7	一带一路	17	云南
8	教育	18	公共服务
9	北京	19	房地产
10	邮轮	20	新媒体

数据来源：皮书数据库。

（二）使用数据

1. 2020~2021年全库流量数据

2020年5月1日至2021年4月30日，皮书数据库PV量达826.7万次、UV量①达515.5万次，全库报告使用量达198万次，同比增长8.9%。

---

① UV量即独立访客量，访问网站的一台电脑客户端为一个访客，一天内相同客户端只计算一次。

2. 区域分析

从 PV 量地域分布看，北京、广东、上海贡献较多使用量的格局没有明显变化，三地合计贡献 55.88% 的 PV 量，较上年同期增加了 7.24 个百分点（见表 7）。这一方面与经济发达地区复工复产更为迅速有关，另一方面也显示出皮书数据库本身的专业性对用户使用设置了一定门槛，高校和科研机构更为聚集的地区表现出了更强的使用意愿。

表 7　2020 年 5 月 1 日至 2021 年 4 月 30 日皮书数据库区域 PV 量 TOP10 及同比排名变动情况

排名	名称	PV 量贡献比例（%）	同比排名变动情况
1	北京市	42.19	—
2	湖南省	10.58	+2
3	广东省	7.86	—
4	上海市	5.83	+3
5	浙江省	4.20	+1
6	江苏省	3.71	−1
7	河北省	2.88	−5
8	湖北省	2.22	
9	四川省	2.03	+1
10	河南省	1.87	−1

数据来源：皮书数据库。

值得一提的是，湖南连续两年表现突出，自 2019 年起，依次从第 11 名提升至第 4 名，再提升至第 2 名。这很大程度上得益于出版社加大了与当地高校、公共图书馆用户的合作力度与深度，持续于 4 月、5 月两月举办高校读书月活动、参与省馆承办交流会，合计 6 场，活动期间 PV 量明显高于其他时段（见图 5），有效提升了皮书数据库在该地区的品牌曝光度。

3. 用户忠诚度分析

用户忠诚度是指用户对某一特定产品或服务产生好感，形成"依附性"

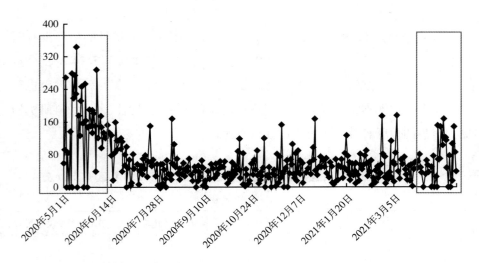

图5　2020 年 5 月 1 日至 2021 年 4 月 30 日湖南省 PV 量时间分布趋势

数据来源：皮书数据库。

偏好，并重复购买的一种趋向。基于上述定义，本报告选取访问页数①、访问深度②、访问时长③、上次访问时间④四个维度分析皮书数据库的用户忠诚度。

　　从访问页数来看，95.8% 的访客访问页数为 1～10 页，这一比例在新访客和老访客中均较上年略有下降，倾向于在皮书数据库中阅读更多内容的访客数量有所增加（见表 8）。本年度，皮书数据库进行的在线阅读页面升级、服务器配置及数据库交互方式深度优化等工作一定程度上引导了这种良性变化产生。新增的目录树功能支持用户在线阅读时通过目录索引快速跳转至所需文段或图表，数据库检索速度和页面访问速度也显著提升，使用效率有效提高。

----

　　①　访问页数：指访客一次访问会话中的页面浏览量，即同一页面多次被浏览累计。
　　②　访问深度：指访客一次访问会话中浏览的不同页面数。
　　③　访问时长：指访客一次访问会话的页面停留时长。
　　④　上次访问时间：指最近一次访问与上一次访问的时间间隔，为本年度新增维度，仅适用于分析老访客。

表8　2020年5月1日至2021年4月30日皮书数据库访问页数区间分布

单位：次，%，个百分点

访问页数	全部访客			新访客			老访客		
	访问次数	占比	占比同比增长量	访问次数	占比	占比同比增长量	访问次数	占比	占比同比增长量
1~10页	1279552	95.8	-1.0	964992	97.1	-0.8	314560	91.9	-1.0
11~20页	36156	2.7	0.6	19729	2.0	0.6	16427	4.8	0.4
21~50页	15767	1.2	0.4	7358	0.7	0.1	8409	2.5	0.4
51页及以上	4671	0.3	0.0	1863	0.2	0.1	2808	0.8	0.2

数据来源：百度统计。

从访问深度来看，92.4%的访客访问深度为1~5页，占比同比减少1.5个百分点；访问深度为6~10页和11页及以上的占比，则分别增加0.7个和0.8个百分点，变化趋势与访问页数保持一致（见表9）。

表9　2020年5月1日至2021年4月30日皮书数据库访问深度区间分布

单位：次，%，个百分点

访问深度	全部访客			新访客			老访客		
	访问次数	占比	占比同比增长量	访问次数	占比	占比同比增长量	访问次数	占比	占比同比增长量
1~5页	1234015	92.4	-1.5	941142	94.7	-1.3	292873	85.6	-1.5
6~10页	59163	4.4	0.7	30866	3.1	0.5	27714	8.1	0.7
11页及以上	42968	3.2	0.8	21934	2.2	0.8	21617	6.3	0.8

数据来源：百度统计。

从访问时长来看，43.1%的访客在皮书数据库中的停留时间不超过1分钟。访问时长在3分钟以内的访问次数占访问总次数的79.6%，同比减少2个百分点。用户在皮书数据库中的停留时间整体呈现增长态势，资源及服务对用户的吸引力逐步增强（见表10）。

老访客比新访客更有耐心探索数据库资源，停留在3分钟以上的比例比新访客多7.7个百分点，这一比例较上年略有下降。同时，新访客停留在3分钟以上的比例较上年略有上升，这说明新老访客之间在访问时长上的差异在逐渐缩小。

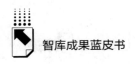

表 10   2020 年 5 月至 2021 年 4 月皮书数据库访问时长区间分布

单位：次，%，个百分点

访问时长	全部访客			新访客			老访客		
	访问次数	占比	占比同比增长量	访问次数	占比	占比同比增长量	访问次数	占比	占比同比增长量
0~1 分钟	576046	43.1	-0.4	453732	45.7	-0.4	131580	38.5	-0.3
1~3 分钟	487489	36.5	-1.6	363733	36.6	-1.3	123756	36.2	-1.6
3~10 分钟	134443	10.1	0.7	91823	9.2	0.7	42620	12.5	0.6
10~30 分钟	106050	7.9	1.0	68407	6.9	0.8	28377	8.3	1.0
30 分钟~1 小时	25522	1.9	0.2	13115	1.3	0.1	12407	3.6	0.2
1 小时及以上	5039	0.4	0.0	2094	0.2	0.0	2945	0.9	-0.1
未知（单页面访问）	1557	0.1	0.1	1038	0.1	0.1	519	0.2	0.2

数据来源：百度统计。

从上次访问时间来看，首次访问占比 61.1%，皮书数据库持续吸引新用户的能力十分突出（见表 11）。除首次访问的用户外，大多数用户都习惯集中某一时段使用皮书数据库，这也说明用户对内容资源的需求比较明确。

表 11   2020 年 5 月 1 日至 2021 年 4 月 30 日皮书数据库上次访问时间区间分布

单位：次，%

上次访问时间	访问次数	所占比例
首次访问	816628	61.1
1 天内	507545	38.1
1 天前	3724	0.3
2 天前	1855	0.1
3~7 天前	3699	0.3
8~15 天前	1493	0.1
16~30 天前	1039	0.1
31~90 天前	6	0.0
91 天以上前	157	0.0

数据来源：百度统计。

从以上四个维度数据及同比变化趋势可以看出，本年度用户在访问页数、访问深度、访问时长等方面，同比均有小幅度增长。虽然新访客贡献的访问次数高于老访客，老访客的访问深度明显高于新访客的大体趋势仍旧存在，但双方差异已出现一定程度上的弥合趋势，这说明皮书数据库服务各类用户的能力进一步提高。

也正是基于此，本年度除着力提升在线使用效率外，皮书数据库还同步开发了批量下载功能，支持用户自选同一图书、同一主题下的多篇报告打包下载，针对用户不同使用习惯提供适配的场景化服务。

4. 内容偏好分析

皮书报告使用量 TOP100 体现了特定阶段内皮书报告及其作者的影响力，也反映了用户对不同内容的兴趣偏好。故本报告通过当年皮书报告使用量 TOP100 分析皮书数据库用户的内容偏好。由于篇幅所限，本报告仅展示指标体系及主要结论，报告排名情况详见附录。

（1）皮书报告使用量 TOP100 指标体系

本年度继续沿用上一版的指标体系，仍然设置使用量和使用深度 2 个一级指标，分别赋予 0.6 和 0.4 的权重，设置月均使用量、浏览次数、在线阅读次数、下载阅读次数 4 个二级指标。

使用量指皮书数据库用户通过浏览、在线阅读或下载阅读任何一种方式阅读使用报告的次数之和，即：使用量＝浏览次数＋在线阅读次数＋下载阅读次数。为了规避不同入库时间造成的使用量在总量上的差异，我们采取月均使用量来衡量报告的使用量情况，即：月均使用量＝使用量/入库累计月份。

使用深度采用对报告的阅读使用方式来衡量。在使用深度指标上，通过对三种阅读使用方式的数据总量分析，赋予浏览、在线阅读和下载阅读次数的权重，分别为 0.2、0.3 和 0.5，即：使用深度＝浏览次数×0.2＋在线阅读次数×0.3＋下载阅读次数×0.5。各指标权重详见表 12。

（2）主要结论

①70% 的入选报告连续出版 5 年及以上，品牌效应打动用户

入选本年度皮书报告使用量 TOP100 的报告中，有 70 篇已连续出版了 5 年

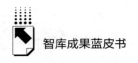

智库成果蓝皮书

表 12　皮书数据库影响力指数之报告使用量指标体系

一级指标	一级指标权重	二级指标	二级指标权重
使用量	0.6	月均使用量	—
使用深度	0.4	浏览次数	0.2
		在线阅读次数	0.3
		下载阅读次数	0.5

及以上。连续出版 25 年的老牌皮书《经济蓝皮书》共有 10 篇报告上榜，对关注当下经济领域的用户产生持续吸引力；也有同一主题的系列研究报告连续多年在榜。如《社会蓝皮书》中的《中国互联网舆论分析报告》，继 2018 年以第 67 位上榜后，2019 年、2020 年连续上榜，2021 年居第 29 位。这说明皮书连续出版形成的品牌效应能够有效增加用户黏性，可以促进用户养成固定阅读习惯，使其自发持续关注同一主题的系列研究报告。

②出版后 2 年均为皮书内容销售"黄金期"

100 篇入选报告中，11 篇来自 2021 年版皮书、55 篇来自 2020 年版皮书、27 篇来自 2019 年版皮书，占全部入选报告的 93%（见图 6），报告内容越新越受用户关注的特点一直未变。

但也需注意的是，结合 2018~2021 年连续 4 年皮书报告使用量 TOP100 榜单分析，出版不超过 2 年的皮书报告在榜率均超过 80%，可见出版后 2 年均为皮书内容销售"黄金期"，作者方、出版方可以持续推广，进一步发掘皮书潜力。

（3）疫情下的中国发展成为新一轮关注焦点，社会民生话题连续多年霸榜，与"网"相关备受青睐

提取入选本年度皮书使用量 TOP100 的报告目录进行词频分析，获取用户偏好的内容主题，老年人、经济、健康、疫情、互联网（含网络）热度排名前 5（见图 7）。基于词频分析结果，结合入选报告内容，可见疫情下的中国发展、社会民生、互联网及其相关问题成为本年度的关注焦点。

2020 年的新冠肺炎疫情是对世界的一次大考，也是对中国的一次大考，正深刻影响着国内外经济、政治、外交、行业的方方面面。皮书作为关注当

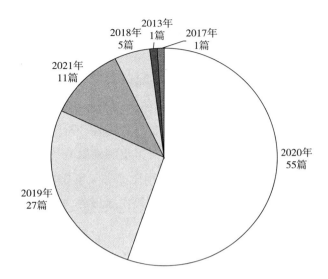

图6 使用量TOP100皮书报告出版时间分布

数据来源：皮书数据库。

图7 使用量TOP100皮书报告目录词频分布

图片来源：微词云制作。

下中国发展的重要智库成果，在研创上紧跟时代，探讨疫情背景下中国经济发展规划，中国农业、旅游业未来走向及社会公众心理变动的报告受到持续关注。这一方面是因为其主题充分迎合了疫情防控常态化后，用户希望获取更多未来发展动向及其权威解读的心理需求；另一方面也与营销推广力度不无关系。2020年4月以来，皮书数据持续向用户分享疫情下的中国发展主题资源、上线公共卫生及应急管理专题、报告作者分析解读视频，并联合高校在读书月进行主题知识检索大赛，带来了很好的引流效果。

社会民生主题历久弥新，持续吸引用户。本年度榜单中，就业、养老、慈善、康养、心理健康、社会保障、教育等主题报告占比达到39%。其中，2019年、2020年《就业蓝皮书》更是共有8篇上榜。

与互联网相关的新兴主题、传统话题备受关注。本年度榜单中，26%的上榜报告内容立足互联网时代这一大背景，除数字经济、互联网运用、新媒体等因"网"而生的主题报告外，政府政务、外贸等传统话题也进入了网络视角，电子政务、跨境电商等主题报告受到用户青睐。

（4）政策梳理及政策解读类报告表现突出

本年度共有8篇政策梳理及政策解读类报告上榜，其中，2篇以梳理新兴行业政策为主要内容的报告更是名列前20。这一方面说明政策导向是当下智库研究生产与消费的共性特征；另一方面说明皮书数据库用户在使用智库成果时，不仅需要分析解读的观点与结论，对政策文本原文或文本索引，尤其是新兴领域的原文或索引也有着旺盛需求，建议皮书研创者补充支持研究结论的基础数据或材料的举措得到了用户的积极反馈。

（5）用数据说话的报告引人关注

皮书使用量TOP100中，通过收集、分析大量数据得出研究结论、进行预测研判的报告有79篇，较2020年增加5篇。其中，主要使用一手调研数据的报告19篇，平均排名37名；主要使用国家统计局、地方统计公报等官方数据的报告30篇，平均排名56名；主要使用国外数据的报告6篇，平均排名45名；剩余报告则多使用企业报送数据、转引其他学者数据等。

上述数据说明，生产端与消费端均十分认可成果中的数据及其分析。用数据说话是皮书的本质特征，也是皮书的核心竞争力所在，而使用一手调研数据得出研究结论可以使皮书报告更上一层楼。

三 皮书研创优化及影响力提升建议

根据本年度皮书数据库运营数据中反映出的用户特征、需求、使用偏好，结合日常运营和用户调研工作中收到的用户反馈意见，就如何进一步做好皮书研创出版工作，提升皮书品牌影响力提出以下几点建议。

（一）强化用户思维，回应用户关切

数字时代，碎片化阅读方式渐成主流，能完整阅读一本皮书的用户越来越少。皮书研创时，就需要考虑到总报告、分报告、专题报告各自的核心受众是谁，他们关注什么，从而有针对性地进行写作和推广，提升智库成果的转化率。

目前，皮书数据库已经能为皮书研创者提供初步用户画像。从 2020~2021 年皮书数据库的运营数据看，经济社会发展中的新问题、新现象、新趋势是大家关注的焦点，一方面，需要加强对前沿热点选题的关注；另一方面，要根据目标用户去确定从宏观、中观还是微观角度去分析解读，避免泛泛而谈。党政系统用户对政策解读、实践路径等内容关注度极高，如社会政法类的皮书，可进一步强化政策阐释和对策研究。新兴行业的从业者对行业相关政策十分关注，这类皮书可考虑将研究过程中的政策梳理等有用的基础资料，作为附件呈现给用户。

（二）强化数据意识，提升数据权威性、连续性和原创性

智库研究成果的可信可靠可用，建立在对实际情况的准确掌握和精准专业的分析之上。客观翔实的数据是必不可少的部分。互联网、大数据技术的发展，极大提升了数据获取整理的范围和效率，量化研究成果日益增多，用户端对数据关注也达到了前所未有的程度。

近年来，皮书数据库中的数据型报告越来越受到用户青睐，直接阅读数

据图表的用户不断增多，越来越多的用户根据报告中某一个数据图表来询问查找其背后更多的原始数据和素材。从用户使用情况和反馈来看，数据来源权威性、数据年度连续性、是否一手数据、有无原创性数据分析指标体系，是其关注的主要方面。但数据图表的使用量高度聚集于少量皮书的现实，从一个侧面反映出不同皮书中的数据质量参差不齐。

用数据说话是皮书的重要特征。皮书在以数据支撑观点和结论方面已受到广大用户的认可。但面对用户碎片化阅读数据图表的新习惯、对连续性数据和一手数据的强烈需求，还需要在数据上下功夫。具体来说：一是要注重研究领域统计数据整体框架的构建，降低数据不可持续的风险；二是以自采、自建数据采集平台等方式持续积累一手数据；三是若使用统计局等公开来源数据，一定要构建原创性数据分析指标体系。

（三）强化平台意识，丰富内容呈现形式和营销方式

互联网时代，知识的无处不在、无所不及、无人不用给传播方式带来深刻影响。单一形态的线下产品的用户触达率变得十分有限。

随着数字技术的发展，皮书系列的成果呈现方式已经突破了纸质书这一单一载体的限制，"一书一平台"在技术实现上也已成为可能。而平台影响力的打造需要多方共同参与，在研创方面，需要更具"发散性"思维，思考在每一个知识点上用户还关注什么，有哪些有价值的基础资料可以提供。在出版方面，需要在产品形态上有更多创新，如通过"一书一码"与数据库建立连接，将更多延伸内容呈现给用户，实现内容价值的最大化。在营销方面，要更加注重内容营销，将专家观点、关键数据等，以专家访谈短视频、可视化图解等用户更青睐的方式进行推广。

四　皮书数字化的发展趋势分析

（一）发展环境分析

在政策指导方面，"高质量发展"与"融合发展"是重要发展方向，更

加强调数字出版产品的价值导向引领和内容质量，加强数字出版业务创新布局。在用户市场方面，疫情带来的不确定性引爆线上知识付费潜力，市场红利充分释放。对研创团队而言，向上关注成果转化的同时，向下关注影响力提升已逐渐成为做好智库研究的必为之事。在技术端，大数据、5G、区块链等先进技术进入成熟应用阶段，数字出版对新技术的把控力将会明显提高。出版机构由内容商向服务商转型的程度进一步加深。

（二）皮书数字化未来发展方向

未来，数字化将继续立足内容本质，大力整合、深度开发分析解读当下中国发展变迁的优质智库研究成果，扩大内容规模及提升质量；加快新技术运用，推进数据能力建设，面向皮书研创、教学科研、智库成果评价等多场景提供精准知识服务；与更多智库机构、官方媒体深入合作，积极发展"走出去"业务，充分发挥平台效应，延伸数字时代皮书品牌社会影响力的深度与广度。

1. 全面整合优质内容资源，深度开发资源价值

经过十余年的发展，数字出版已经进入高质量发展阶段。皮书数据库将继续坚持精品导向，聚焦中国发展面临的重大理论和实践问题，整合优质智库报告、学术成果、调查数据、研究素材等内容资源。不断推动内容生产向实时生产、数据化生产、用户参与生产转变：一方面，基于皮书报告系列化运营专家访谈、数据可视化报告等多种形式的深度开发内容；另一方面，紧扣学术研究领域"作者即用户"的特点，打通用户体系和作者认证体系，激励用户生产内容，延伸内容生产链条。

2. 深入用户使用场景，提供精准知识服务

皮书数据库将继续深化技术运用，以数据中台和用户体系建设为重点，持续提升用户画像的清晰度。围绕用户使用场景和需求，不断拓展和创新学术服务模式。打造编辑、作者、用户在线连接协同，基于数字产品和服务的数字化生态圈。

面向皮书研创者，提供研创基础资料、研创成果发布运营、成果使用数

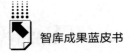

据、使用用户画像等多方位服务。面向不同细分学科和领域的研究者，提供论文选题和写作指导、主题资源整合等定制服务。面向党政系统用户，坚持问题导向，紧扣党和国家决策需求，以一问一答等形式全面聚合、精准呈现智库观点，提供精细化服务。面向机构的学科建设，提供学术科研服务平台、智库成果评价等解决方案服务。

3. 充分发挥平台效能，纵深延展影响力

皮书数据库已成为了解当下中国发展变迁和当今中国智库研究成果聚合的重要平台，也是讲好中国故事发出中国声音的重要窗口。皮书数据库已经聚集了 6.3 万名专家学者，超过 1500 家机构用户、20 余万名个人用户。未来，将以优质内容和专业化的内容运营能力，吸引更多专家学者和智库机构加入，提升内容影响力。构建皮书学术共同体，提升学术影响力。打造立体化营销网络，积极与具有行业领军地位的媒体开展营销合作，拓展用户群体；打通图书、数据库、电子书等不同业务形态的用户群体，利用社群营销等新兴营销方式，增强用户黏性，提升市场影响力。进一步加大海外市场营销推广力度，通过参与国际书展、美国亚洲学术年会等主题会展，提升国际影响力。

参考文献

刘超：《数字化与主体性：数字时代的知识生产》，《探索与争鸣》2021 年第 3 期。

张映春：《数字时代编辑出版的数字化转型》，《传媒论坛》2019 年第 24 期。

张建春：《大力实施数字化战略推动出版强国建设》，《出版发行研究》2021 年第 3 期。

谢曙光：《数据、流量与皮书研创出版》，《皮书与智库共同体建设》，社会科学文献出版社，2020。

王飚、毛文思：《"十四五"数字出版纵深推进的关键"四招"》，《中国新闻出版广电报》2021 年 6 月 7 日，第 8 版。

B.13
皮书品牌传播力构建报告（2021）

张雯鑫*

摘　要： 2020年，由于新冠肺炎疫情影响，人群聚集受到限制，打乱了原有的皮书出版节奏和发布节奏，对皮书品牌的传统传播路径造成了冲击。因此，皮书品牌在传播力的构建上需要在传统基础上分别从内外两个维度对宣传和发行两个方面进行拓展，打造传播新体系，以适应当前传媒生态环境的变革以及不同类型皮书受众的需求。未来，皮书品牌还应通过提高传播的深度、广度与精准度，妥善管理皮书的"内部客户"和"外部客户"，不断增强智库成果的传播能力和水平，助力中国特色新型智库的话语权建设。

关键词： 传播体系　品牌　皮书

一　皮书品牌传播体系的构建

（一）疫情对皮书品牌传播的影响

2020年，一场新冠肺炎疫情作为突发的公共卫生事件，深刻地改变了全球政治、经济和人们的生活，在这样前所未有的复杂局势下，一方面，中国特色新型智库应发挥其影响力，以深厚的智力资源积累和多渠道传播平

＊ 张雯鑫，社会科学文献出版社学术传播中心副主任。

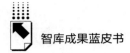

台，及时传播专家学者的思想与对策，为抗击疫情和促进经济社会发展提供有益的借鉴；另一方面，疫情也使中国图书出版业面临前所未有的突破和变局，出版业态和整体思维方式都出现了颠覆式的变革。面对这样的态势，如何能体现皮书作为智库成果在应对重大突发事件的责任与担当是需要我们思考的问题。

由于疫情的影响，人群聚集受到限制，打乱了原有的皮书出版节奏和发布节奏，不仅使传统的宣传手段无法发挥出应有的作用，皮书品牌"发声"受困，也让以实体书店和图书馆市场为代表的传统学术书发行渠道遭受到了巨大冲击。

因此，皮书品牌在传播路径上需要在传统基础上分别从内外两个维度对宣传和发行两个方面进行拓展，打造传播新体系，以适应当前媒体生态的变化以及不同类型皮书受众的需求，通过皮书观点的发布有效引导各行各业和学术研究领域，促进社会发展进步。

（二）传统的传播路径

当前，皮书已经成为一部分智库重要的形象品牌，皮书的传播效果对智库的话语权和议程设置具有重要作用。传统的皮书品牌传播路径可以分为以下三个类别。

1. 会议类

这一类别主要包括传统的皮书发布会和皮书年会等。皮书具有专业性强、特定读者范围较窄的特点，因此，疫情前在通过皮书发布会的形式进行宣传，主要由作者、出版社、媒体三方到现场共同完成。这类需要人群聚集的宣传活动在 2020 年受到疫情冲击最大，亟待对原有模式进行改进。

2. 自媒体类

在疫情的非常时期，自媒体已然成为隔离在家的人们获取和传播信息不可或缺的重要渠道，疫情加深了自媒体用户的沉浸式体验，微博、微信成为网络舆情传播的重要引擎。在疫情前，皮书品牌入驻的自媒体主要包括微信、微博等，在自媒体的布局上并不成体系。在疫情中，线上的宣传虽然也在内容上受到出版品种减少的影响，但也催生了新的传播路径，如运用微博进行直播及组织微信读者群等。

3. 宣传资料类

皮书的宣传资料主要包括纸质的书目、笔记本、各种纪念品、宣传片等。2020年这类需要发给个人的实物宣传资料也受到了疫情对人员活动限制的影响，消耗量较往年有所下降。但宣传片在人员不能外出参与发布活动的情况下，需求量增加，填补了出版社人员不能到达皮书发布现场的缺憾。

（三）新传播体系的构建

面对新冠肺炎疫情对传统传播路径的影响，为了让皮书品牌始终保持高质量的传播水平，必须加快构建皮书品牌传播新体系，从传播路径看，要提高外部路径的传播质量，加强内部传播路径的建设，从而打造受众广泛、立体化的皮书品牌传播新格局。

1. 适应传媒生态环境变革

疫情对传统皮书品牌传播路径的冲击，不仅是对皮书品牌传播体系稳定性的一次考验，也加快了皮书品牌传播体系的自我更新速度。移动互联网技术的发展和新媒体的勃兴，改变了中国传媒的生态环境，也重构了信息传播与接受的方式。皮书品牌传播在新的传媒生态下必须进行适应性变革与调整，以便更好地助力智库发挥在重大突发公共卫生事件中的"智力支持"的作用。

2. 掌握传播主动权

智库成果要掌握传播的主动权，不仅要在舆论引导的新格局中抢得先机，还要在多元化的传播格局中引领舆论，既要巩固传统，又要培养新锐。一方面，要在传统路径（如广电主流媒体、实体店、图书馆等主流发行渠道）的基础上，通过创新的办法，发挥比较优势，提高传播效力；另一方面，应从结构上实现从过去以渠道主导，配合渠道组织素材的传播结构，向自主发布、信息分享的方向发展变迁。在新形势下，要深度挖掘皮书资源，善用传播组合拳，使皮书品牌传播更富时代感、生动性和实效性。

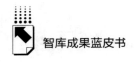
二 皮书品牌的外部传播路径

（一）皮书发布会

1. 定位及作用

影响力是智库的生命线，疫情之下，智库更应主动发挥社会服务、资政建言、舆情引导等重要作用。皮书发布会作为智库成果出版后对外发布的一种重要形式，同时也是目前皮书品牌传播中最重要的一种宣传手段，撑起了皮书对外宣传的主要作用。发布会通过邀请媒体对专家的解读和皮书中的观点进行报道，向公众释放智库观点和新书信息。

目前，皮书发布会由研创单位主导、出版社参与统筹规划，主要面向三类群体：①业内群体，包括业内专家和从业者群体，通过发布会的形式聚集专业领域相关人士，打造皮书在该领域内的影响力；②媒体，经过长期持续不断地召开各类皮书发布会，让媒体在报道的过程中逐步认可皮书品牌，提高报道意愿、报道质量和报道效果；③读者群体，通过大众媒体的报道，无论是该皮书所涉及领域的读者还是大众读者都可以接收到智库观点和新书信息，不断建立其对皮书品牌的专业化印象。

2. 现状分析

（1）传统传播路径的波动和饱和

2020年初的新冠肺炎疫情，使皮书线下发布会的召开受到极大影响，从图1可以看出，在疫情最为严重的2～3月，皮书传统线下发布会完全处于停滞状态，仅有一场通过视频方式配合主流媒体进行了发布。在此期间，出版社开始与皮书研创者积极沟通，介绍发布会外的各种宣传手段，让皮书在疫情的关键时期不"失声"。

2020年4月，随着疫情的好转，皮书发布会活动开始缓慢复苏，但直到接近2020年底，传统发布会模式才得以完全恢复。但相较于正常的年份，如2019年除2月（春节假期）及12月（临近年终）出现了发布会场次的极小值和极大值，其余月份的发布会频率较为平均，均在 10 ~ 20 场（见图 1）。而疫情导致了 2020 年初发布会出现"真空期"，在发布会较多的月份，比如 2020 年 12 月，皮书的发布活动达到了前所未有的峰值，共 43 场（见图 1）。这在场次上虽然是对上半年皮书发布会"真空"的一种补偿，但是在实际效果上，如图 3 所示，从媒体报道的数量上看，2020 年媒体报道的高峰在 9 月，也就是全面"解禁"后，积蓄已久的发布需求开始释放，形成了媒体报道的高潮，但到了 12 月，虽然发布场次进一步增加，媒体报道并未同步增长，众多的皮书在同一时间、相似的媒体赛道上相继发力，导致传统赛道过于拥挤，大家都不能发挥出更好的水平。

进入 2021 年，从前 5 个月的发布会情况来看，由于年初短暂的疫情防控与春节时间一致，因而对后续的发布活动并未造成实质影响，皮书发布会的场次虽然较正常年份稍低，但发布节奏基本已经恢复到往年的正常水平。

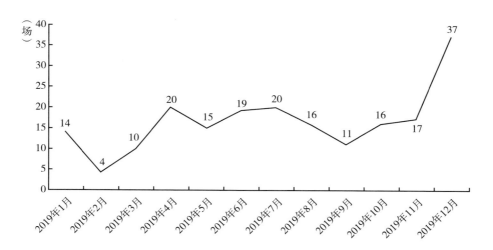

图1 2019 年皮书发布会场次

（2）应对方法

面对疫情造成的皮书发布会"真空期"，出版社在传统的线下发布会中加入了直播元素，通过微博、淘宝、B 站等平台面向大众读者进行直播，并且将现场录制的视频进行剪辑，在自媒体平台进行二次传播，一是可以充分

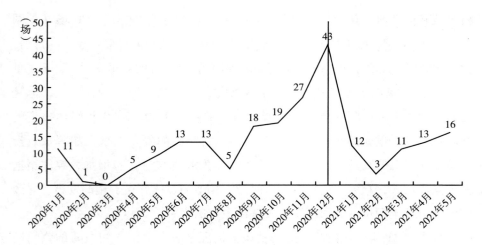

图2　2020年1月至2021年5月皮书发布会场次

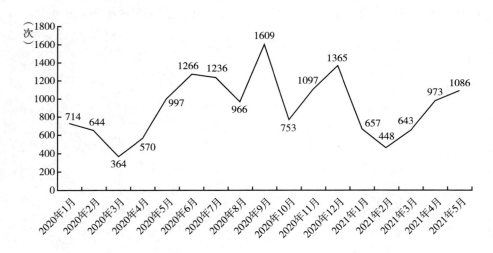

图3　2020年1月至2021年5月皮书媒体报道数量

数据来源：迅库。

利用发布会资源，拓展发布渠道；二是可以在时间上延长发布效果。

　　此外，经过2020年皮书发布会形式的变革，一些皮书研创单位在2021年没有疫情的情况下仍然选择通过线上或视频的方式进行发布，可见虽然发布的形式有所变化但是发布的效果并没有减弱，线上发布的形式不仅经受住了疫情的考验，而且在疫情结束后也对传统线下发布产生了替代效应。

（二）发行渠道

1. 电商平台

在过去10年，电商平台迅速崛起并成为经济发展的重要动力和引擎，同时也深刻改变并引领着人们的消费需求，新冠肺炎疫情冲击下，"少接触、少出门"成为控制疫情传播最有效的方法，催生了对各行各业"非接触"业务模式需求。对于出版行业来说，疫情再次放大了实体书店的困境，而电商平台的重要性却进一步凸显了。

如表1所示，2020年受疫情冲击，皮书总发行册数较2018年和2019年大幅减少，其中，总发行册数较2019年下降了24%。但是同时我们也可以看到，2018～2020年电商客户在所有客户中的皮书发行册数及码洋占比均在持续提升，其中，码洋占比的数据始终低于册数占比，这说明通过电商客户发行的皮书更倾向于价格较低的品种。

表1 2018～2020年电商客户发货分析

单位：册，%

年度	项目	电商客户发行量	总发行量	占比
2018	册数	64645	357781	18.07
	码洋	6326471	36330474	17.41
2019	册数	66147	327378	20.21
	码洋	7847287	39948468	19.64
2020	册数	57679	248510	23.21
	码洋	7695369	34319806	22.42

注：数据统计截止时间为2021年4月23日。

2. 图书馆

2020年，不少高校图书馆在新冠肺炎疫情期间开学不返校的情况下，对纸质图书的采购需求大幅减少，转而以电子图书服务满足全校师生阅读需求。如表 2 所示，2020 年馆配品种数虽和出版品种数相比没有太大差别，但馆配册数和码洋均下滑约 50%，特别是地方类等过去主要以图书馆为销售渠道的皮书，在这次疫情中的整体销售量受到较大冲击。

表 2　2018～2020 年出版皮书馆配情况

出版年份	出版品种数（种）	馆配品种数（种）	馆配册数（册）	馆配码洋（万元）
2018	436	434	31906	328.2
2019	407	406	21894	290.3
2020	441	430	10530	154.7

数据来源：湖北三新卷藏数据。

如表 3 所示，2020 年出版皮书在图书馆中占出版社全部图书发行总量的份额，在所监测的 29 个省份中，北京位居第一。但将 2020 年数据与前两年数据对比可以发现，在 2020 年排名前 10 的省份中有 9 个份额均高于 2018年和 2019 年。结合表 2 可以推断，虽然皮书在图书馆的渠道的发货量大幅下滑，但整体占比却有所提高，说明在疫情冲击下相对于其他图书品种，皮书在图书馆渠道的发行量相对更为稳定。

表 3　2018～2020 年出版皮书在各区域的排名情况

单位：%

皮书码洋份额排名	区域	2020 年码洋份额	2019 年码洋份额	2018 年码洋份额
1	北京市	42.29	30.39	21.52
2	重庆市	33.33	94.69	15.84
3	海南省	33.14	24.57	20.76
4	湖南省	24.33	13.11	14.99
5	贵州省	22.42	18.96	15.51
6	吉林省	19.26	11.94	14.51
7	广东省	18.52	12.87	14.40
8	黑龙江省	16.92	14.14	19.20
9	安徽省	16.46	14.84	13.06
10	浙江省	16.19	12.76	13.34

数据来源：湖北三新卷藏数据。

然而，我们还需要看到的是，2018～2020 年出版的皮书在图书馆的册数整体向小于 50 册这一区间移动，从 2019 年开始已经展现出这样的趋势，这对于皮书来说既是纸质书的危机，同时也是数据库的机遇（见表4）。

表4　2018～2020 年出版皮书在图书馆的册数区间

2018 年出版皮书册数区间

册数区间（册）	皮书品种数（种）	品种份额（%）	册数份额（%）	码洋份额（%）
$n < 50$	142	32.72	14.53	15.33
$50 \leqslant n < 100$	184	42.40	40.95	42.33
$n \geqslant 100$	108	24.88	44.52	42.34

2019 年出版皮书册数区间

册数区间（册）	皮书品种数（种）	品种份额（%）	册数份额（%）	码洋份额（%）
$n < 50$	208	51.23	29.39	30.01
$50 \leqslant n < 100$	164	40.39	51.76	52.48
$n \geqslant 100$	34	8.37	18.85	17.51

2020 年出版皮书册数区间

册数区间（册）	皮书品种数（种）	品种份额（%）	册数份额（%）	码洋份额（%）
$n < 50$	385	89.53	72.86	74.02
$50 \leqslant n < 100$	44	10.23	26.09	24.56
$n \geqslant 100$	1	0.23	1.05	1.42

数据来源：湖北三新卷藏数据。

三　皮书品牌的内生传播路径

（一）宣传渠道

　　中国特色新型智库在新时代应具有"有愿景、有声望、善传播"的特

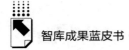
点，如何在自媒体时代做到"善传播"，是对皮书品牌传播灵活性、兼容性的考验。随着技术的愈加成熟，传播过程中形成的强大舆论效果使得公众更愿意通过自媒体平台畅达民意、表达诉求。皮书品牌的传播也应顺应这样的变化，积极利用自媒体平台对目标用户进行精准定位，制定更有竞争力的传播策略，以及时、快速、精准、互动，以点带面、全方位、多渠道的形式通过对皮书内涵的挖掘为读者带来新的认知。

1. 微信公众号

（1）定位及作用

皮书的官方微信"皮书说"自2013年底开始运营，建立之初的主要功能定位是对传统媒体渠道进行补充，增强皮书成果学术影响力，不仅突破了传统的报道形式，在图片、文字、音频、视频等多种内容形式上进行尝试，还拓展了与读者的互动。"皮书说"一度是皮书品牌自媒体矩阵中的顶梁柱，但是随着新的自媒体渠道不断涌现，大众的注意力被分散，微信公众号的影响力呈现下降趋势。

（2）现状

如前文所述，在2020年疫情最严重的2～3月，皮书发布会活动处于暂停阶段，但在此期间，皮书微信公众号结合疫情和皮书内容积极发文宣传，如图4所示，公众号文章的浏览量反而达到了17个月中的峰值，有效地填补了发布会"真空期"的皮书宣传。

（3）效果分析

"皮书说"公众号从开始运营到现在，粉丝量经历了初期的低速增长，微信红利期的快速增长，到现在维持稳定增长。从信息的传播效率上看，与其他专业垂直领域的公众号相比，皮书微信公众号的粉丝专业背景较为分散，一篇有深度的专业性皮书观点文章，很难在公众号粉丝中引起更大范围的"共鸣"，因此，如何把皮书中的内容以更为通俗易懂的形式呈现给大众读者，始终是公众号运营的重点和难点。经过几年的探索，目前公众号内容的发布形式经过不断测试和多轮筛选已经形成较为固定的模板，因而也面临着再次产生粉丝和浏览量跨越式增长较难的困境。

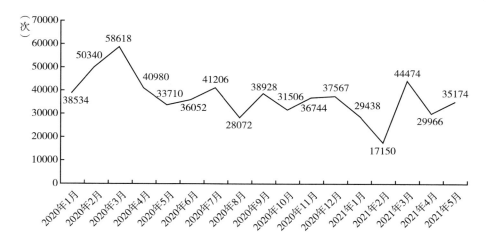

图 4　2020 年 1 月至 2021 年 5 月皮书微信公众号浏览量

2. 学习强国

（1）定位及作用

"学习强国"学习平台是由中共中央宣传部主管，立足全体党员、面向全社会的平台。学习平台的使用对象，对于皮书这类资政性智库报告来说是十分重要的，具有很强的精准性。因此，2020 年初社会科学文献出版社（简称"出版社"）主动与学习平台联系申请入驻，并成为全国第三家成功入驻的出版机构，开拓了皮书品牌传播新路径、新赛道。

（2）现状分析

出版社的"强国号"自 2020 年 6 月开始运营后，以皮书为核心内容对外发布出版社各类新书信息，皮书出版全品种均在学习平台用文字、视频等形式进行展示，每日发送文章不低于 5 篇，并接受学习平台质检及巡查，"强国号"的内容发送频次及质量在目前皮书辐射的自媒体矩阵中处于首位。本报告对以社会科学文献出版社名义发布的皮书内容进行流量统计，如图 5 所示，除"强国号"刚开始运营的两个月外，其他时间的浏览量波动走势基本与全年的发布情况保持一致，并在 2020 年底达到高潮，单月浏览量超过百万次，其中浏览量最多的一篇文章超过 68 万次。

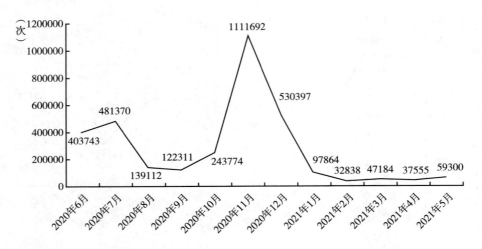

图5 皮书通过社会科学文献出版社"学习强国"平台发布浏览量

但是，自2021年以来，皮书在"强国号"整体的浏览量相较于2020年都处于低位，缺少流量爆款。未来，如何利用这一平台优势，对皮书产品更好地进行推广还需要进一步探索。

3. 微博

（1）定位及作用

新浪微博是我国最早的一批社交媒体平台之一，是一个基于用户关系，为用户提供创作、分享和发现各种"内容"的社交媒体平台，对于企业来说，微博是一个可以有效传播企业产品信息、与用户深度沟通的重要媒介。皮书微博2011年注册，2020年升级为企业认证微博，是直面皮书读者、强互动的一种宣传工具。但是在行业竞争日益激烈的条件下，受制于新兴短视频APP的冲击，新浪微博同其他社交平台一样，面临着用户增长难等困境。

（2）现状分析

皮书的微博虽然较早开始运营，但是传统的微博运营手段无论是以个人形象还是以企业形象都始终无法有效破解当前皮书"有读者而少粉丝"的困境。虽然也跟随皮书发布会的节奏发布新书观点内容，同时组织赠书等粉丝活动，但"吸粉"效果明显不如微信公众号。2020年，皮书微博开通直播功能，共设计了三种类型的直播。

第一种是以皮书发布会为核心进行直播，并在发布会前后邀请皮书作者通过平台与读者互动，直播时间随发布时间而定，一般在工作时间。

第二种是以皮书编辑为核心，开设"皮书编辑部的故事"专题直播，让皮书编辑直接面向读者推荐图书。根据淘宝电商平台后台所展示的数据，中午是读者购买皮书的高峰，因而安排在中午时段进行直播。

第三种是以皮书主编的讲座沙龙为核心，深度解读皮书中的内容，一般选在周末或者工作日的晚间直播。如图6所示，在2020年开始进行的直播活动中，接近60%的直播浏览量为1000～5000次，仅有2场浏览量超过5000次，分别为讲座直播和发布会直播，可见是否在工作日直播并不是决定浏览量的主要影响因素。而以皮书编辑为核心的直播，可能缺少明确的直播主题和有深度的直播内容，未能吸引到更多读者。

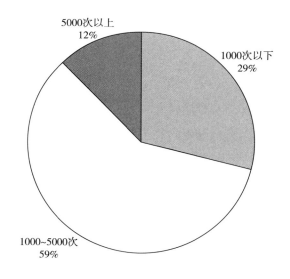

图6　微博直播浏览量分布

4. 视频平台

（1）定位及作用

随着视频 APP 的日渐走红，2020 年皮书品牌的传播工作也开始拓展这

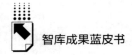

一领域。根据皮书的特性，在传播路径上并没有选择热门的抖音、快手这类内容碎片化的短视频平台，而是选择了 B 站和央视频这样可以播放中长视频的平台，这样可以更加充分地解读皮书中的内容，进而降低知识理解的门槛，提升学术传播效率。

央视频是主流媒体在新的时代潮流下做出的尝试与改变，是央广总台倾力打造的 5G 新媒体旗舰平台，但一部分功能如直播等并未向普通用户开放，数据不具有代表性，因此，本报告以 B 站为例进行分析。

B 站作为国内最大的青年潮流文化集散区，具有精准的目标受众定位和特有的社群文化经营模式，并且成功完成了由小众平台向主流文化平台的转型。皮书的类型多种多样，其中有一部分皮书如《新媒体蓝皮书》《青年蓝皮书》等受众较为年轻化，与其他类型皮书的读者群有着明显的区别。为了更好地渗透这部分读者群，2020 年初，皮书在 B 站注册了账号，以扩大皮书品牌传播的受众群体，使传播路径更加直接地触及青年群体，更好地适应互联网时代对知识传播的新要求。

（2）现状分析

皮书 B 站注册以来，一是上传皮书视频，二是进行皮书发布会的直播。如图 7 所示，B 站视频观众的男性比例为 74%，明显高于微信公众号的男性粉丝比例（54.48%），根据 2020 年《智库成果蓝皮书》通过皮书专营店对于购买者性别的分析，男性是皮书的主要购买者，B 站的观众性别构成与这一结论更为契合。

如图 8 所示，虽然皮书微信公众号和 B 站在年龄的划分上有所不同，但是大致区间所占的比例是近似的。在自媒体渠道皮书信息主要的浏览对象年龄分布在 25～40 岁。

Z 世代（1995～2009 年出生的人）不同于以往的个性特征，对其套用传统的"内容为王"和"媒介为王"的理论都已显滞后，"粉丝为王"的理念将成为未来的主流，而这恰恰是目前皮书品牌在传播力构建上的短板，同时也是未来需要突破的重点。因此，在未来 B 站等面向青年群体的自媒体运营过程中，注重构建文化环境成为"吸粉"关键，必须要强调对用户的重视和培养，从而为用户带来良好的使用体验以及身份认同感。

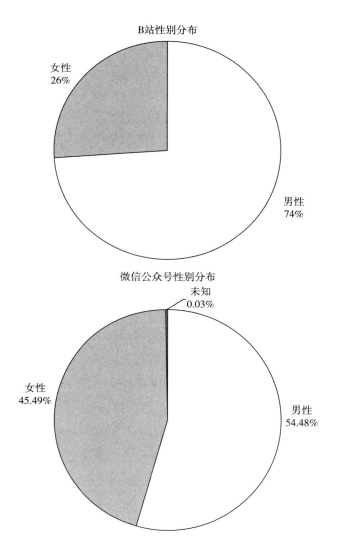

图 7　皮书微信公众号粉丝与 B 站视频观众性别对比

5. 微信读者群

（1）定位及作用

在社交软件发达的今天，微信在众多社交聊天工具中脱颖而出，已经成为人们日常交流的主要方式之一。皮书微信群为出版社与皮书作者、读者架

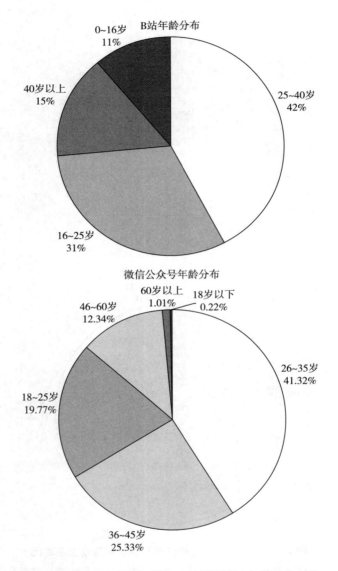

图8 皮书微信公众号粉丝与B站视频观众年龄分布对比

起了交流新桥梁,实现了信息共享与情感交流,但是微信群如果用得好,与群成员的互动将会事半功倍,如果不能妥善管理,微信群中的负面信息也会更加直接地影响皮书研创与阅读的核心群体。

（2）现状

针对皮书"有读者而少粉丝"的现状，通过皮书年会以及微信公众号和微博引流，目前建立了多个"皮书群"，本报告主要分析皮书读者微信群。

皮书读者在入群前会登记感兴趣的皮书类别，按照皮书目前划分的六大类别——经济、社会、国际关系、行业、文化传媒、地方发展，仅以读者第一兴趣进行统计，如图9所示，社会类是微信群中皮书读者最集中的类别，占27%，但是与经济类（23%）、行业类（25%）差别不大。

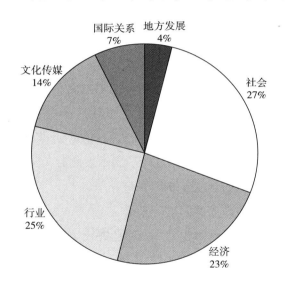

图9　微信群中皮书读者按第一兴趣划分比例

目前，皮书微信群无论是作者群还是读者群，群中的气氛并不活跃，这仍然与群成员兴趣点多样，同一内容无法引发大多数的群成员关注有关。即使是相对划分在同一个类别中的读者，如行业类，但实际上彼此之间的需求和关注点也是千差万别。未来，在皮书读者群达到一定规模的基础上，将逐步尝试按兴趣类型进行划分，通过主题活动"吸粉"，发动更多有学科背景的皮书编辑担任"群主"，提高群内的活跃度。此外，还可以与学科类读者微信群结合，吸引更多学科专业读者关注皮书。

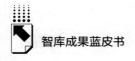

（二）发行渠道（直播带货）

1. 定位及作用

受新冠肺炎疫情人员活动限制的影响，消费者加大了对视频的观看时间，从而提高了直播带货的转化率，各电商平台均有大量出版业开展直播带货的活动，直播成为出版业营销的新模式。

2. 现状

以出版社官方天猫店及淘宝店的直播为例，不同于其他直播平台，通过淘宝及天猫店铺平台开展直播活动，更倾向于直接面对读者推荐图书并产生销售。皮书品牌在这类平台开展了两种类型的直播。

（1）皮书专场直播

这种形式又包括以出版社为主导的直播和以发布会为主导的直播两类。2020年7月，出版社的天猫电商直播平台上线后，皮书进行了首次专场直播"皮书博物馆奇妙夜"，时间选择在工作日的晚上，以皮书博物馆为背景由皮书编辑对品牌、产品和衍生品进行了展示。此后，又在出版社淘宝电商直播平台对多场皮书发布会进行了同步直播。

（2）皮书搭载其他新书共同进行直播

这种直播形式也包括两种类型，一种是搭载学科图书的专场直播展示相关领域的皮书，如社会学或经济类图书，让皮书在专业领域的读者面前曝光。另一种是搭载出版社全品类新书推荐栏目，这是经过前期探索过集中直播形式后皮书品牌最常用的直播露出形式。可以利用全品类图书直播的流量红利，加大皮书品牌的曝光度。2020年9月，在全国皮书年会开幕前夜作为"热场"环节，举办了一场"皮书特别场"直播。直播以皮书产品为核心，出版社全品种新书为基础，三位参加皮书年会的主编现场参与了直播活动，为自己主编的皮书"代言"并与读者进行互动，近4000位读者观看了直播活动。

3. 效果分析

虽然皮书自2020年中开始尝试了多种形式的带货直播，但从销量上看，除了皮书年会的"皮书特别场"直播外，其他场次的直播都未达到理想的销售数据。有研究认为，喜欢观看电商直播的用户具有追求新奇、追求性价比、追求主播的特点，其中价格优惠性对购买意愿的积极影响最大，感知趣味性次之，感知风险和信任对购买意愿的影响效果较弱。而从皮书个人读者之前的电商平台消费数据来看，并不是价格敏感型的消费者，同时，皮书也并不是提供新奇感知和趣味性的产品。

从行业趋势来看，中国电商市场在经历了 20 年深度发展之后，正朝着由刚需消费为主的货架电商向内容电商（内容驱动，以直播为典范）过渡。同时疫情之后，电商也在皮书的发行中占据更为重要的地位。因此，电商带货直播或许目前不是皮书品牌最适合的推广渠道，却是不能忽视也不能放弃的渠道。在新旧交替的市场环境下，出版这一传统行业也需要适应时代的发展。

四　问题与展望

皮书一方面具有图书的属性，另一方面也是一种智库成果，是智库的"发声"工具。2020 年，身处转型期的图书出版业在新冠肺炎疫情中遭受了巨大冲击。在这样的不利条件下，皮书品牌传播更需逆势而上，主动顺应传播生态变革，通过提高传播的深度、广度与精准度，妥善管理皮书的"内部客户"和"外部客户"，助力中国特色新型智库打造决策影响力、学术影响力、社会影响力。

（一）深度、广度与精准度

1. 深度

加强皮书品牌传播的深度包含三重内涵：一是加强传播路径融合的深度，传统路径和新路径要找到结合点进行深度融合，而不是各自独立发展；二是现有的传播路径向纵深处发展，将工作深入下去；三是可供传播的皮书资源向深处挖掘，为皮书品牌的多维度传播提供充足的"弹药"。

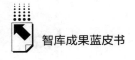
2. 广度

提高皮书品牌传播的广度，首先，要注重传播生态的变化，开拓新的传播路径，使之覆盖更广泛的人群。其次，打造更优质的内容产品，提高转发率和浏览量。最后，更广泛地发动研创者和皮书编辑的力量，将研究、编辑、传播三者更好地融合起来。

3. 精准度

随着图书市场的快速发展，读者的购买行为更加多元化，在此情况下，皮书的传播已经不再是单纯的产品和品牌的推广，未来还需要利用大数据等新技术对读者的行为进行分析，为传播体系的构建提供科学依据，并在此基础上创新传统传播体系，精准投放适合的皮书内容产品，提高大众对皮书品牌的认知。

（二）内部客户与外部客户

每一个企业都有内部客户和外部客户，所谓内部客户是指企业的任何一个员工。每位员工或者员工群体都构成了对外部客户供给循环的一部分。企业可以通过提升内部客户的满意度，提升员工的工作热情，获得企业外部客户的满意。而外部客户是指组织外买受产品或接受服务的对象，他们是效益的保证。

对于皮书品牌这一智库平台来说，可以把皮书研创者和皮书编辑共同看作"内部客户"，将读者、媒体以及销售关键节点人物等看作"外部客户"，在皮书品牌传播力的构建中"内部客户"和"外部客户"具有同等重要的地位，在目前的传播体系下，加强对于皮书"内部客户"和"外部客户"的管理，可使其在皮书品牌传播的各环节中发挥更大的作用。

1. 内部客户

（1）皮书研创者

皮书研创者是皮书品牌传播中最重要的一极，应激发研创者的传播热情，使皮书品牌的传播工作达到事半功倍的效果。许多皮书研创者都在这方面做出了积极的探索，在传播路径上除了传统的召开发布会通过主流媒体发布皮书观点外，也在本领域内其他会议上进行宣传，将皮书与日常的实际调研工作深度结合，使皮书影响力与研创单位的业内影响力相互促进，同时创建期刊，组建业内媒体群，搭建自媒体渠道，如微信公众号、微博等，打通"发声"渠道。

（2）皮书编辑

目前，皮书编辑在学科方面的优势主要停留在编校上，在传播上可发挥的空间还很大，可以在激励机制上有更多倾斜。编辑是皮书的第一读者，其观察视角和对内容的理解都可以以编辑特有的身份和方式表达出来，在皮书品牌传播架构中发出独特的声音，吸引对这方面内容感兴趣的读者。

2. 外部客户

（1）读者

这里的读者既是皮书的阅读者，也可以是更广泛地通过各种渠道获取到皮书内容的受众。未来，皮书品牌在内容传播的过程中应将受众需求以及时代特点作为切入点，增强内容和渠道上的适配性，将每一个受众作为一个传播的"中点"而不是"终点"，激发其主动再次传播的意愿。

（2）媒体

皮书内容在主流媒体的传播中，通常以时政新闻的形式出现，要提高时政新闻的传播效果就需要对传统的新闻报道形式进行优化和完善，丰富时政新闻的传播内容，这就要求在向媒体提供稿件时，内容和结构都要进行优化，使语言更加简洁，突出中心思想，主题更加明确，使被报道的内容可以进一步跟上时代发展步伐，从而增强其传播力和引导力。

（3）销售关键节点人物

销售关键节点人物是皮书通过发行环节实现传播效果的重要一环。当前，很多发行渠道都开始加大对自身的宣传，建立了自己的传播渠道，因此我们需要帮助销售关键节点人物认识皮书品牌的价值，从而促使其将掌握的发行与传播渠道资源与皮书主题更好地匹配。

在疫情防控常态化时代，我们应总结和继承面对疫情冲击给皮书品牌发展带来的宝贵经验，2020 年在传统传播路径受阻的情况下，反而催生了更

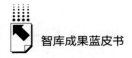

多可能。未来，首先我们应通过不断对皮书品牌传播力期望达到的状态与效果做好目标评价，积极适应当前传媒生态发展态势。同时，要始终求新、求变、求突破，紧紧跟上新时代的步伐，抓住时代发展特点，从内容力和渠道力两方面提高皮书品牌的传播力，更好地满足新时代的需要，为皮书品牌的长久发展服务，不断增强智库成果的传播能力和水平，从而助力中国特色新型智库的话语权建设。

参考文献

宋博：《自媒体时代记者角色的重构》，《传媒论坛》2021 年第 4 期。

刘庆哲：《融媒体环境下广电记者的转型和能力提升》，《传媒论坛》2021 年第 4 期。

吴雨桐：《基于消费者行为的营销服务体系构建》，《商业经济研究》2021 年第 12 期。

原业伟：《图书电商营销新模式》，《光彩》2021 年第 6 期。

董方：《电商直播平台消费者购买意愿影响因素研究》，北京邮电大学硕士学位论文，2020。

张梦晨、武音璇：《论中国特色新型智库的国际影响力：历史、现状与未来》，《智库理论与实践》2021 年第 6 期。

杨帅、仪秀琴：《互联网上市企业财务绩效评价——以新浪微博为例》，《中外企业家》2020 年第 19 期。

张帆、杨柳春、岳凌生、文彦杰、张勇、王东方、金杭川、武一男：《推动媒体融合纵深发展践行智库期刊使命担当——以〈中国科学院院刊〉开办"智库战'疫'"栏目为例》，《中国科技期刊研究》2020 年第 6 期。

陶韶菁：《新媒体环境下马克思主义党报传播研究》，华南理工大学博士学位论文，2014。

王红君：《如何提高新媒体下时政新闻的传播力与引导力》，《新闻文化建设》2021 年第 4 期。

附　　录

Appendix

B.14
皮书报告使用量TOP100

江　山[*]

一　数据说明

1. 统计范围：2021年4月30日之前被皮书数据库收录的皮书报告。

2. 统计周期：2020年5月1日至2021年4月30日。

3. 资料来源：皮书数据库后台统计分析系统。

4. 指标说明：使用量排名由使用量和使用深度按0.6和0.4的权重计算所得。使用量为用户在皮书数据库中浏览、在线阅读、下载阅读报告的次数之和。月均使用量＝使用量/入库累计月份。使用深度由浏览次数、在线阅读次数、下载阅读次数构成，按0.2、0.3、0.5的权重计算所得。详细指标体系见《皮书数字化发展报告（2021）》。

---

* 江山，社会科学文献出版社数字出版分社数字编辑，研究方向为数字出版、编辑出版。

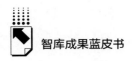

二 皮书报告使用量 TOP100

皮书报告使用量 TOP100 见附表 1。

附表1 皮书报告使用量 TOP100

排名	报告名称	作者	丛书名称,出版年份
1	国家新能源汽车政策出台情况(2019 年 1 月至 2020 年 6 月)	中国汽车技术研究中心、日产(中国)投资有限公司、东风汽车有限公司	新能源汽车蓝皮书,2020
2	2021 年中国经济形势分析与预测	中国社会科学院宏观经济研究中心课题组	经济蓝皮书,2021
3	本科毕业生就业发展趋势与成效	麦克思研究院	就业蓝皮书,2020
4	本科生毕业去向分析	麦克思研究院	就业蓝皮书,2020
5	中国股票市场回顾与 2021 年展望	李世奇、朱平芳	经济蓝皮书,2021
6	中国体育产业发展总报告	黄海燕、徐开娟	体育蓝皮书,2019
7	2020 年国民心理健康状况调查报告:现状、趋势与服务需求	陈祉妍、郭菲	心理健康蓝皮书,2021
8	2019 年中国网络社会舆情分析报告	刘鹏飞、曲晓程、唐钊	互联网治理蓝皮书,2019
9	中国企业社会责任发展报告(2019)	张蒽、董德尚、任姣姣	企业社会责任蓝皮书,2019
10	2019~2020 年中国传媒产业发展报告	崔保国	传媒蓝皮书,2020
11	国民心理健康状况调查	郭菲、黄峥、陈祉妍	心理健康蓝皮书,2019
12	中国对外文化贸易发展报告(2019)	李小牧	文化贸易蓝皮书,2020
13	中国企业社会责任发展报告(2020)	张蒽、任姣姣、陆烨	企业社会责任蓝皮书,2020
14	中国对外文化贸易发展报告(2020)	李嘉珊、刘霞	文化贸易蓝皮书,2020
15	"5G+":中国新媒体发展的新起点	唐绪军、黄楚新、王丹	新媒体蓝皮书,2020
16	乡村振兴背景下构建河北省农村现代能源体系的建议	耿卫新、刘钊	河北蓝皮书,2020
17	本科毕业生就业结构分析	麦克思研究院	就业蓝皮书,2020
18	本科毕业生收入分析	麦克思研究院	就业蓝皮书,2020
19	地方新能源汽车政策出台情况(2019 年 1 月至 2020 年 5 月)	中国汽车技术研究中心、日产(中国)投资有限公司、东风汽车有限公司	新能源汽车蓝皮书,2020

排名	报告名称	作者	丛书名称,出版年份
20	中国老年人生活质量发展报告	李晶	老龄蓝皮书,2019
21	未成年人互联网运用现状	孙萍、李蓟昭	青少年蓝皮书,2020
22	2019~2020年中国旅游发展分析与展望	中国社会科学院旅游研究中心	旅游绿皮书,2020
23	2021年中国宏观经济形势研判与政策建议	陈昌盛、李承健	经济蓝皮书,2021
24	中国经济展望:"双循环"与宏观资源配置体制改革	张平	经济蓝皮书,2021
25	2021年中国经济展望和政策建议	祝宝良	经济蓝皮书,2021
26	中国数字经济发展报告(2019)	胡雯	数字经济蓝皮书,2019
27	2019年新媒体产业发展报告	郭全中	新媒体蓝皮书,2020
28	2019:中国互联网舆情分析报告	祝华新、廖灿亮、潘宇峰	社会蓝皮书,2020
29	2020年中国互联网舆论场分析报告	祝华新、潘宇峰	社会蓝皮书,2020
30	中国城乡老年人生活状况	党俊武	老龄蓝皮书,2018
31	走进"后普及教育时代"的中国教育	杨东平	教育蓝皮书,2020
32	2019年中国互联网舆论场发展研究报告	刘鹏飞、曲晓程	新媒体蓝皮书,2020
33	2020年大学生心理健康状况与需求	王雅芯、刘亚男、翟婧雅等	心理健康蓝皮书,2021
34	2019年中国区域康养产业可持续发展能力评价报告	何莽、彭菲	康养蓝皮书,2020
35	中国核能发展报告(2019)	王茜、李言瑞、石磊等	核能发展蓝皮书,2019
36	中国康养产业发展现状及趋势分析	何莽	康养蓝皮书,2017
37	2019年中国直播电商元年发展报告	欧阳日辉	新媒体蓝皮书,2020
38	2020年中国青少年心理健康素养现状	陈祉妍、明志君、王雅芯等	心理健康蓝皮书,2021
39	2019年中国汽车工业发展报告	中国汽车工业协会、中国汽车技术研究中心有限公司、丰田汽车公司	汽车工业蓝皮书,2020
40	新冠肺炎疫情与旅游业:影响评估与思考建议	宋瑞、冯珺、王业娜	旅游绿皮书,2020
41	"十四五"时期养老保险制度的改革与发展	房连泉、刘桂莲、谭中和	社会保障绿皮书,2020
42	2019年新能源汽车产业发展综述	黄永和、刘桂彬	新能源汽车蓝皮书,2020
43	全球数字经济国家竞争力发展报告(2019)	王振、张伯超	数字经济蓝皮书,2019

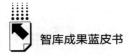

续表

排名	报告名称	作者	丛书名称,出版年份
44	2019～2020年中国跨境电商发展形势分析及政策取向	中国(河南)创新发展研究院、河南国际数字贸易研究院课题组	跨境电商蓝皮书,2020
45	多级式融合发展渐入佳境 全媒体传播体系磅礴欲出	《中国媒体融合发展报告(2020)》课题组	媒体融合蓝皮书,2020
46	2019年中国媒体融合发展报告	黄楚新、刘美忆	新媒体蓝皮书,2020
47	2019年康养市场分析报告	康养产业调研项目组	康养蓝皮书,2020
48	中国残疾人事业发展报告(2019)	凌亢、孙友然、白先春	残疾人蓝皮书,2019
49	治理吸纳慈善:2019年中国慈善事业综述	朱健刚、严国威	慈善蓝皮书,2020
50	本科毕业生职业发展分析	麦克思研究院	就业蓝皮书,2020
51	2018年中国电子政务发展报告	中央党校(国家行政学院)电子政务研究中心课题组	电子政务蓝皮书,2019
52	2018年中国康养产业发展报告:区域可持续发展能力评价	康养产业调研项目组	康养蓝皮书,2019
53	2019年我国新能源汽车市场及趋势分析	刘可歆、刘万祥、方海峰	新能源汽车蓝皮书,2020
54	中国社会保障"十三五"时期回顾与"十四五"时期发展展望	王延中、龙玉其、宁亚芳	社会保障绿皮书,2020
55	2018～2019年度中国慈善捐赠报告	宋宗合	慈善蓝皮书,2020
56	本科毕业生就业满意度分析	麦克思研究院	就业蓝皮书,2020
57	中国城乡老年人的基本情况及家庭关系	刘妮娜	老龄蓝皮书,2018
58	中国劳动力市场分析、展望及政策建议	都阳	经济蓝皮书,2021
59	2017～2018年度中国慈善捐赠报告	宋宗合	慈善蓝皮书,2019
60	第三期中国妇女社会地位调查主要数据报告	第三期中国妇女社会地位调查课题组	妇女绿皮书,2013
61	社交媒体疫情信息接触与公众心理调研	赵曙光、李园园、牛丽丽等	新媒体蓝皮书,2020
62	2020年中国电子政务发展报告	中央党校(国家行政学院)电子政务研究中心课题组	电子政务蓝皮书,2020
63	山东省中小企业发展报告(2019)	孙国茂、徐永慧、姚丽婷	山东蓝皮书,2019
64	金蜜蜂中国企业社会责任报告研究	管竹笋、殷格非、贾丽等	金蜜蜂企业社会责任蓝皮书,2019
65	全球数字经济国家竞争力发展报告(2020)	张伯超、王振	数字经济蓝皮书,2020

排名	报告名称	作者	丛书名称,出版年份
66	2018 年中国人力资源状况及事业发展	余兴安、李志更、刘洋等	人力资源蓝皮书,2019
67	2019 年中国法院信息化发展与 2020 年展望	中国社会科学院法学研究所法治指数创新工程项目组	法治蓝皮书,2020
68	2019 年中国农业农村经济形势分析及 2020 年展望预测	《中国农村经济形势分析与预测(2019~2020)》总报告课题组	农村绿皮书,2020
69	中国城乡老年人失能状况与照护需求分析	陈泰昌	老龄蓝皮书,2018
70	就业率与就业流向	麦克思研究院	就业蓝皮书,2019
71	体育健身休闲业发展报告	黄海燕、陈雯雯	体育蓝皮书,2019
72	中国残疾人事业发展报告(2020)	凌亢、孙友然、白先春	残疾人蓝皮书,2020
73	中国外贸形势分析、展望与政策建议	高凌云	经济蓝皮书,2021
74	新变化 新挑战 新期盼	华坤女性生活调查中心、华坤女性消费指导中心	女性生活蓝皮书,2020
75	我国人力资源基本状况分析	李学明	人力资源蓝皮书,2019
76	2019 年中国移动短视频发展报告	于烜	新媒体蓝皮书,2020
77	本科毕业生读研和留学分析	麦克思研究院	就业蓝皮书,2020
78	2019~2020 年中国体育产业发展报告	黄海燕	体育蓝皮书,2021
79	中国投资形势分析及 2021 年展望	张长春	经济蓝皮书,2021
80	新中国 70 年中国特色社会组织创新发展报告	黄晓勇	社会组织蓝皮书,2020
81	中国数字创意产业发展回顾与未来趋势分析	陈端、张涵、聂玥煜	数字创意产业蓝皮书,2019
82	2019 年中国网民新闻阅读习惯变化的量化研究	匡文波	新媒体蓝皮书,2020
83	中国养老金融发展现状、挑战与趋势研判	董克用、孙博、张栋	养老金融蓝皮书,2020
84	上海数字经济发展报告(2019)	罗力	数字经济蓝皮书,2019
85	中国服务业发展形势分析、展望及政策建议	张巍	经济蓝皮书,2021
86	中国农业经济形势分析及 2021 年展望	李国祥	经济蓝皮书,2021
87	21 世纪前期世界华侨华人新变化评析	庄国土	华侨华人蓝皮书,2020
88	民宿发展的国际经验与中国实践	马勇、徐圣	民宿蓝皮书,2020
89	搭建粤港澳大湾区建设的"四梁八柱"	袁俊、邓江年	粤港澳大湾区蓝皮书,2019

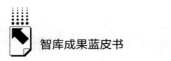
续表

排名	报告名称	作者	丛书名称,出版年份
90	重点行业社会责任发展指数(2020)	汪杰、王娅郦、张闽湘等	企业社会责任蓝皮书,2020
91	中国跨境电商综试区城市发展指数报告(2020)	河南国际数字贸易研究院课题组	跨境电商蓝皮书,2020
92	重视未成年人网络主体地位 加快完善网络生态环境建设	季为民、刘博睿	青少年蓝皮书,2020
93	新型城镇化进程背景下中国流动儿童教育的现状、趋势与挑战(2019~2020年)	韩嘉玲	流动儿童蓝皮书,2020
94	"十四五"时期养老服务的发展展望	青连斌	社会保障绿皮书,2020
95	跨入5G时代的中国移动互联网	唐维红、唐胜宏、廖灿亮	移动互联网蓝皮书,2020
96	省级政府和重点城市网上政务服务能力调查评估报告(2019)	中央党校(国家行政学院)电子政务研究中心课题组	电子政务蓝皮书,2019
97	2018年中国慈善事业综述	徐会坛、朱健刚	慈善蓝皮书,2019
98	中国高等教育发展报告(2019)	郑春生、谭敏	高等教育蓝皮书,2019
99	2019年节能与新能源汽车发展报告	中国汽车工业协会、中国汽车技术研究中心有限公司、丰田汽车公司	汽车工业蓝皮书,2020
100	中国健康管理与健康产业的新产业、新产品	武留信、曹霞、陈志恒	健康管理蓝皮书,2020

Abstract

Pishu, as the representative of the most important think tank results by sustainable release, has entered into a stage of high-quality development era in 2020. The total number of publications of Pishu remained stable and the number of Pishu research institutions continued to increase. What's more, the research ability moved forward this year. By the end of April 2021, there are more than 1, 500 accumulative total of Pishu institutional users throughout 13 countries. Pishu plays a vital impact on professional fields, government decision-making, and the public guidance.

"Think Tank Output Blue Book" outlines the basic development of Pishu 2020 edition from three aspects of Pishu category, evaluation and topic this year. Through the investigation hotspots and research topics of economics, politics and law, health management, local development, regional country and global governance, cultural media, and research topics, it found the differentiated characteristics of different types of think tanks, which shows that the specialization of think tanks is further demonstrated. Pishu is evaluated from the four aspects of content quality, academic standardization, media influence, and content repetition rate. The two dimensions of the communication ability of Pishu are presented under the opportunities and challenges of the digital wave. The research and creation team of Pishu and the publishing organization work together to expand the depth and breadth of the social influence of Pishu brand.

The high-quality development of Pishu still faces the opportunities and challenges. For example, "uncertainty" becomes normality, think tanks and their achievements become "rigid demand", and wave of digitalization sweeps.

In the future, it is necessary to establish a rigid and standardized mechanism in

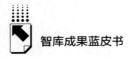

the national governance system to encourage think tanks to participate in decision-making, and to clarify the government's purchase of think tank thought products and consulting services. Think tanks should make full use of their professional advantages and build a complete data system and results promotion platform. The requirements for the high-quality development of think tank reports strengthen the normative construction of Pishu report. It should build a platform for integrated media and strive to enhance the capability of international communication and influence of Pishu.

Keywords：Pishu；High-quality Development；Think Tank

Contents

I General Report

Abstract: Pishu is a representative of the most important think tank results released annually. Data from the publication and release of the Pishu shows that in 2020, Pishu, its chief editors and authors continued to provide "certain" rational analysis and judgment for an "uncertain" world by releasing reports and think tank results. By the end of April 2021, there are more than 1, 500 accumulative total of Pishu institutional users throughout 13 countries. Pishu reports continue to increase the number of reads, visits and downloads in the cover book database. The form of Pishu release is more diverse, network release, video release, broadcast studio release and other innovative forms of far-reaching influence. In the high-quality development of Pishu, there are still opportunities and challenges such as "uncertainty" becoming the norm, think tanks and their achievements becoming "rigid demand", and the wave of digitalization. In the future, at the macro level, a rigid and standardized mechanism should be established in the national governance system to encourage think tanks to participate in decision-making, and the process of government purchasing think tank products and consulting services should be streamlined. At the think tank level, professional advantages should be played to build a perfect data system and results promotion platform; As far as think tank reports themselves are concerned, we should adhere

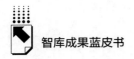

to the requirements of high-quality development, strengthen normative construction, and strive to improve the international communication and influence of the report, so that it can truly become the most authentic and credible platform for China to influence the world and for the world to understand China.

Keywords: Pishu; High-quality Development; Think Tank

Ⅱ Sub-category Reports

B.2 Report on the Development of Economic Book (2021)

Song Jing / 032

Abstract: In 2020, the Social Science Academic Press published a total of 416 types of Pishu and 59 types of economic type books. Compared with 2019, 11 types of the total number decreased, and 5 economic types decreased. Affected by the epidemic, the publication time of economic Pishu was concentrated in the second half of the year, with a total of 43 publications. Economic Pishu continue to track and monitor China's economy, industries, cities, etc. At the same time, keywords that reflect current hot topics such as epidemic, high quality, Guangdong, Hong Kong, and Macao appeared in the hot words, highlighting the cutting-edge characteristics of Pishu. In the future, economic Pishu need to continue to keep up with the situation and keep track of hotspots. While improving the quality of Pishu, coordinate the publication time and give full play to the guiding role of Pishu as the results of think tanks.

Keywords: Pishu; Macroeconomics; Industrial Economy; Urban Economy

B.3 Report on the Development of Social, Political and Law Book (2021)

Ding Qiming / 051

Abstract: This report uses 64 social, political and law blue books released in

2019 as a research sample for content classification. According to the compound standard of "research theme + research team", it is divided into three types, social development, public service and rule of law construction. A dynamic inventory of the number of Pishu, research teams, media influence, research trends, and topic selection hotspots are carried out. The 2020 Social, Political and Law Book shows the continuation of the advantages of traditional excellent books, the rapid growth of cutting-edge excellent books, and the higher social attention of books with responsive topics. The research hotspots of the social politics and law books in 2020 and the hot issues of general concern in the society from 2019 to 2020 show a high overlap, reflecting the cutting-edge, forward-looking and time-effectiveness of this type of Pishu. At the same time, some of the hot words are those hot issues that have received long-term attention for many years. This reflects the characteristic of the Pishu that focuses on the long-term development trend of hot issues in specific fields. Finally, this article proposes the research and innovation characteristics and research directions of various research and innovation institutions. It is recommended that all innovation institutions strengthen collaborative innovation within the system, within regions, and across types to shape a healthy, endogenous and self-consistent innovation ecology. It is also recommended that innovation institutions improve the problem awareness of research and innovation, grasp the policy window in time; improve the accuracy of counseling and political advice, carry out thematic and research and innovation; promote the development of media integration, and build an all-media communication pattern.

Keywords: Social Development; Public Services; Legal Construction; Pishu; Hot Issues

B.4 Report on the Development of Health and

Retirement Book (2020)   *Zhang Yanli* / 087

Abstract: Health and retirement industry is an important part of modern

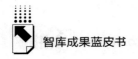

service industry in China, which covers many subsectors such as health, old – age care, health care and medical treatment. The data of 111 types of 40 series health and retirement Pishu published from 2004 to 2020 is analyzed statistically. The statistical results show that the research can be divided into four research areas, namely health and health care, old – age care, health care and medical reform, Chinese medicine and medicine. Overall, the total number of published series, published books and reports are increasing year by year. Compared with the results of all books, the quality of health and retirement Pishu are higher, but the time normalization needs to be further improved. Based on the analysis of word frequency and knowledge atlas, it is found that the hot topics of health and retirement year books in recent years mainly focus on health industry, health service, aging finance, aging industry, hospital competitiveness, traditional Chinese medicine culture and inheritance. The report describes the research contents, data statistics, countermeasure and suggestion of the health and retirement Pishu under the novel coronavirus epidemic situation, and puts forward some suggestions on the specialization of health and retirement year books, such as the choice of topics, the accumulation of data and the standardization of publishing mechanism. This report provides reference for improving the quality and value of the existing health and retirement Pishu, and also provides some guidance for more researchers in related research fields to join the research of the health and retirement Pishu.

Keywords: Health And Retirement; Pishu; Specialization; Industry Value

B.5 Report on Local Development Book (2021)

Yao Dongmei / 132

Abstract: The report uses 147 local development books released in 2020 as the research sample, classified according to the three major categories of economy, society and culture, and analyzes the number of publications, the number of words published, the time of publication, research and innovation institutions and authors, and the content of publication. The status quo of the research and creation of this category has been described in a more comprehensive manner. The 2020 edition of the local development paper highlights its inherent regional characteristics and closely integrates the national strategic layout. It fully reflects the consultative and guiding value of local think tanks. Think tank research wiitter by scholars are the local economic and social research. High-quality development and enhancement of local governance capabilities have played their due responsibilities. At the end of the report, three suggestions were put forward for the research and creation of this type of Pishu: combining local characteristic resources, selecting topics with strong thematic and strategic significance for in-depth research to promote local development; strengthening the talents of the local paper research and creation team We will continue to optimize the quality of individual reports in the paper; strengthen the overall planning of the editor-in-chief, pay attention to the publication time and dissemination effect of the paper, and continue to promote the high-quality development of local Pishu.

Keywords: Pishu; Local Development; Think Tank Construction

B.6 Development Report of the International, Regional and Global Governance Book (2021) *Yu Mengling* / 153

Abstract: The international, regional and global governance books are think tank reports that conduct annual monitoring and empirical research on world development and hotspots. This article takes the edition of 2020 international, regional and global governance Pishu as the research object, making a more comprehensive description toward the creation of Pishu by analyzing the number of publications, research institutions and authors, academic quality, influences as well as other aspects. At the same time, this article also associates the disciplinary features of international and regional studies with the practical problems in the creation of the Pishu and puts forward three suggestions for the future development: further emphasize the policy advice and provide academic support

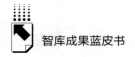

for foreign affairs; refine positioning of the research direction, highlight the research focus, and strengthen the professionalism and pertinence; form an interdisciplinary, interagency, and transnational joint creation mechanism.

Keywords: Pishu; International and Regional Studies; Global Governance; Interdiscipline

B.7 Report on Research Hotspots and Frontier Trends of Cultural Media Book (2021) *Zhang Chen* / 172

Abstract: Based on the research background of media technology changes driven by new technologies such as 5G, blockchain, big data, and AI, this article deeply analyzes the publication status, topic distribution, frequency of hot words, and research network relationships of the 2020 cultural media paper report. Integrating the impact of public health incidents in early 2020 on the publication of the paper, the logic of policy changes, market competition, industrial transformation, and social governance will be analyzed throughout the report. Among the 33 cultural media papers, it was found that 3 were interrupted and republished, and 3 newly published papers further showed that the field of cultural media is still exploring and innovating. Through the word frequency analysis, social network analysis and visualization tools in the bibliometric method, the basic sample data is based on 1378 cultural media reports in 2020 and the key words of the sub-reports from 2010 to 2020. The focus is on public opinion research and virtual society. The topics of group communication, intelligent algorithm governance, and technology connecting rural revitalization are elaborated, and the trend of high-quality research and creation of cultural media papers during the "14th Five-year Plan" period is reflected in the following: first, technological strategic innovation to create cultural competitiveness; second, focusing on the construction of new liberal arts to form academic research results with Chinese characteristics; third, 5G, blockchain, AI and other media technologies empower smart social governance research; fourth, international communication research perspectives in multiple digital media scenarios.

Keywords: Media Revolution; High-quality Development; Algorithmic Governance; New Liberal Arts; International Communication

Ⅲ　Norm and Evaluation Reports

B.8　Report on（Pishu Published in 2020）Content

Evaluation Analysis　　　　　　　　　　　　　*Ding Ali* / 197

Abstract: In the context of the new era, Pishu has entered a stage of high-quality development time. In 2020, Pishu catalogue management, and the entry and exit mechanism of Pishu became stricter. In order to promote the high-quality development of the back end management of Pishu, publishers have continuously improved the evaluation index system and evaluation process of the content quality of Pishu. In 2020, there are a total of 416 types Pishu, with the most local development Pishu and the least cultural media Pishu. From the evaluation results, the average original score of the content quality of each category of papers is above 80 points, and the average original score of all books in the 2020 edition is 81.8 points. Relatively speaking, the economic, social, political and legal papers have higher scores. Compared with 2019, in the objective indicators, due to the adjustment of the scoring standards, the empirical and timeliness of most categories in 2020 are lower than 2019; the normative and content repetition rate are better than 2019, in terms of the completeness of the requirements Compared with the standardization and the originality of the report, there are more improvements. Among the subjective indicators, the value, significance, and scientificity of most types of research topics are lower than 2019, so research methods, countermeasures and suggestions need to be strengthened; cutting-edge, innovativeness is higher than 2019, research on the theme of Pishu depth and innovation performance is better. For paper reports that use the same indicator system or social survey every year, attention should be paid to the originality of Pishu; for paper reports on

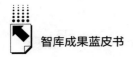

similar topics, attention should be paid to the publication and influence of Pishu; paper reports from the same research and innovation unit should be strengthen unified management. To improve the content quality of Pishu, suggestions are as follows: first, try to obtain full marks in the empirical, normative, timeliness, and content repetition rate objective indicators; second, innovate the use of big data and other research methods to improve the data processing capabilities of the report. Innovative; third, highlight the awareness of issues, and enhance the analytical depth and political nature of research reports.

Keywords: Pishu Evaluation; Peer Evaluation; High-quality Development: Health and Retirement; Pishu; Specialization; Industry Value

B . 9 Report on Pishu Academic Normative Analysis（2021）

Sun Huijuan / 217

Abstract: the academic norm of Pishu is a norm about the research and creation of Pishu. It aims to improve the research quality of Pishu as the result of application countermeasures by providing scientific and standardized research and creation standards. This report takes 416 Pishu published by Social Science Academic Press in 2020 as samples, takes the Pishu Manual（Fourth Edition）as the standard, and selects several key indicators such as book title, research and innovation team and style standardization to investigate the academic standardization of Pishu in 2020. From the data, the academic standardization of Pishu in 2020 is strong. In terms of topic selection, the Pishu as a whole not only maintains continuity and relative stability, but also keeps pace with the times, and constantly responds to the needs of the new situation of social development by timely updating the topic selection; In terms of research and innovation team, the standardization rate of cover signature, single report signature, editorial board signature and brief introduction of main editors has reached more than 90% , and the overall academic standardization performance is strong; The standardization rate of Chinese abstracts, keywords and directories in Chinese and English, data sources and references in the style specification is more than 80% , and the academic standardization of the overall leather book style is strong. Overall, the whole Pishu is developing towards high quality, and only a few leather books or some elements of Pishu need to be further improved. In view of the development status of academic standardization of Pishu, this report puts forward targeted suggestions from the aspects of strengthening the process management and system construction of Pishu, further releasing the guiding function of Pishu catalog management, improving the construction of Pishu evaluation system and differentiated management system, in order to improve the ideological and theoretical weight, countermeasure analysis quality and Research value content provides a useful reference.

Keywords: Pishu; Academic Standardization; Title of Series; Research and Innovation

B. 10　Report on Pishu（Publish in 2020）Media Influence

　　　　Evaluation Analysis　　　*Sun Huijuan*, *Liang Ronglin* / 239

Abstract: As an important think tank platform, Pishu consists of a series of links in think tank product research and creation, publication, exchange of results, external promotion, release, and evaluation. As an effective communication channel to expand the influence of think tank results, media promotion is an important window for think tank results to the public, and plays an important role in the exchange, external promotion, release, and evaluation of think tank results. After more than 20 years of development, the Social Science Academic Press House has established an independent, complete and professional paper media promotion mechanism and a paper media influence monitoring system. This mechanism and system have been continuously developed and improved. It has become an important channel for external communication, promotion and release of Pishu, and has played an important role in expanding the influence of think tank results. By analyzing the evaluation results of media influence from 2016 to 2020, it can be concluded that the media influence of the paper has continued to increase

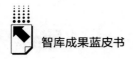
in recent years, but there are still public media potentials that have not yet been fully tapped, self-media operations are weak, and Pishu has a single promotion method and results promotion resources have not yet formed issues such as synergy. In response to these problems, this article explores the potential of public media in depth, builds a variety of ways to promote the results of Pishu, strengthens the coordination and interaction of the entire paper operation process, further improves the construction of Pishu media influence evaluation system and implements differentiated management in four aspects. Put forward targeted suggestions, hoping to provide reference for improving the media influence of Pishu and expanding the influence of think tanks.

Keywords: Pishu; Media Influence; Media Promotion; Influence Monitoring

B. 11　Report on Pishu Content Repetition Rate Test Analysis (2021). *Zhang Mingyan* / 278

Abstract: Pishu content repetition rate refers to the percentage of government documents, media reports, other people's papers, works, and the author's own published or partially published report in the body of the report that can be detected by cover book. Originality is one of the most important qualities of Pishu. Pishu content repetition rate detection can be divided into pre-press content repetition rate detection and post-press content repetition rate detection. Based on the pre-press and post-press content repetition rate detection data of 416 types of Pishu of 2020 edition, this report analyzes the content repetition rate results and points deduction of 2020 from the perspectives of overall situation, content classification, research functions, etc. At the same time, it analyzes the content repetition rate of a single report that fails to meet the standard of Pishu, and finds that the main reasons for the high content repetition rate include the same framework every year, the first release of non-authors, citing publicly published resources, and duplication with government work reports and policy documents. The author should strengthen the awareness of reducing the repetition rate, strengthen the originality and the author's first publish, strengthen the innovation of the report style, and make the think tank report as the decision-making reference.

Keywords: Content Repetition Rate; Academic Originality; Style Innovation; Policy Reference

Ⅳ Special Report

Abstract: Since the outbreak of COVID −19 epidemic in 2020, academic production and consumption have transferred to online forms on a large scale. With the rapid growth of user scale and platform traffic, Pishu Database as the core, Pishu digitalization meets new development opportunities. At the same time, the increasing demand of users also puts forward new requirements for the Pishu digitization, research and creation. In the future, first of all, Pishu digitalization will continue to be based on the essence of the content, in-depth analysis and integration of the current research results of high-quality think tanks in China's existing development. Due to the analysis and summary, it furthers improves the scale and quality of Pishu's content. Second, It should speed up the application of new technologies and promote the data capacity building of the Pishu, and provide accurate knowledge services for multiple scenarios such as the research, innovation, teaching research, and think tank achievement evaluation. Third, Pishu will conduct in-depth cooperation with more think tanks and official media to better realize digitalization. Moreover, actively developing the global business strategy and fully exerting the platform effect are also very important for extending the depth and breadth of the Pishu brand's social influence in the digital age.

Keywords: Pishu; Digitalization; Pishu Database; Pishu Research and Innovation

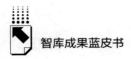
B . 13   Report on Pishu Construction of the Communication Power

Zhang Wenxin / 327

Abstract: In 2020, novel coronavirus pneumonia affected the crowd and restricted the crowd. The disruption of the original publishing rhythm and publishing rhythm of Pishu, and had a great impact on the traditional transmission path of the Pishu. Therefore, in the construction of communication power, Pishu needs to expand its publicity and distribution from the internal and external dimensions on the traditional basis, so as to create a new communication system to adapt to the change of the current media ecological environment and the needs of different types of readers. In the future, the PISHU should also improve the depth, breadth and accuracy of communication, properly manage the "internal customers" and "external customers", continuously enhance the communication ability and level of think tank achievements, and help to build the discourse power of new-type think tanks with Chinese characteristics.

Keywords: Communication System; Brand; Pishu

V   Appendix

B . 14   The 100 Top-ranked of Monthly Usage Report

Jiang Shan / 349

社会科学文献出版社

皮 书

智库报告的主要形式
同一主题智库报告的聚合

✤ 皮书定义 ✤

皮书是对中国与世界发展状况和热点问题进行年度监测，以专业的角度、专家的视野和实证研究方法，针对某一领域或区域现状与发展态势展开分析和预测，具备前沿性、原创性、实证性、连续性、时效性等特点的公开出版物，由一系列权威研究报告组成。

✤ 皮书作者 ✤

皮书系列报告作者以国内外一流研究机构、知名高校等重点智库的研究人员为主，多为相关领域一流专家学者，他们的观点代表了当下学界对中国与世界的现实和未来最高水平的解读与分析。截至2021年，皮书研创机构有近千家，报告作者累计超过7万人。

✤ 皮书荣誉 ✤

皮书系列已成为社会科学文献出版社的著名图书品牌和中国社会科学院的知名学术品牌。2016年皮书系列正式列入"十三五"国家重点出版规划项目；2013~2021年，重点皮书列入中国社会科学院承担的国家哲学社会科学创新工程项目。

权威报告·一手数据·特色资源

皮书数据库
ANNUAL REPORT(YEARBOOK)
DATABASE

分析解读当下中国发展变迁的高端智库平台

所获荣誉

- 2019年，入围国家新闻出版署数字出版精品遴选推荐计划项目
- 2016年，入选"'十三五'国家重点电子出版物出版规划骨干工程"
- 2015年，荣获"搜索中国正能量 点赞2015""创新中国科技创新奖"
- 2013年，荣获"中国出版政府奖·网络出版物奖"提名奖
- 连续多年荣获中国数字出版博览会"数字出版·优秀品牌"奖

成为会员

通过网址www.pishu.com.cn访问皮书数据库网站或下载皮书数据库APP，进行手机号码验证或邮箱验证即可成为皮书数据库会员。

会员福利

- 已注册用户购书后可免费获赠100元皮书数据库充值卡。刮开充值卡涂层获取充值密码，登录并进入"会员中心"—"在线充值"—"充值卡充值"，充值成功即可购买和查看数据库内容。
- 会员福利最终解释权归社会科学文献出版社所有。

社会科学文献出版社 皮书系列
SOCIAL SCIENCES ACADEMIC PRESS (CHINA)

卡号：259484371323
密码：

数据库服务热线：400-008-6695
数据库服务QQ：2475522410
数据库服务邮箱：database@ssap.cn
图书销售热线：010-59367070/7028
图书服务QQ：1265056568
图书服务邮箱：duzhe@ssap.cn

基本子库
SUB DATABASE

中国社会发展数据库（下设 12 个子库）

整合国内外中国社会发展研究成果，汇聚独家统计数据、深度分析报告，涉及社会、人口、政治、教育、法律等 12 个领域，为了解中国社会发展动态、跟踪社会核心热点、分析社会发展趋势提供一站式资源搜索和数据服务。

中国经济发展数据库（下设 12 个子库）

围绕国内外中国经济发展主题研究报告、学术资讯、基础数据等资料构建，内容涵盖宏观经济、农业经济、工业经济、产业经济等 12 个重点经济领域，为实时掌控经济运行态势、把握经济发展规律、洞察经济形势、进行经济决策提供参考和依据。

中国行业发展数据库（下设 17 个子库）

以中国国民经济行业分类为依据，覆盖金融业、旅游、医疗卫生、交通运输、能源矿产等 100 多个行业，跟踪分析国民经济相关行业市场运行状况和政策导向，汇集行业发展前沿资讯，为投资、从业及各种经济决策提供理论基础和实践指导。

中国区域发展数据库（下设 6 个子库）

对中国特定区域内的经济、社会、文化等领域现状与发展情况进行深度分析和预测，研究层级至县及县以下行政区，涉及省份、区域经济体、城市、农村等不同维度，为地方经济社会宏观态势研究、发展经验研究、案例分析提供数据服务。

中国文化传媒数据库（下设 18 个子库）

汇聚文化传媒领域专家观点、热点资讯，梳理国内外中国文化发展相关学术研究成果、一手统计数据，涵盖文化产业、新闻传播、电影娱乐、文学艺术、群众文化等 18 个重点研究领域。为文化传媒研究提供相关数据、研究报告和综合分析服务。

世界经济与国际关系数据库（下设 6 个子库）

立足"皮书系列"世界经济、国际关系相关学术资源，整合世界经济、国际政治、世界文化与科技、全球性问题、国际组织与国际法、区域研究 6 大领域研究成果，为世界经济与国际关系研究提供全方位数据分析，为决策和形势研判提供参考。

法律声明

"皮书系列"（含蓝皮书、绿皮书、黄皮书）之品牌由社会科学文献出版社最早使用并持续至今，现已被中国图书市场所熟知。"皮书系列"的相关商标已在中华人民共和国国家工商行政管理总局商标局注册，如 LOGO（ ▓ ）、皮书、Pishu、经济蓝皮书、社会蓝皮书等。"皮书系列"图书的注册商标专用权及封面设计、版式设计的著作权均为社会科学文献出版社所有。未经社会科学文献出版社书面授权许可，任何使用与"皮书系列"图书注册商标、封面设计、版式设计相同或者近似的文字、图形或其组合的行为均系侵权行为。

经作者授权，本书的专有出版权及信息网络传播权等为社会科学文献出版社享有。未经社会科学文献出版社书面授权许可，任何就本书内容的复制、发行或以数字形式进行网络传播的行为均系侵权行为。

社会科学文献出版社将通过法律途径追究上述侵权行为的法律责任，维护自身合法权益。

欢迎社会各界人士对侵犯社会科学文献出版社上述权利的侵权行为进行举报。电话：010-59367121，电子邮箱：fawubu@ssap.cn。

社会科学文献出版社